U0546800

本书得到了贵州民族大学文学院区域一流学科建设经费资助,谨此谢忱!

布依语词法研究

蔡吉燕 著

中国社会科学出版社

图书在版编目（CIP）数据

布依语词法研究 / 蔡吉燕著. —北京：中国社会科学出版社，2020.9
ISBN 978-7-5203-6827-8

Ⅰ.①布… Ⅱ.①蔡… Ⅲ.①布依语－词法分析
Ⅳ.①H268.3

中国版本图书馆 CIP 数据核字（2020）第 126190 号

出 版 人	赵剑英
责任编辑	陈肖静
责任校对	刘 娟
责任印制	戴 宽

出　　版	中国社会科学出版社
社　　址	北京鼓楼西大街甲 158 号
邮　　编	100720
网　　址	http://www.csspw.cn
发 行 部	010－84083685
门 市 部	010－84029450
经　　销	新华书店及其他书店
印　　刷	北京明恒达印务有限公司
装　　订	廊坊市广阳区广增装订厂
版　　次	2020 年 9 月第 1 版
印　　次	2020 年 9 月第 1 次印刷
开　　本	710×1000　1/16
印　　张	17.75
插　　页	2
字　　数	239 千字
定　　价	106.00 元

凡购买中国社会科学出版社图书，如有质量问题请与本社营销中心联系调换
电话：010－84083683
版权所有　侵权必究

前　言

布依族是贵州省的世居少数民族之一，有丰富多彩的民族文化。布依语是布依族使用的语言，属于汉藏语系壮侗语族壮傣语支，有着独特的语言特点，是布依族丰富民族文化的主要载体。随着经济社会的迅速发展，布依语的使用范围在不断缩小。在调查走访中发现布依语出现了区域濒危现象，很多经济发展水平较高的地区布依语的传承已经出现了断代现象，部分地区的布依族已经不会说布依语，转而使用汉语方言为主要交际工具。布依语的研究起步较晚，研究的成果较少，且多以单篇论文为主，未曾有系统的研究。因此，对布依语词法进行系统研究显得迫切而必要，而笔者作为布依人肩负着更大的责任。

本书以此为背景，以布依语保存完好的第一次方言区词汇为研究对象，吸收借鉴了一系列国内的词法研究理论和国外的形态学理论，采用了田野调查法、综合分析法、比较研究法等来研究并总结布依语的构词结构和词法规律。

本书是这样来安排的。全书共分为七章。第一章为绪论，主要介绍布依族和布依语的基本情况，布依语词法和壮语词法的国内外研究现状，选题依据，选题缘由，选题意义，语料来源及采取的技术路线，研究的创新点和难点等一些基本的研究情况。第二章介绍词法研究的理论和方法。对布依语的相关词法概念如词类、语素、词、词组等进行界定，确定布依语词法研究的边界、基本单位及其分类模式。第三章介绍派生词词法。首先，对布依语派生词中的词缀与量词进行界定，并将派生词缀分为前缀（包括义类词缀、有限域词缀）和后缀两种类型；其次，从意义与功能角度出发，用形类法来描写派生词的构词结构，并概括出布依语派生词缀的基本功能；最后，总结布依语派生词的构词规律。第四章介绍复合词词法。本章采用形类法来描写词汇的内部结构，并通过生成词库理论研究复合词的内部语义构词形态，总结出布依语复合词的语义构词规律。第五章介绍重叠词词法。在布依语中有多种形式的重叠词，我们用形类法来描写词汇结构，并采用语义分析法来分析布依语重叠词的基本结构，从而总结出重叠词的构词规律。第六章介绍借词词法。本章将布依语的借词分为早期汉语借词和现代汉语借词。早期借词介绍了派生和复合两种类型的构词模式和构词特点。现代汉语借词介绍了音义全借词、义借词及音借+义借词三种主要构词模式，我们采用形类法来描写借词的词法形态，总结出布依语中汉语借词的构词规律。第七章是结语，总结出布依语词法的内部结构规律，并对研究的不足以及今后深入研究的方向提出展望。

  需要特别说明的是，在本书的撰写过程中，我们吸收和采纳了学界许多前辈和同仁研究的成果。例如：董秀芳的《汉语的词库与词法》，冯胜利的《汉语的韵律、词法与句法》，江荻的《藏语动词的历史形态研究》，王洪君的《基于单字的现代汉语词法研究》，袁毓林的《汉语名词物性结构的描写体系和运用案例》，石毓智的《论汉语的构词法与句法之关系》，周国炎的《布依语动词重叠及其表达功能初探》，李旭练的《都安壮语形态变化研究》，宋作艳的《生成词库理论与汉语事件强迫现象研究》，沈家煊的《语言研究中的认知观》，颜红菊的《现代汉语复合词语义结构研究》以及国外的一些形态学专著如：Yi, Po-Ching. *The Chinese Lexicon*；Packard, Jerome L. *The morphology of Chines*；Matthews, P.H. *Morphology* 等等，在此谨向他们致以崇高的敬意，并表示深深的感谢。

  由于本人水平有限，本书谬误疏漏在所难免，敬请同行专家和读者批评指正。

蔡吉燕
2020.3

目　　录

第一章　绪论 ·· 1
　1.1 布依族和布依语 ··· 1
　1.2 相关研究动态 ·· 4
　　1.2.1 著作类 ··· 4
　　1.2.2 期刊及相关的学位论文 ··· 5
　1.3 本研究的相关情况说明 ··· 8
　　1.3.1 选题缘由、选题目的及意义 ·· 8
　　1.3.2 研究方法和研究内容 ·· 11
　　1.3.3 语料来源及研究的技术路线 ·· 12
　　1.3.4 研究的创新之处 ·· 13
　　1.3.5 文章中相关符号的使用说明 ·· 14
　1.4 巴结布依语的声韵调系统 ··· 15
　　1.4.1 声母系统 ·· 15
　　1.4.2 韵母系统 ·· 17
　　1.4.3 声调系统 ·· 20

第二章　词法研究的理论方法及词法构件 ·· 22
　2.1 词法研究的理论和方法 ··· 22
　　2.1.1 词法研究的理论 ·· 22
　　2.1.2 研究的方法 ··· 32
　　2.1.3 词法研究的主要模式 ·· 34

1

2.2 词法构件 ··· 36
　　2.2.1 词类划分标准及词库与词法 ·································· 36
　　2.2.2 词法研究的单位及研究范围 ·································· 43

第三章　派生词词法 ··· 49
　3.1 词缀的界定 ·· 49
　3.2 派生名词词法 ·· 52
　　3.2.1 派生名词构词模式及意义与功能 ··························· 52
　　3.2.2 派生名词词缀的功能分类 ····································· 63
　　3.2.3 小结 ·· 67
　3.3 派生动词词法 ·· 68
　　3.3.1 义词缀 ··· 68
　　3.3.2 后缀 ·· 72
　3.4 派生形容词 ··· 77
　　3.4.1 单音节后缀 ··· 78
　　3.4.2 双音节后缀 ··· 81
　3.5 其他词类的词缀 ·· 83
　　3.5.1 人称代词前缀 ·· 83
　　3.5.2 数词前缀 ·· 84
　3.6 小结 ··· 84

第四章　复合词词法 ··· 86
　4.1 布依语中的复合词 ·· 86
　　4.1.1 复合词构词成分与基本结构 ·································· 86
　　4.1.2 复合词词法的研究视角 ·· 86
　4.2 复合名词词法 ·· 91
　　4.2.1 名语素1+名语素2（N1+N2） ······························ 92
　　4.2.2 名语素+形语素（N+A）与形语素+名语素（A+N） ········124

2

4.2.3 动语素＋名语素（V+N）与名语素＋动语素（N+V）……………140

   4.2.4 名语素＋数语素（N+NUM）与数语素＋名语素（NUM+N） 145

   4.2.5 名语素＋（动语素＋名语素）[N1+（V+N2）]………………148

   4.2.6 小结……………………………………………………………150

 4.3 复合动词词法……………………………………………………152

   4.3.1 动语素1+动语素2（V1+V2）……………………………………153

   4.3.2 名语素＋动语素（N+V）和动语素＋名语素（V+N）…………156

   4.3.3 动语素＋形语素（V+A）………………………………………159

   4.3.4 小结……………………………………………………………160

 4.4 复合形容词词法…………………………………………………161

   4.4.1 形语素＋形语素（A1+A2）……………………………………162

   4.4.2 动语素＋形语素（V+A）………………………………………163

   4.4.3 名语素＋形语素（N+A）和形语素＋名语素（A+N）…………164

   4.4.4 动语素＋名语素（V+N）和名语素＋动语素（N+V）…………166

   4.4.5 小结……………………………………………………………167

第五章 重叠词词法………………………………………………………169

 5.1 重叠名词……………………………………………………………170

   5.1.1 AA 式重叠名词…………………………………………………170

   5.1.2 AABB 式重叠名词………………………………………………173

   5.1.3 ABCB 式重叠名词………………………………………………175

   5.1.4 ABAC 式重叠名词………………………………………………176

 5.2 重叠动词……………………………………………………………179

   5.2.1 AA 式重叠动词…………………………………………………179

   5.2.2 ABAB 式重叠动词………………………………………………180

   5.2.3 ABAC 式重叠动词………………………………………………181

   5.2.4 AABB 式重叠动词………………………………………………183

 5.3 重叠形容词…………………………………………………………184

5.3.1AA 式重叠形容词 ································· 184
　　5.3.2AAA 式重叠形容词 ······························· 186
　　5.3.3ABB 式重叠形容词 ······························· 186
　　5.3.4AABB 式重叠形容词 ····························· 188
　　5.3.5ABAB 式重叠形容词 ····························· 190
　　5.3.6ABAC 式重叠形容词 ····························· 191
　　5.3.7ABCC 式重叠形容词 ····························· 193
　5.4 小结 ·· 195

第六章　借词词法 ·· 198
　6.1 早期汉语借词中的双音节词 ································ 199
　　6.1.1 派生词 ·· 199
　　6.1.2 复合词 ·· 202
　6.2 现代汉语借词 ·· 205
　　6.2.1 音义全借词 ·· 205
　　6.2.2 义借词 ·· 207
　　6.2.3 音借 + 义借（该类词又称为合璧词）················ 208
　6.3 小结 ·· 209

第七章　结语 ·· 211
　7.1 研究的主要结论 ·· 211
　7.2 研究的不足及今后深入研究的方向 ···················· 219

参考文献 ·· 220

附录：布依语语素表 ·· 233

后　记 ·· 276

第一章 绪论

1.1 布依族和布依语

布依族历史悠久，是贵州省世居的少数民族之一。根据现有的汉文史籍和相关的民族学资料记载，布依族族源可以追溯到古越人时代。在殷商时期，已经有大批的越人活动于我国长江以南的广大地区，在历史上由于居住地域和文化等方面的差异，形成许多不同称谓的支系，布依族的先民来源于被称为"骆越"的一支。西汉以后，古越人中的"骆越"等称谓逐渐消失，史书中出现了"僚""俚"等称谓，"僚""俚"在读音上与"骆"相近。有人认为这些称谓最初可能是汉文史籍对骆越称谓在不同时期的译写，后来逐渐成为较大范围内对少数民族的泛称。分布于贵州南部、西南部的夷僚（俚僚）、濮僚（布僚）与布依族先民有密切的关系。宋元时期，一部分布依族地区属于"西南番地"，汉族统治者把布依族和其他少数民族统称为"番蛮"；明清时期，布依族被称为"仲家"，这一称谓最早见于《元史·地理志》，后一直沿用至解放前夕。"仲家"作为布依族较长历史阶段的族称，因何得名，有两种较为普遍的说法：一是因布依族长期从事水稻种植，故称为"种人"或"种家"，"种"和"仲"同音，故称"仲家"；二是"相传奉调而来，身穿重甲，因而得名"（《安顺府志》）。另占升平（2009）介绍了第三种说法：历史上有马殷派遣马平、龙得寿等率领邕管柳州八姓兵讨伐两江溪洞而留下贵州据守的记载，龙得寿和将校七姓的兵轮番戍守，统一归马殷的大将仲氏指挥，后来成为仲家的又一传说。

此外，人们还按定居当地的先后分别称布依族为"老户""土家""土边""土人""本地"等；有的根据布依族多住河谷近水地带而称"水户""水家"等。1953年8月，贵州省民委在贵阳召开了贵州省仲家族更正民族名称的代表会议，通过大会投票表决，根据多种自称及音译实际，最终统一定名为"布依族"。

据2010年第六次全国人口普查统计，布依族人口共2870034人[①]。布依族的人口除了自称Buxqyaix[pu⁴ʔjɐi⁴]的这一主要人们共同体外，还包括另外两个非Buxqyaix的人们共同体：一是居住在贵州省荔波县甲良区阳凤、方村、甲良、地莪四个乡及独山县与阳凤乡交界地区的自称[ʔai¹maːk³]（荔波阳凤音）的人们共同体，外族人称为"莫家人"；一是居住在地莪和播尧两个乡的自称[ʔai¹ɬam²]（地莪音）的人们共同体，外族人称为"甲姆"或"锦"。这两个人们共同体是1956年成立黔南布依族苗族自治州时并入布依族的，所以无论是本族人还是他族人在称"布依族"时，都指自称是Buxqyaix [pu⁴ʔjɐi⁴]的这一共同体。各地布依族的自称大体一致，只是在语音上稍有差异，例如：[pu⁴ʔjɐi⁴]、[pu⁴ʔjui⁴]、[pui⁴ʔjoi⁴]、[pəu⁴ʔi⁴]等，其中第一音节[pu⁴]、[pui⁴]、[pəu⁴]是族名通称，译为"族，人"；第二音节[ʔjɐi⁴]、[ʔjui⁴]、[ʔjoi⁴]是族名专称，在贵州省黔西南州望谟县一带有"节俭"的意思。

布依语是布依族操用的语言，是广大布依族同胞的主要交际工具。根据语言的谱系分类法（发生学分类法），布依语属于汉藏语系壮侗语族壮傣语支（关于语系与语支的分类，学界尚存争议，我们这里不作讨论，仍沿用壮侗语族属于汉藏语系这一传统分类方法），与壮语、傣语、侗语及水语都有密切的关系，彼此间有为数不少的关系词，它们在语音系统和语法结构上都有许多共同点。其中，布依语与同语支的壮语、傣语的关系更为接近，有的地方可以直接通话。

---

① 统计数据来自 http://www.360doc.com/content/13/0401/15/80095_275304522.shtml。

布依语内部没有方言区分，主要差异体现在语音上，我们因此将其分成三个次方言区[①]：第一次方言又叫黔南次方言，使用人口最多，主要分布在贵州省黔西南州和黔南州的望谟、册亨、罗甸、独山、贞丰、安龙、兴义等县市和惠水的一部分以及云南罗平、富源等县，与广西北部壮语的桂边土语和桂北土语十分接近，可以直接通话；第二次方言又叫黔中次方言，使用人口仅次于第一次方言，贵州省的贵阳市郊区、龙里、贵定、清镇、平坝、安顺等县市和惠水、长顺等大部分地区是主要分布区域，这一次方言与北部壮语也十分接近，可直接通话；第三次方言又叫黔西次方言，这一次方言区使用人口最少，主要分布在贵州镇宁、晴隆、普安、普定、六枝、盘县、水城等县以及关岭的大部分地区，另外，四川省的宁南、会东等县也有少数布依族散居，该次方言区语音与第一、二次方言区的语音存在明显的差异。

50年代以前，各地布依族群众普遍操用布依语，只有少数男性和外出求学者因与外族交流频繁而兼通汉语。解放以后，掌握汉语的布依族群众逐渐增多，在民族杂居区内，有少数人还兼通苗语、仡佬语、彝语等其他民族语言；而在相对偏远的布依族聚居区，部分布依人尤其是老年女性和小孩则只懂布依语，不通汉语。近年来，随着社会经济的快速发展，交通日渐便利，布依族与其他民族尤其是汉族的交流愈发频繁，布依语的发展受到汉语的长期影响出现了发展不平衡的现象：在布依族聚居区，布依语仍然是人们日常生活中的主要交际工具，人们的汉语能力逐步增强，双语现象十分普遍；在布依族和其他民族杂居地区，只有少数老年人能使用布依语交流，中年人大多能听懂一些简单的词和句子，会说一些日常用语，而青少年只能听懂一些简单的日常用语，仅少数人会说一些简单词。可见，布依语的生存环境正在发生变化，部分地区的布依语正面临消亡的威胁。

---

① 根据江获教授的提议，将过去的"土语"区分改成"次方言"的区分。

1.2 相关研究动态

词法即词组合的结构规则，在各种不同语言中词法规则又会有所不同。在汉藏语系的语言中，最早进行词法研究的当属1898年马建忠的《马氏文通》，该书是国内第一部现代汉语语法学著作，潘文国、叶步青、韩洋等（2004）称马氏为现代构词研究的第一人。历年来，汉语词法研究成果颇丰，而布依语词法的研究却悉数可数，下文详细阐述。

50年代以前布依语的研究成果很少，邢公畹（1942）的《远羊寨仲歌记音》是早期的调查成果。50年代以后布依语的相关研究才逐渐丰富起来：1952—1953年，中国科学院语言调查队和贵州民族学院（现贵州民族大学）组织工作组开始对布依语进行试探性的调查。1956年中国科学院成立了少数民族语言研究所，并专门组织和培训了一批语言学学生开展全面的布依语调查。虽然布依语研究正逐步受到重视，但词法方面的研究仍然较少。与西方相比，东方语言中关于词法（形态）的研究更是薄弱。作为南方少数民族语言之一的布依语词法研究不多，仅在某些篇章中有零星介绍，具体情况如下：

1.2.1 著作类

喻世长（1956）的《布依语语法研究》对布依语词法作了初步的分析：认为比词小的成分是词素，词由词素构成，提出了从意义上和句法上来辨别词与非词的观点，并将布依语的词分成单音词和复音词（复合词），复音词又分为复音词、依主从关系结合的复音词、依并列关系结合的复音词、动词前面加上辅助性动词构成的"复合词"、在词的主要成分前面加"词头"构成的复合词（即派生词）等。这些观点对我们研究布依语的词法有重要的参考价值。

贵州省民委研究室（1959）编的《布依语语法概要》从合成词角

度将布依语构词方式分为并列式、主从式、动宾式、主谓式和附加式，同时介绍了汉语借词借入的两种方式。作者主要从句法分析的角度来研究复合词词法。

中国科学院少数民族语言研究所（1959）主编的《布依语调查报告》提出布依语中词的三种鉴别方法以及复音词（即双音节词）的组成结构。词的鉴别方法为：一是在句子中能否独立运用；二是音节中间或前后能否加另一个音节；三是一个字以单音节或多音节的形式出现时意义是否变化。双音节词的组成结构包括联绵词、并立结构词、带前加成分的词、动宾结构、主从结构、大名冠小名结构等几种类型。这些结构的划分稍显混乱，有从音节上来分析词法结构的，也有从句法上来分析词法的。

喻翠容（1980）主编的《布依语简志》从构词形式角度着手，将词汇分成单音节词和多音节词；从词的意义和结构入手，将词分成单纯词和合成词；从句法角度分析了合成词的并列式、修饰式、动宾式、补充式、主谓式、通称＋专称式等构词形式。

吴启禄（1992）的《贵阳布依语》在词法方面，主要介绍贵阳布依语词汇系统的构词方式、同源词与方言词、词义的聚合类型与汉语借词等，涉及词汇语义学和词法两方面的内容。

上述著作或多或少地进行了词法研究，为我们系统地研究词法提供了参考。

1.2.2 期刊及相关的学位论文

50年代以后，关于布依语词汇研究的成果日益丰富，词法研究也有所涉及。

王哈·阿·雍容（1988）的《罗甸里王村布依语后附成分的结构特点》研究了罗甸县里王村布依语后附成分的结构特点。在里王村布依语中名词、动词和形容词的后面都有丰富的附加成分，这些成分无词汇意义，只有与其前的中心词结合后才有意义，这些后附成分使语言更加生动。

后附成分的结构形式主要有单音式、叠音式、交叉式和随和式四种类型。该文对布依语名词、动词和形容词的后附成分作了比较深入的分析，对本文布依语的派生词词法研究有重要的指导价值和借鉴意义。

王邦容（1998）的《布依语新词的创造方法》一文认为：固有词已经不能满足人们的需要。而新词主要有直意法、象形法、解释法、修饰法四种创造方法。象形法创造新词时，要把象形物固定下来，不能随时随地改变，造成一词多音的混乱现象。解释法用布依语词根bux、xaangh、raanz、hoongs作为前加词素，创造一系列新词。修饰法就是用某个特定词根修饰其他词素，组合成为新词。创造新词要本着通俗易懂的原则才能被接受。[①] 上述内容主要介绍了布依语的造词法，为我们研究布依语词法提供了重要的理论借鉴和方法参考。

周国炎（1999）的《布依语动词重叠及其表达功能初探》以作者母语[②]的语言材料为基础，分析了布依语中动词主要有VV式、VV+V_1V_2式、VV_1+VV_1式、VV_1+VV_2式、VA_1+VA_2和VN_1+VN_2式等几种重叠模式。通过大量例句探讨布依语动词重叠结构形式及其表达功能，文章对重叠词构词研究的探讨较为深入，对我们研究重叠词词法起到指导作用。

周国炎（2014）的《布依语名词前缀 lɯ⁰ 研究》一文，主要介绍了前缀 lɯ⁰ 的功能和意义，并且认为 lɯ⁰ 有来源于 ɗan¹ 的可能。作者从词法角度研究了前缀 lɯ⁰，对我们进行布依语派生词词法研究有指导意义和参考价值。

以上是关于布依语词法的具体研究。布依语和壮语是同根生语言，在提及布依语词法研究现状时，谈谈壮语词法的研究现状十分有必要。由于壮语词法研究的内容较布依语丰富，可为我们提供理论和方法上的参考。

[①] 朝克、李云兵等著，《中国民族语言文字研究史论》（第二卷 南方卷 下），中国社会科学出版社 2013 年版，第 504 页。

[②] 分布在贵州省贞丰县兴北镇一带，属布依语第一次方言。

韦树关（1997）的《略谈壮语构形法》一文，将壮语的构词法和构形法作了区别介绍，并分析了壮语中常见的构形法。构词法是由两个或两个以上的词或词素组合构成新词的方法，组合的结果是产生新词。而构形法只是同一个词的不同语法形式，不产生新词。文章对布依语形容词词法的研究有指导作用。

韦景云（1999）的《试论壮语动词的形态》一文，从形态学角度研究了作者母语的动词形态变化，主要表现为前缀、后缀以及动词重叠。文章对壮语动词词法的研究为布依语动词词法的研究提供了理论指导。

高鲜菊（2008）的《现代壮语地名构词法分析》一文，从共时比较的角度，采用句法分析方法，将壮语地名构词方式分成偏正结构、方位结构、主谓结构、联合结构、述宾结构、数量结构，而没有其他普通名词所具有的同位结构、介词结构、述补结构、"的"字结构等构词方式。这一研究方法和研究结论为我们研究布依语词法提供了理论指导。

班弨（2010）的《壮语描写词汇学》一书，从共时角度对壮语词汇学进行理论阐述，揭示了词汇系统的内部规律。作者的《结构论》一章专门讨论了构词法、造词法和构形法等研究内容，为我们研究布依语词法提供了理论借鉴。

蒙元耀（2010）的《壮汉语同源词研究》一书，从语音交替角度讨论了壮语和汉语相关的构词法。该研究的主要目的在于探讨壮语汉语的渊源关系，壮语词法只是作为佐证壮汉关系的材料，并未进行专门的词法研究。但对壮汉同源词的词法介绍，有利于我们分析布依语中借词的词法特征。

李旭练（2011）的《都安壮语形态变化研究》一书，是壮语词法研究的主要成果，作者从形态学角度，描写和分析了都安壮语里屈折、前缀和后缀的语言现象，得出了壮语是具有形态变化的语言的结论。作者从形态学角度研究壮语屈折、词缀的现象，在布依语词法研究中有重要的指导意义。

陈雪妮（2015）的《壮语柳江话构词法分析》一文，以柳江话为研究对象，将柳江话的词分为单纯词和合成词两类，并采用句法分析法来解析壮语柳江话的词根通过并列、修饰、补充、主谓、动宾等关系组成大量的合成词，最后区分柳江话的用词与汉语用词最大的不同在于柳江话具有丰富的词头和动词、形容词的后附加音节成分。作者从句法角度对壮语的构词结构进行分析，对本课题的研究而言具有一定的参考价值。

总的来说，布依语词法的相关著作和期刊成果不多，多偏重于对词汇材料的简单搜集或从词汇学角度进行的描写研究，词法研究有待于进一步加强和深入。壮语词法的研究成果与布依语相比较为丰富，这些成果对我们研究布依语的词法有指导作用和借鉴价值。

1.3 本研究的相关情况说明

1.3.1 选题缘由、选题目的及意义

1.3.1.1 选题缘由

众所周知，在东亚语言中词法研究是比较薄弱的一个环节。汉语是汉藏语系语言中词法研究起步较早、研究内容丰富、研究方法多样的语言，但其理论尚不成熟，更别说少数民族语言了。布依语是布依族的通用语言，是布依族族群的一个重要特征，也是其他民族了解布依族文化的重要载体。布依语的研究起步晚，研究学者人数不多，研究成果少等情况，让我们认识到布依语在词法研究方面的薄弱现状。我们以布依语词法研究这一课题为研究内容，主要基于以下几点理由：

第一，布依语作为一种有近 200 万人口使用的语言，是中国境内文化多样性的重要组成部分之一，是宝贵的语言资源，有重要的研究价值。

第二，历来多以语音、词汇（偏重于句法结构研究和描写研究）和语法（偏重于句法研究）为研究内容，而以词法为主要内容的研究成果少且不成系统，本研究在一定程度上丰富布依语的词法研究内容，

为丰富布依语教学内容和加强科研工作添砖加瓦。

第三，布依语是单音节词占优势的语言，其词汇的构成模式以复合为主，但兼有派生、重叠等词法手段。研究布依语的词法，可以让更多学者了解和认识布依语，为今后的研究者提供理论借鉴和方法参考。

本课题选择布依语词汇为主要研究对象，除了其本身研究内容的欠缺，还有国内关于语言词法研究理论的欠缺使然。我们试图通过对布依语词法的研究，总结布依语词汇的内部结构规律，比如说通过总结布依语中大量前缀、大名冠小名结构的存在等诸方面特征的内部构成机制来丰富国内语言的词法理论，为语言普遍性理论体系的形成尽绵薄之力。

1.3.1.2 选题目的及意义

布依族是贵州省的土著民族之一，人口集中分布在贵州省境内。有一部分布依族因战争迁徙到云南省和四川省，但在人口总数中所占比例较低。因语言内部差别不大[①]，本研究选取使用人口最多、居住地最为集中、语言保留最好的第一次方言区布依语词汇为主要研究对象，可以更全面地总结出布依语词法规律，丰富布依语词法内容，这是本选题的目的所在。

进行布依语词法研究，有以下一些重要的意义：

第一，进行词法研究必须掌握大量的词汇材料、句子材料和长篇语料，这些材料的搜集整理有利于丰富布依语的语言材料。虽然布依语的使用人口还很多，达到布依语使用人口总数的70%左右[②]，但在部分布依族居住区，如贵阳市郊区的布依语已经出现区域濒危现状：我们2010年对贵阳市乌当区、南明区、云岩区、花溪区、清镇市等地布依语的语言使用情况进行调查时发现，只有少数老年人能使用母

---

① 各地布依族使用的语言不存在方言差异，差别主要体现在语音差异上，通过短期的熟悉，基本可以交流。

② 这一概数来自于布依语专家中央民族大学少数民族语言文学系主任周国炎教授的语言使用情况调查数据。

语交流，而中年人由于面临生活的压力以及频繁的对外交流，致使他们已经不能使用母语交流，只能说一些简单的短句，具备一定听的能力，青少年会说一些简单词，听不懂，也不愿再学习布依语。故而尽早丰富布依语的语言材料就显得十分必要。本研究搜集了布依语的语音、词汇和语法材料，可以更好地保存布依语的词汇材料和句子材料，从而丰富布依族的语言资料。

　　第二，通过国内外的词法理论来研究布依语，总结出布依语中派生词、复合词、重叠词等的构词规律，从而丰富布依语的词法理论。国外的理论主要借鉴P.H.Matthews的形态学理论、Jerome.L.Packard的关于汉语词法研究的理论以及J.Pustejovsky的生成词库理论。P.H.Matthews（2000）的 *Morphology*（《形态学》）一书，介绍了形态学的三种主要模式：项目和排列模式（IA）、项目和过程模式（IP）以及单词和词形变化表模式（WP）。在实际运用中，每一种模式都会有或多或少不能解决的问题，但是Matthews更倾向于IP模式，对这种模式的缺点的讨论也较少。其中，本研究根据布依语词汇构词方式主要借鉴的是IA和IP两种模式。Jerome L.Packard（2000）的 *The Morphology of Chinese: A Linguistic and Cognitive*（《汉语词法：语言学和认知的研究》）是汉语词法研究的重要著作之一，对汉语的词法作了透彻的研究，并总结出汉语词法中的中心词原则、关于汉语词成分的形类描写、完形词的概念、语素的分类等理论，以及J.Pustejovsky的生成词库理论中的物性结构理论，等等。这些理论的新视角和新理论为本研究提供了理论指导。国内借鉴的词法研究的理论方法，主要有高名凯（1960）在《语法理论》中对形态研究的相关理论、朱德熙（1982）在《语法讲义》中所采用的结构主义词法学说、董秀芳（2004）在《汉语的词库与词法》中的基本理论以及陆志韦（1964）在《汉语的构词法》中的词法研究理论，等等。本文通过借鉴国内外的词法研究理论与布依语的语言实际相结合，总结出布依语词法规律，从而丰富国内语言学的词法研究理论。

第三，在壮侗语族语言研究中，鲜有学者系统研究词法（形态学）。词法是语言研究中一个非常重要的分支，正如布龙菲尔德（1980）所说："……各种语言的区别，在词法上比在句法上更大。"[①]在一定意义上说，词法研究较之句法而言意义重大，词法结构是句法结构的奠基石，因此词法研究长期没有受到足够的重视，在一定程度上制约着句法的发展。可见，词法研究在语言研究中的地位是不容忽视的。本课题从布依语的复合、派生和重叠等角度来研究词的内部结构，有利于丰富壮侗语族语言的词法内容，也可以为该语支其他语言的词法研究提供参考。

第四，采用形类描写方法来研究布依语词法，便于总结布依语词汇的构成规律，用这种方法来研究布依语是一种新尝试，有利于丰富布依语的研究方法。

第五，过去应用于教学中的主要是语音学、词汇学以及句法学等相关内容，本课题从词法的角度进行研究，可以丰富布依语的教学内容，拓宽布依语的研究视野。

总之，在语言学各分支的研究中，词法研究一向是个薄弱的环节，没有得到足够的重视。[②]本研究通过搜集大量的语言材料，并运用国外语言学研究的形态学理论与形类描写法相结合的研究方法，依据布依语的实际来进行的一次尝试性的研究，具有重要的意义。

1.3.2 研究方法和研究内容

布依语是壮侗语族语言中不可或缺的重要组成部分，对其进行词法研究，我们所采用的方法有以下三种：

第一，田野调查法。语言学研究是实证研究，这就要求研究者必须掌握大量具有说服力的第一手资料，从而更好地对研究进行论证分

---

① 布龙菲尔德：《语言论》，商务印书馆 1980 年首版，2008 年再版，第 256 页。
② 潘文国、叶步青、韩洋：《汉语的构词法研究：1898—1990》，华东师范大学出版社 2004 年版，第 1 页。

析。本研究采用田野调查法，调查搜集了大量巴结布依语（过去只有50年代和90年代的少量词汇调查）词汇、句子及长篇话语材料，为研究奠定了基础。

第二，形类描写法。从共时角度来对布依语词汇进行形类描写，是贯穿于本研究始终的主要方法。

第三，综合分析法。将调查到的材料去粗取精，去伪存真。并将调查到的材料与相关的理论结合进行深入的词法分析并总结出布依语的词法规律。

本课题研究的主要内容有：对布依语中的派生词、复合词、重叠词以及借词的构词成分进行形类描写，总结出布依语词汇的内部结构规律，得出研究结论。

1.3.3 语料来源及研究的技术路线

语料是语言研究的基石，没有语料，就无从研究。在本课题中，有两个主要的语料来源：

首先，田野调查所得。2013年8月初—9月下旬，我们调查了黔西南州兴义市巴结镇歪染村布依语（第一次方言区），搜集到近14000条布依语词、词组及1000句左右句子材料，这些材料是本课题研究的主要语料来源。

其次，搜集现有语言材料。自着手对布依语进行调查研究以来，我们发现第一次方言区布依语的研究材料较之二、三两个次方言区而言丰富得多，而关于词汇研究的材料与语音、语法的研究材料相比要丰富一些，有《布依汉词典》（吴启禄、王伟等主编）、《新编布依—汉词典》（周国炎主编）等。关于句子及长篇语料主要有《布依语长篇话语材料》（周国炎主编）、《布依语基础教程》（周国炎，王伟主编）、《大学布依语文课本》（吴启禄、吴定川主编）等等。这些材料都是以第一次方言区的布依语为主要对象，所搜集的词汇、句子丰富，是本研究重要的语料来源。

技术路线：1.准备调查词表，搜集相关文献资料；2.借助硬件设施，促使调查工作顺利进行。用便携式田野调查设备包括惠普笔记本电脑、外置声卡、话筒等，通过向发音人解说基本词条，录音和记音同时进行，从而获取第一手田野调查资料；3.通过田野调查的蜚风系统进行声韵调校验，导出调查词表；4.将调查到的布依语词汇句子材料与搜集到的词汇材料和长篇语料整合到一起，采用toolbox隔行对照化工具来对所有资料进行语法标注和语素切分，从而进行词法分析；5.根据材料撰写论文，得出结论。

1.3.4 研究的创新之处

创新是一个民族进步的灵魂，也是一篇论文写作成功与否的精髓所在。本研究以第一次方言区布依语为词法的研究对象，主要有以下几点创新：

首先，调查资料创新。第一次对布依语进行调查是 50 年代大规模的语言调查，当时获取的词汇材料数量有限（在《布依语调查报告》中的词汇总计 4088 条，其中有的点并未全数收入），后来伍文义等专家分别对五十年代 40 个调查点中 24 个调查点的词汇材料进行了再次调查，这次调查的词汇数量更少（只有 503 条），而本研究着重搜集了巴结镇歪染村布依第一手词汇资料（词、词组共近 14000 条，句子近 1000 句），并进行了录音存档，极大地丰富了布依语第一次方言区的语料。

其次，研究内容创新。过去对布依语的研究主要在语音、词汇（偏重于句法结构研究和描写研究）、语法（偏重于句法研究）三个方面，而对词法的研究鲜有学者涉及。词法与词汇和语法之间的关系十分密切，词法以词汇为研究对象，词法是语法的重要分支，词法联系着词汇与语法。Givón（1971）提出了："今天的词法曾是昨天的句法"的著名口号。桥本万太郎（2008）在《语言地理类型学》一书中提道："因为构词法基本上反映该语言的句法，……"可见，词法与句法之间存在着千丝万缕的联系。我们打算从生成、语义等方面着手研究词汇内部的构词规律，这是本研究重要的创新之处。

再次，研究方法创新。采用形类描写法对布依语进行共时描写，在壮语和布依语的研究中少有学者涉及，这种研究方法，可以清晰地展现出布依语词汇结构，便于总结布依语的词法规律。

最后，研究理论创新。采用P.H.Matthews（*Morphology*, 2000.）的形态学理论、Jerome.L.Packard（*The morphology of Chinese: A Linguistic and Cognitive Approach,* 2000.）关于汉语词法研究的理论、J.Pustejovsky(*Advances in Generative Lexicon Theory,* 2013.）的生成词库理论、董秀芳（《汉语的词库与词法》，2005）的词库与词法理论以及朱德熙（《语法讲义》，1982）、马庆株（《语法研究入门》，1999）等的词法学说来研究布依语词法是首次，将生成词库理论运用到布依语的词法研究中是首次，将形态学理论与生成词库理论的结合来研究布依语构词也是首次，具有十分重要的意义。

1.3.5 文章中相关符号的使用说明

1. 文中的例词根据布依语中的实际出现情况，少则两例，多则十余例。

2. 为统一体例，文中例词声调使用调号表示。

3. 文中的标注符号参考了江荻的《中国民族语言语法标注文本语法标注集》课题资料的部分内容，其中大小写的使用无实质性差异。如下：

MORPH	morpheme	语素
ROOT	root	词根
STEM	stem	词干
LEX	lexeme	词项
WORD	word	词
N	noun	名词
V	verb	动词
ADJ	adjective	形容词

续表

MORPH	morpheme	语素
ADV	adverb	副词
PRON	pronoun	代词
DEM	demonstrative	指示词
AUX	auxiliary verb	助动词
NUM	numeral	数词
CL	classifier	量词
PREP	preposition	前置词/介词
POSTP	postposition	后置词/词格
CONJ	conjunction	连词
MOOD	mood word	语气词
ONOM	onomatopoeia	拟声词
INTERJ	interjection	感叹词
PAR	particle	助词
IDPH	ideophone	状貌词

1.4 巴结布依语的声韵调系统[①]

巴结镇位于贵州和广西两省的交界处，南面与广西省隆林县隔湖相望，北面距离黔西南州州府所在地兴义市约36公里，镇政府坐落在一个延伸进万峰湖的半岛上。全镇面积约148平方公里，生活着布依族、汉族、苗族等共计17897人，其中汉族人口9669人，少数民族人口8228人（2010年人口统计数据），少数民族人口中布依族人口数量最多，是典型的布依族聚居乡镇。

1.4.1 声母系统

巴结布依语共有声母28个，如下表所示：

---

① 文中巴结布依语的语料均为作者调查所得。

发音方法		发音部位	双唇音	唇齿音	齿音	龈音	硬腭音	软腭音	声门音
塞音	清	不送气	p			t		k	
		送气	pʰ			tʰ		kʰ	
	浊		ɓ			ɗ			
塞擦音	清	不送气			ts		tɕ		
		送气			tsʰ		tɕʰ		
擦音	清	清		f	s		ɕ	h	
	浊	浊		v	z		j		
鼻音	浊		m			n	ȵ	ŋ	
边音	浊					l			
腭化音			pj mj						ʔj

说明：（1）28个声母中包括一个零声母。由于每次发零声母音节时总有一个紧喉动作，所以用ʔ表示零声母，其不列入声母表。（2）送气音声母 pʰ、tʰ、kʰ、tɕʰ、tsʰ 主要用于拼写现代汉语借词，有少数年轻人由于受汉语影响较深，在使用本民族固有词交流时出现个别送气现象。

声母例词：

p	pa¹ 怀（孕）	po¹ 坡
pʰ	pʰi⁵ 吐（口水）	pʰi²tɕʰəu² 皮球
ɓ	ɓa⁵ 肩膀	ɓek⁷ 掰
m	ma¹ 来	ma³ 马
pj	pja¹ 鱼	pja³ 雷
mj	mjau² 年	mja:i³ 喂
f	fak⁸ 瓜	fa² 铁
v	va:i⁶ 烂	ve² 捞
ts	tsu:n³ 铲	tsa⁵ 炸

16

tsʰ	zok⁸tsʰaŋ⁴ko¹ 百灵鸟	tsʰa²tsɿ³ 茶籽
s	sat³ 跳	sai¹ 螺
z	za¹ 找	zam³ 砍
t	taŋ³ 停止	tu² 服侍
tʰ	tʰo²pei⁴ 驼背	tʰaŋ² 糖
ɗ	ɗai¹ 里面	ɗok⁷ 骨头
n	na³ 脸	nai¹ 雪
l	la² 下面	lin³ 舌头
tɕ	tɕa³ 秧苗	tɕeu² 荞子
tɕʰ	tɕʰip⁷ 拾余	lau³tɕʰiŋ⁴ 老庚
ɕ	ɕa³ 刀子	ɕan² 窄
j	ja⁶ 妻子	je⁵nai⁵ 休息
ȵ	ȵa¹ 草	ȵe¹ 江
k	kue³ 割	kɯ³ 埋伏
kʰ	kʰuŋ³ 孔（姓）	kʰue³ta⁴ 扩大
h	han⁶ 羡慕	hun² 人
ŋ	ŋa² 芽	ŋan² 银子
ʔj	ʔja:m⁸ 步子	ʔja:k⁸ 凶恶
ʔ	ʔau⁵ 要	ʔua¹ 盖子

1.4.2 韵母系统

巴结布依语共有 77 个韵母，如下表所示：

		单元音韵	a		o		e		i		u		ɯ	
		韵尾	长	短	长	短	长	短	长	短	长	短	长	短
阴声韵	复元音韵	—i	a:i	ai	oi			ei		ia	u:i	ui	ɯ:i	ɯi
		—u	a:u	au				eu	i:u						
		—e								ie		ue	uə		ɯə
		—a										ua			

续表

阳声韵	—m	a:m	am	om	em	i:m	im		ɯm
	—n	a:n	an		en	i:n	in	u:n	un	ɯ:n	ɯn
	—ŋ	a:ŋ	aŋ		oŋ	eŋ	i:ŋ	iŋ	u:ŋ		ɯ:ŋ	ɯŋ
促声韵	—p	a:p	ap	op	ep	i:p	ip		ɯp
	—t	a:t	at	ot	et	i:t	it	u:t	ɯ:t	ɯt
	—k	a:k	ak	ok	ek	i:k	ik	u:k	uk	ɯk
借汉韵母						ɿ	ɚ	əu		

说明：

（1）除元音 a 分长短外，其他的韵母中区分的长短实际是音值的不同，其中的长音符号 /:/ 代表的是滑音 /ə/。

（2）韵母 ɿ、ɚ、əu 只用于拼写现代汉语借词。

韵母例词：

a	pja¹ 鱼	fa² 铁
a:i	ka:i¹ 卖	la:i¹ 多
ai	ɓai¹ 树叶	lai² 哪
a:u	ha:u⁵ 骂	la:u¹ 害怕
au	nau² 说话	tau² 舀水
a:m	sa:m¹ 三	ha:m³ 跨过
am	sam¹ 尖	zam³ 砍
a:n	ha:n⁵ 鹅	za:n² 房屋
an	zan¹ 道路	van¹ 种子
a:ŋ	pa:ŋ¹ 伙，群	za:ŋ¹ 炒菜
aŋ	taŋ³ 停止	ɕaŋ³ 箩筐
a:p	ɕa:p⁷ 遇见	ta:p⁸ 对折
ap	nap⁷ 压	tap⁷ 肝脏
a:t	va:t⁸ 招手	ɗa:t⁷ 热
at	pat⁷ 扫	tɕat⁷ 冷
a:k	ta:k⁷ 晒	za:k⁸ 根
ak	tak⁷ 雄性	pjak⁷ 菜

o	no⁶ 肉	po¹ 山坡
oi	çoi⁶ 修理	poi²na² 田坝
om	çom² 丛（量词）	ʔom¹ 焖（饭）
oŋ	toŋ³ 胃	noŋ¹ 疮
op	hop⁸ 圈（量词）	pop⁷ 泡
ok	mok⁸ 被子	lok⁷ 纺车
e	ve² 捞	çe⁶ 泡（东西）
ei	mei⁶ 煤炭	pei¹ 碑
eu	ʔeu² 折断	heu³ 绕（线）
em	tem⁶ 卡（紧）	tem²hɑu³ 添饭
en	hen² 边沿	nen² 虾子
eŋ	zeŋ² 力气	çeŋ³ 寒冷
ep	nep⁷ 夹	nep⁸ 驱赶
et	het⁸ 磨损	ta¹set⁸ 瞎子
ek	kek⁷ 敲	ʔek⁷ 跑，逃脱
i	fi² 火	hi⁶ 解散
ɿ	çiŋ⁴tsɿ³ 杏子	pan⁴sɿ⁴ 办事
ia	sia² 簸箕	kau¹zia² 白斑
i:u	zi:u¹ 嘲笑	si:u¹ 罚
ie	çie⁵ 借	ȵie¹ 婴儿
i:m	li:m² 镰刀	kam²li:m² 刀把
im	tim² 般配	tɕim¹ 针
i:n	si:n¹pjak⁷ 菜园	ja⁵si:n¹ 仙女
in	tin¹ 脚	nin² 睡觉
i:ŋ	çi:ŋ³ 抚养	çi:ŋ² 墙
iŋ	siŋ¹ 斗（量具）	ziŋ¹ 千
i:p	zi:p⁷ 蚊帐	zi:p⁷ɗai³ 麻蚊帐
ip	çip⁸ 十	sip⁷ 千弹蚱
i:t	si:t⁷ 破裂	ɗi:t⁷ 抢
it	vit⁷ 粘	pit⁷ 鸭子
i:k	ʔi:k⁸ 饿	ɗi:k⁷ 滴（量词）
ik	sik⁸ 剥开	tɕik⁷ 懒惰

19

u	zu³ 酉		su¹ 霉
u:i	pju:i⁵ 脆		tɕu:i³ 香蕉
ui	ŋui³ 锥		ŋui⁶ 核
ue	kue³ 割		tɯ²kue³ 青蛙
uə	kuə⁶ 做		ʔuə³ 云彩
ua	ŋua² 瓦		pu³ʔua² 傻瓜
u:n	pau⁵ku:n⁵ 前夫		heu³nu:n¹ 虫牙
un	hun²ɗi¹ 好人		hun¹ 雨
u:ŋ	su:ŋ¹ 双		ku:ŋ⁵ 宽
u:t	ku:t⁷ 搅拌		su:t⁷ 啄食
ut	pjak⁷kut⁷ 蕨菜		kut⁷ 扛
u:k	ʔu:k⁷ 让		ʔu:k⁸ 扒开
uk	zuk⁸ 房间		ɕuk⁸ 拴住
ɯ	kɯ³ 埋伏		hɯ¹ 集市
ɯ:i	sɯ:i³ 左		sɯ:i¹ 气息
ɯi	sɯi⁵ 清洗		tɯi³ 碗
ɯə	pɯə⁶ʔua⁵ 衣裤		pɯə³ 端
ɯm	lɯm⁵ 像		ʔɯm³ 抱
ɯ:n	ɗɯ:n¹ 月份		zoŋ⁶ɗɯ:n¹ 光亮
ɯn	kɯn¹ 吃		pɯn¹ 毛发
ɯ:ŋ	zɯ:ŋ³ 涮洗		nɯ:ŋ⁵ 弟弟，妹妹
ɯŋ	mɯŋ² 你		nɯŋ⁶ 撞
ɯp	zɯp⁷ 抚摸		ʔɯp⁷ 关（门）
ɯ:t	lɯ:t⁸ 血液		tɯ:t⁸ 踹
ɯt	hɯt⁸ 捆		ɗɯt⁷ 喝（水）
ɯk	lɯk⁸ 儿子		tɯk⁷ 赌博
ɚ	mu²ɚ³ 木耳		ʔɚ⁴tɕɕu⁴ 二舅
əu	tɕəu⁴ 舅舅		ləu² 楼

1.4.3 声调系统

巴结布依语共有八个调类，五个调值，列表如下：

调类	调号	调值	例词
第一调	1	33 中平	na³³ 厚
第二调	2	53 高降	na⁵³ 田
第三调	3	35 高升	na³⁵ 脸
第四调	3	35 高升	na³⁵ 舅
第五调	5	13 低升	kva¹³ 过
第六调	6	31 低降	ta³¹ 河
第七调长	7	13 低升	za:p¹³ 挑
第七调短		35 高升	zap³⁵ 小猪笼
第八调长	8	31 低降	za:k³¹ 树根
第八调短		33 中平	zak³³ 偷盗

巴结布依语中第三、四调出现了声调合并现象，有一、二、三（四）①、五、六、七、八共七个调类，其中一、二、三（四）、五、六共五个调类为舒声调，七、八两个调类为促声调。

现代汉语借词的调类：

汉语调类	阴平	阳平	上声	去声
汉语调号	1	2	3	4
巴结布依语调值	33	31	42	35
例词	suŋ³³ɕaŋ³³ 松香	ju³¹ 油	je⁴² 野	kua³⁵xau³⁵ 挂号

---

① 注：因第三调与第四调已合并，下文中都记为第三调。

第二章 词法研究的理论方法及词法构件

2.1 词法研究的理论和方法

2.1.1 词法研究的理论
2.1.1.1 词法概念及其研究内容

形态学（morphology）是语言学的一个重要分支，该术语来自德语 Morphologie，本义是"对于形式的研究"，Morphology 包括两个语素，其中 Morph 义为"形式"，而 ology 义为"关于……的科学"，最初是作为生物学术语出现的。十九世纪作为语言学术语使用于历史比较语言学，主要用于分析词的形式和构造，故形态学又称为词汇形态学或词法，指对词的形式的研究，也就是对词内部结构的研究。例如：汉语中的名词"帽子"中"帽"是词根语素，具有实际意义，"子"是词缀语素，没有实际意义，这类词的基本结构由"词根语素＋词缀"构成，由这种结构构成的合成词通常称为派生词，这是一种词法手段。汉语中的名词"房屋"中的"房"是词根语素，"屋"也是词根语素，都具有实际的意义，表示"具有固定空间的场所"，是同义并用的两个名词性语素，其基本结构由"词根语素＋词根语素"构成，由这种结构构成的合成词我们通常称为复合词，这也是一种词法手段。在英语中有另外一种不同于汉语的词法手段，例如：名词的单复数形式 book（书）、books（书），从括号中的释义我们可以看出，这两个词都是"书"，book+s 后，表示"书"的数量不是单一的，而不加 s，则表明"书"的数量是单一的，这是英语中的一种主要的形态特征，属于构形形态。而汉语中的派生、复合与英语的构形形态特征不同，以构词形态为主。这些词的内部的结构形式都是形态学所要研究的内容。布依语形态研究的内容以构词形态为主，兼有少量的构形形态，二者都是形态学（词法）研究的内容，我们下文不作具体区分，统归到布依语的词法研究中。

传统的语法研究包括词法和句法，词法是语法研究的重要组成部分，语言间语法上的差别不仅体现于句法中，在词法中也有所体现。词法研究词的内部构造，以语素为基本单位，词由语素构成；句法研究句子的内部构造，以词为基本单位，句子由词构成，二者之间联系紧密，都有一定的规则性和能产性。在语言交际中，正是由于词法和句法的存在，大量新词和新句子才会源源不断地产生。而这些新的词和句子的出现之所以能为广大语言交际者所理解运用，也得益于潜在的词法规则和句法规则。可见，词法研究也是语法研究中必不可少的内容之一。词本身是语音、语义和句法的交叉点，随着词汇和语法研究的不断深入，词法研究正逐步受到学界的重视。

词法研究的内容主要包括：语素的不同类型、不同的词法模式和功能、词的内部结构层级、词法与语言的其他层面之间的关系、词法的历时变化、语言的词法类型等[①]，这些内容涵盖了语言中词汇构成的重要规律，是一系列内化了的规则。我们研究布依语中可能的词的构造规则，包括由派生、复合等词法手段所构成的词的语素类型、内部结构层级、一些特殊的词法过程（比如重叠）、词法与语法结构以及词法与语义之间的关系等诸多方面的内容。布依语是一种单音节词占优势的语言，在发展过程中产生了以复合为主的词法手段。董秀芳（2014）指出："语言在词法方面的表现是一个连续统。并没有一种纯粹的语言只使用某种类型的构词法。"布依语和汉语乃至汉藏语系的语言在构词上都以复合为主，但复合并不是唯一的，派生构词就是

---

① 董秀芳，2014年北京大学词法学讲义。

仅次于复合构词的另一种重要手段。当然，不同的语言在实际的词法操作过程中即便是同一种词法模式也会产生形式上的差异：汉语派生名词词缀以后缀为主，例如：桌儿、凳子、杀猪匠中的"儿""子""匠"等；而布依语派生名词词缀以前缀为主，例如：luɯk⁸mak⁷"果实"、me⁶foŋ²"拇指"、tɯ²mat⁸"蚂蚁"中的 luɯk⁸、me⁶、tɯ² 等等；在复合词中，汉语中大量的复合结构以"修饰语＋中心语"的形式，即偏正结构为主，例如："鲤鱼""柳树""红花"中的第二语素"鱼"、"树""花"是中心语，而"鲤""柳""红"是修饰语；而布依语中则以"中心语＋修饰语"即正偏结构为主，例如：pja¹ju²"油鱼"、ŋa²pjak⁷"菜芽"、mai³lu²"柳树"中的第一语素 pja¹、ŋa²、mai³ 是中心语，而 ju²、pjak⁷、lu² 是修饰语。以上实例表明词法共性与差异性的存在非常普遍，因此布依语词法中的一系列构词特征值得我们进行深入的挖掘和研究。

2.1.1.2 词法研究的基本理论

过去没有学者对布依语词法进行专题研究，只是在某些零散篇章中有所提及。关于布依语词法的相关研究情况，我们在上一章已作具体介绍，本章不赘述。因可供借鉴的理论和成果不多，我们试图通过将国内与国外的研究理论结合起来研究。

2.1.1.2.1 国外的形态学／词法理论

国外的形态学研究与中国境内的形态学研究相比成果要丰富得多。我们根据布依语的词法特征，主要借鉴的理论来自剑桥大学的 P.H.Matthews、美国伊利诺斯艾斯大学东亚语言学系的 Jerome L.Packard 和美国布兰代斯大学的 J.Pustejovsky 针对词法研究提出的一系列基本主张，如下：

首先，P.H.Matthews 的词法理论　P.H.Matthews 在 *Morphology*（2000）（译为《形态学》）一书中提到了三种形态学研究模式[①]：

---

① 这三种模式最初是在 1954 年由美国语言学家霍凯特（Hockett）提出来的。

第一种是"项目和配列"(Item and Arrangement)模式。该模式认为词可以切分成线性排列的若干词素[①]，词素是语法的基本单位。词的形态要么是简单词形，要么是复合词形。简单词形是一个词素，复合词形是两个或两个以上词素按顺序排列起来的。这是结构主义盛行时期最为普遍的一种观点，它采用共时研究的方法，其优点是便于严格描述粘着语言的形式特点，缺点是无法描述变更情况。第二种是"项目和过程"(Item and process)模式，这种模式也认为词素是语法的基本单位，但形态变化是一次或几次操作过程。词的形态要么是简单词形，要么是派生词形。简单词形是一个词根，派生词形是经过一个形态变化过程（例如：加缀、重叠、变异）而形成的。它的优点是便于描述屈折语言词形的变更情况，缺点是无法解释所有的语言特征。第三种是"单词和词形变化表"(Word and paradigm)模式，认为词是语法的基本单位，也是独立的、稳定的整体。它严格区分形态学和句法学，形态学涉及词的构成，句法学涉及句子的结构；认为词可以分出词类，再按照其属性（如词的性、数、格）进行分类。"类比"在形态变化中起着重要的作用，图像关系就是类比起作用。[②]布依语是一种单音节词占优势的语言，语素是语法的基本单位，语素构成词的方法以复合为主要手段，以派生为次要手段，兼有一定的屈折、重叠等手段，我们主要借鉴"项目和配列"以及"项目和过程"两种词法模式来分析布依语词的内部结构规律。

其次，Jerome L.Packard 汉语词法研究的相关理论

Jerome L.Packard（2000）的 *The Morphology of Chinese: A Linguistic and Cognitive*（中文名为《汉语词法：语言学和认知的研究》）是一部汉语词法研究的力作，尽管汉语词法研究的成果丰富，其中不乏巨著，但是 Packard 的研究仍有其过人之处。他针对汉语词法的研究提

[①] 此处提及的词素，实为语素，是不同时期对 morpheme 的不同译法。
[②] 参见汪榕培：《导读》，载《形态学》，外语教学与研究出版社 2000 年版，第 12 页。

出了新的理论和方法：完形词概念（Gestalt Chinese words）、汉语词的 X 阶标分析（X-bar analysis）、中心词原则（headness principle）和词汇化（lexicalization）解释等理论以及他采用的形类描写法（form Class）都对汉语词法的研究有所突破。布依语与汉语同属汉藏语系语言，它们之间同中有异，异中有同。我们借鉴了 Packard 的（1）完形词概念[①]；（2）语素的分类方法：他依据语素是自由的还是粘着的、是功能的还是实义的区分了四类语素：a）功能词（自由的、功能的）；b）根词（自由的、实义的）；c）粘着词根（粘着的、实义的）；d）词缀（粘着的、功能的），再分为"构词词缀"和"语法词缀"两种；（3）X 阶标分析：Packard 提出分析汉语词的 X 阶标模型，这个模型主要包括了 X^{-0}（根词）、X^{-1}（粘着词根）、X^w（构词词缀）以及 G（语法词缀）四类阶标。Packard 根据以上四类阶标总结出两条汉语词的词法规则形式[②]：第一条规则是：$X^{-0} \to X^{-0,-1,\{W\}}$，$X^{-0,-1,\{W\}}$；第二条规则是：$X^{-0} \to X^{-0}$，G；（4）中心词原则等重要的词法理论。

最后，J.Pustejovsky 的生成词库理论[③]

J.Pustejovsky 最先于 1991 年提出了生成词库理论（Generative Lexicon Theory，简称 GLT），他的专著 *The Generative Lexicon*（1995）的出版，意味着这种理论框架已经基本成形。该书全面阐述了生成词库理论，此理论不同于过去静止地看待词汇系统的观点，以动态、生

---

① 江荻（2006）定义如下：所谓完形词，指语法功能上能独立运用的最小完整单位、心理上属于能够进入人们记忆体系的完整单位。

② 规则1 表示不论形类如何，词都可以由自由语素和（或）粘着词根组成（曲括弧里的{W}表示只能选取一个XW成分）；规则2指有些新词也可在词的右边加语法词缀构成。除了这两条规则所揭示出的对词结构形式的限制外，语言还利用个体限制信息（汉语里就是"中心词原则"）对词结构的形式进行进一步限制。

③ 该理论参考张爱玲、张秀松《生成词库论简介》（2009），载《当代语言学》，第 267—271 页；宋作艳：《生成词库理论的最新发展》（2011），载《语言学论丛》第 44 辑，第 201—211 页，北京：商务印书馆，2011 年 12 月；李强《名词物性结构为汉语研究提供新视角》（2013），载《中国社会科学报》，第 1—2 页；James Pustejovsky et al.(eds). *Advances in Generative Lexicon Theory,* Springer Science+Business Media Dordrecht.2013.

成的观点看待词汇系统，重视词的组合性，摒弃过去对词义进行列举式的分析。GLT首次将广义的生成方法引入到词义和其他领域的研究中，是基于计算和认知的自然语言意义模型，关注词义的形式化和计算，试图解释词的不同用法及在上下文中的创新性用法，并解决词汇语义研究中的一些难题。在2001年、2006年和2011年J.Pustejovsky先后对该理论进行了完善。GLT的基本主张是："既要研究词语指谓什么，又要研究它如何指谓"。GLT包括了语义结构系统、语义运作系统、常规句法形式和语义可获取性原则、语义向句法的投射等研究理论，其理论框架主要包括两大部分：语义结构系统和语义运作系统。通过对词语的语义结构作多层面的详尽描写和建构数量有限的语义运作机制，从而解释词义的语境实现。这样，既能限制词库中储存的意义数量，又能实现句法和语义的最大同构。为了实现这一目标，GLT采用的方法就是将部分百科知识和逻辑推理关系写入词义或词法。

一个词项的词汇语义结构系统包括四个层面：论元结构、事件结构、物性结构和词汇类型结构。

1）论元结构（ARGUMENT STRUCTURE）：包括论元的具体数目、类型以及如何实现到句法层面。

2）事件结构（EVENT STRUCTURE）：事件类型包括状态（state）、过程（process）和转变（transition），like、run和build分别属于这三种事件类型；事件可能有子事件（subevent）；说明哪个事件是核心事件（core event）；说明事件的组合规则，比如事件发生的先后顺序。

3）物性结构（QUALIA STRUCTURE）：描写词项所指对象（object）由什么构成、指向什么、怎样产生的以及有什么用途或功能。包括构成特征（constitutive quale）、形式特征（formal quale）、功用特征（telic quale）和施成特征（agentive quale）。这四个特征通常被称为构成角色（constitutive role）、形式角色（formal role）、功用角色（telic role）和施成角色（agentive role）。物性结构最早源于亚里士多德的"四因说"（Aristotel's four causes）：质料因、形式因、目的因和动力因。

A. 构成角色：描写对象与其组成部分之间的关系。包括材料（material）、重量（weight）、部分和组成成分。

B. 形式角色：描写对象在更大的认知域内区别于其他对象的属性。包括方位（orientation）、大小（magnitude）、形状（shape）和维度（dimensionality）等。

C. 功用角色：描写对象的用途（purpose）和功能（function）。

D. 施成角色：描写对象是怎样形成或产生的，如创造、因果关系。

功用角色有两种，一种是直接功用角色（direct telic），人可以与某物发生直接联系，如 bread 的功用角色是 eat；另一种是间接功用角色（purpose telic），指某个事物可以用来协助完成某个活动，如 knife 的功用角色是 cut。

物性结构实际上是说明与一个词项相关的事物、事件和关系，表达的是一个词项中典型的谓词和关系，是范畴交叉的表征工具，物性结构为词提供功能标签，把词与概念网络联系起来，是概念逻辑的组织原则。

4）词汇类型结构（LEXICAL TYPING STRUCTURE）：说明一个词项在一个类型系统中的位置，即一个词项的类。这决定了此词项与其他词项的关联方式，也就是继承关系，这个层面的词义与常识直接相关。这一层面在早期的理论框架中（Pustejovsky 1995）叫词汇继承结构（lexical inheritance structure）。

但近十几年来，Pustejovsky（2001、2006）对这一部分作了很大改动，主要基于物性结构中的功用角色，把名词的类型分为自然类、人造类和合成类，并据此建构了其整个语义类型体系。

1）自然类（natural types）：与物性结构中的形式角色和/或构成角色相关的原子概念，从上位类继承形式角色，是其他类的基础，谓词来自于物质域。例如泥土、山、水、石头、男人、女人、孩子等都是自然类名词。

2）人造类（artifactual types）：增加了功能概念，从上位类继承功用角色，是结合了物性结构中施成角色和/或功用角色信息的基础类型，谓词也与这两个角色相联系。人造类与自然类之间的区别在于人造类往往是人类有目的地创造的，也就是说人造类具有很强的意图性。比如：火车、铁路、高架桥、酒精、饮料等等。

3）合成类（complex types）：在 GLT 中，合成类通常又称为"点对象"（dot object），因为其类型构造以一圆点为代表，由自然类和人造类组成，从两三个自然类和/或人造类继承角色。合成类在描写中以 lcp 标记：把一个词的不同词义合并到一个元词项（meta-entry）中，这个元词项叫词汇概念范例（lexical conceptual paradigms，lcp），这样可以大大缩小词库的规模。例如："茶"既可指事件（泡茶、喝茶），也可以指一种饮品（味道独特的茶）。

语义运作系统又叫语义生成机制，是生成词库理论的另一重要组成部分，Pustejovsky（1995）将这一机制分成了三类：类型强迫（type coercion）、选择约束（selective binding）和协同组合（co-composition）。近年来，这一机制有了很大改变，主要是把类型强迫纳入了语法上的论元选择机制，这样，根据论元选择的具体情况，就有三种论元选择生成机制（Generative Mechanisms of Argument Selection）可以解释词项在组合中的句法和语用表现（Pustejovsky 2005，2006；Asher and Pustejovsky 2005，2006）：

1）纯粹类型选择（pure selection）：函项（function）要求的类型能被论元直接满足。在这一类型中，论元类型与要求的类型完全匹配。

2）类型调节（type accommodation）：函项要求的类型是论元从其上位类继承来的。类型调节只用于相同的类型域，如果类型域不一致，类型强迫就会起作用。

3）类型强迫（type coercion）：函项要求的类型被强加到论元上，通过两种方式来实现：（i）选用（exploitation）：选择论元类型结构的一部分来满足函项的要求。（ii）引入（introduction）：用函项要求的类型来包装论元。当论元类型比要求的类型复杂，就是类型选用，反之则是类型引入。

物性结构是生成词库理论的核心内容，该理论用物性结构来说明与一个事物密切相关的事物、事件和关系。物性结构（qualia structure）之于名词，就像论元结构之于动词，物性结构决定了名词的语义，就像论元结构决定了动词的语义。它旨在回答这样一个语言学问题：同一个词和不同的词组合会产生哪些不同的意义，而这些不同的意义又是怎样产生的。

物性结构的四种物性角色展示了名词指称实体的百科知识，极大地丰富了名词的语义内涵，较之以往的名词语义描写，在广度和深度上都有所突破，对于深入刻画名词的语义有重要的指导作用。同时，这种理论也反映了人类对名词的基本认识和所关切的内容——这四种角色都是名词所扮演的基本角色，有着很强的心理现实性。

北京大学的研究团队着手对生成词库理论进行深化研究，他们已经将汉语名词的物性角色扩展到十种（形式、构成、单位、评价、施成、材料、功用、行为、处置、定位），分别描写汉语常用名词所能支配的各种物性角色，同时描写名词与其物性角色的句法配置方式，初步形成了比较完善的关于汉语名词的句法、语义知识描述体系。动词和形容词的语义结构，则可以使用论元结构、事件结构等理论来分析。

中国社科院民族学与人类学研究所江荻（2015）在 *Types and Constructions of Exocentric Aectives in Tibetan* 一文中首次将生成词库理论运用于藏语词法的研究，对藏语离心结构形容词结构来源、结构、变体、类型、出现语境诸多方面进行描写，为学界认识和处理这类独特的现象做了铺垫，也为我们研究布依语形容词词法提供了参考。

总的来说，生成词库理论为我们研究布依语复合词语义结构提供了很好的理论指导，打破了过去词法研究无法脱离句法模式的格局。

2.1.1.2.2 国内的词法理论

国内的理论主要借鉴朱德熙（1982）结构主义的词法学说和董秀

芳的词库与词法理论（2004）。朱德熙（1982）指出：词法研究的是词的内部构造，以语素为基本单位，并将现代汉语合成词的构成方式分为重叠、附加和复合三大类。他认为根据词的意义来划分词类是行不通的，因为表示同类概念的词，语法性质不一定相同。有的语言可以借助词的形态变化来划分词类，英语就是其中一个典型的例子。汉语不像印欧语那样有丰富的形态，因此给汉语的词分类不能根据形态，只能根据词的语法功能。[①]这些观点为布依语的词汇分类提供理论依据。董秀芳（2004）指出：人脑中的词汇知识可以分为词库和词法两个部分。词库是语言中具有特异性的词汇单位的总体，词库中的项目都是语言中意义不可预测的成分，具有不规则性，所以需要以清单方式一个一个地存储记忆。而词法是关于一个语言中可以接受或可能出现的词的结构规则，当某个词的内部构成是有规则的时候，其意义可以由其构成成分的意义和词法规则推导出来，这样的词就不需要存放在词库中。[②]根据董秀芳的观点，汉语词库中的成分是无规则的形式，将有规则的形式纳入词法研究的范围。词法规则存储在人脑中，根据用词需求随时提取。一般来说，一种语言只使用一种词法手段的情况是极其少见的，汉语如此，布依语亦是如此。布依语的词法手段除了复合法，还有派生法和重叠法等。董秀芳（2004）指出：词法的传统的三个分支——派生、屈折、复合，实际可以合并为两个类别，一个类别是与句法相关的，即屈折，另一个类别是与句法无关的，即派生和复合。当然，说后一类与句法无关，并不是绝对无关，只是在生成过程中不必参照句法层面的信息。[③]国内汉语词法研究取得的一系列成果，可以为我们分析布依语词法提供理论指导。

在壮语中已有一部分学者从形态学角度进行过或多或少的研究，韦树关（1997）的《略谈壮语构形法》一文，将壮语中的构词法和构

[①] 朱德熙：《语法讲义》，商务印书馆2011年版，第25页。
[②] 董秀芳：《汉语的词库与词法》，北京大学出版社2004年版，第iii页。
[③] 董秀芳：《汉语的词库与词法》，北京大学出版社2004年版，第96页。

形法区分开来,并将构形法分为加缀构形法、叠词构形法和加缀—叠词构形法三种类型。韦景云(1998)的《试论壮语动词的形态》以壮语坛幕话为基础,将壮语动词的形态分为"词缀式"、复合式和重叠式三种主要类型。李旭练(2010)《都安壮语的形态研究》采用屈折形态理论,研究和分析了都安壮语的屈折和加缀(包括前缀和后缀)形态变化。这些关于壮语词法的研究成果,为本研究提供了理论借鉴。

2.1.2 研究的方法

本研究运用的方法主要是 Jerome L.Packard 在汉语词法研究中采用的形类描写法。"形类"这一概念最初是由美国描写语言学派有影响力的语言学家布龙菲尔德和霍凯特提出来的,他们分别在《语言论》和《现代语言学教程》中作了阐述。

语言符号中有意义的特征有两类:由音位组成的词汇形式和由语法单位组成的语法形式。具有任何共同功能的词汇形式属于同一个"形类"。[①]所有能占据某一特定位置的形式因而就构成一个形类。划分形类的标准是语法功能,作为一个具体的语言形式,总是伴有某些语法形式的:它在某种功能中出现,而这些出现的特权整个组成了这个词汇形式的语法功能。

霍凯特在《现代语言学教程》中下的定义是:"在较大形式的构成中具有相同出现权的一类形式就是形类。"[②]

20世纪中国语言学学习和借鉴美国结构主义描写语言学,并将这种理论同汉语语法研究的实际结合起来。毫无疑问,"形类"理论和方法被运用到汉语的语法研究中,突出之处是关于词的分类思想。早在1920年我国语言文字学家黎锦熙的《新著国语文法》在划分词类

[①] [美]布龙菲尔德:《语言论》,袁家骅、赵世开等译,商务印书馆1997年版,第333页。

[②] [美]霍凯特:《现代语言学教程》,索振羽、叶蜚声译,北京大学出版社2002年版,第174页。

的理论上就与布龙菲尔德的"形类"理论不谋而合,他认为"汉语的词类,在词本身上(即在字形上)虽有分别,还须看它在句中的种种位置、职务,才能确定这一个词属于何种词类。"但这种分类依据在实际操作中最终没有抽象出语法位置的总和,而是得出了汉语无法划分词类的结论。后来,朱德熙根据词的语法功能对词进行分类。陆俭明也把划分词类的标准归结为"形类"理论:他认为划分汉语词类最佳的依据是词的语法功能。而且词的语法功能是词的语法意义的一种外在表现,词的形态又是词的语法功能的外在表现形式。这巩固了词的语法功能作为汉语词类划分依据的地位。

在语言学研究中有多种描写方法,例如:关系描写、修饰结构描写、语义描写、句法描写和形类描写等等。关系描写是通过描写词的两个成分语素间的关系来揭示词的特点。修饰结构描写是通过描写词的两个成分语素间的修饰关系类型来揭示词的特点。语义描写,即通过描写词的整体意义是如何由其成分的意义结合来揭示词的特点。句法描写,对汉语词的内部结构进行句法分析,有两种方法:一种是将词的成分看作同组成句子的"表层"句法成分(如主语和宾语)具有同样的身份(Identity);另一种是根据"深层"的句法结构原则来观察词的内部结构成分。形类描写,所谓的"形类"(Form Class)是指可用于某类结构中相似位置的一组语言项目,例如"__在这儿"里的空缺位置可以填入"狗、书、证据……"等词,因而这些词都属于同一形类(名词),因此可以根据语素的形类来描写一个词的成分。Packard 在对这几种描写法进行比较分析后认为,如果根据词的形类特征来观察汉语词,那么,深入说明操本族语者关于构词的系统知识将更为可能。相比其他描写法而言,形类描写避免了关系描写的不一贯性、修饰结构描写的任意性、语义描写的不系统性和句法描写的一些不足之处。[①] 可见,"形类"描写法是一种有着自身优越性的研究方法,

---

① 杨亦鸣、余光武:《汉语词法:语言学和认知的研究》评述,《当代语言学》2003年第1期,第66页。

使用形类描写法研究布依语，便于总结布依语词汇的词类和基本构词规则。

当然，形类描写法并不是十全十美的，它也存在一定的不足。Packard（2000）提出的汉语构词的"中心词原则"（headness Principle）："（双音节的）名词的右边有一名词性成分，动词的左边有一动词性成分"适用于大多数词，但也出现了不合规则的例子，如"公托"的右成分"托"一般认为是动词性的，实际上，"公托"是"公办托儿所"的缩略语，"托"乃是托儿所的简称，是名词性的。再如"枪毙"的左成分"枪"是名词性成分，这是因为汉语中常见的"修饰语＋被修饰语"结构允许复杂动词由右边这一被修饰的动词性成分加上左边的修饰成分构成。其实，布依语是中心词在前，修饰语在后的语言，Packard 所提到的中心词原则在布依语中并不适用。另外，形类描写还有一个明显的不足是无法妥善处理兼类词的问题，在汉语中有兼类现象存在，布依语中也有，这就需要借助该词在句中或篇章语境中的基本情况而定。总之，形类描写的这些不足之处是可以弥补的，需要我们在具体的语言操作过程中具体分析。

2.1.3 词法研究的主要模式

所谓词法模式，就是指语素和语素组合成词的特定模式。布依语中的词法模式就是词汇构成的几种主要方式，表现为加缀（包括前缀和后缀，其中前缀居多）、重叠（有完全重叠和部分重叠两种方式）、复合等。派生词法模式主要包括派生名词、派生动词和派生形容词等几种。

重叠词法模式主要包括重叠名词（重叠量词）、重叠动词、重叠形容词等几种。

复合词词法模式是布依语的主要构词模式，主要包括以下几种类型：

复合名词：（1）名语素＋名语素（N+N）；（2）形语素＋名语素（A+N）；（3）动语素＋名语素（V+N）；（4）名语素＋动语素

(N+V);（5）名语素+形语素（N+A）（6）名语素+数语素（N+NUM）；（7）数语素+名语素（NUM+N）；（8）名语素+（动语素+名语素）（N+（V+N））。

复合动词：（1）动语素+动语素（V1+V2）；（2）名语素+动语素（N+V）；（3）动语素+名语素（V+N）；（4）动语素+形语素（V+A）。

复合形容词：（1）名语素+形语素（N+A）；（2）动语素+形语素（V+A）；（3）形语素+形语素（A+A）；（4）动语素+名语素（V+N）；（5）形语素+名语素（A+N）。

无论是复合词法、派生词法还是重叠词法，都是布依语词汇构成的重要组成部分。P.H.Matthews（2004）的 *Morphology* 一书重点介绍了 Hockett（1954）提出的三种形态学模式："项目与配列模式"（Item and Arrangement）把词与词之间的联系归因于共同语素，把词缀看成是一种实体，把语素看作是各种语素变体的集合。这种模式适合描写黏着语，但不适合描写屈折语。"词和词形变化表模式"（Word and Paradigm）将词作为一个整体来进行研究，适合于描写屈折语。"项目与过程"模式（Item and Process）将词与词之间的联系归因于享有共同的基式以及派生过程中的相同规则。将加词缀看作操作，把屈折变化看作一次或几次操作的过程，这种模式与项目和配列模式比起来限制更小，因为凡是用项目与配列可以解释的现象也可以看作是一种过程，而反之则不行，不是所有的过程都可以看作项目与配列。布依语以复合词的词法为主要模式，是一种语素有着明确的边界并以线性方式组合为主要构词方式的。另外，派生和重叠也是重要的词法模式，在布依语中的地位不可忽视，因此采用"项目与配列模式"（Item and Arrangement）和"项目与过程模式"（Item and Process）相结合来研究布依语的词法是符合布依语词汇结构的实际情况的。

2.2 词法构件

2.2.1 词类划分标准及词库与词法
2.2.1.1 词类划分标准

关于词类的划分，不同的语言由于依据不同而采用不同的标准。朱德熙（1982）认为："印欧语系语言由于词的形态变化十分丰富，于是根据词的形态变化，将词根据形态差异（如：名词主要有数的变化，动词有时的变化，形容词有级的变化，等等。）分成名词、动词、形容词……"汉语最先根据词的意义来划分词类。例如：名词表示事物的名称，动词表示动作或行为，形容词表示事物的性质或状态。随着研究的深入，意义分类标准的弊端逐渐显现出来：表示同类概念的词，语法性质可能会不同。例如"战争"和"战斗"都表示行为，但"战争"是名词，"战斗"是动词，我们是根据意义来划分，直接将其划入动词这一类，还是根据其他因素（如语法功能或形态差异）来划分更为合适，就需要我们重新审视划分词类依据的可行性和适用性。

20世纪，中国语言学界引入了西方的结构主义语言学理论，为我们分析词类提供了重要的理论依据。朱德熙（1982）提出了根据词的语法功能来分类的思想，这种分类方法在一定程度上满足了汉语词汇分类的需要，是目前划分词类比较理想的方法。他根据语法功能差异将词分成了实词和虚词，实词包括体词和谓词，体词的主要功能是做主语和宾语，一般不做谓语。体词主要有名词、处所词、方位词、时间词、区别词、数词、量词及体词性代词共八种；谓词的主要功能是做谓语，同时也能做主语和宾语，主要有谓词性代词、动词、形容词等几种。虚词包括副词、介词、连词、助词、语气词五种，另外拟声词和感叹词独立成类，不归入虚词和实词中。

布依语与汉语同属汉藏语系的语言，它们在词汇和语法方面有一些共同的特征：都是单音节词占优势的语言，都以词序和虚词作为表达语法意义的主要手段，但是也有许多不同之处：布依语中有的名词出现意义的泛化、类化而变成了前缀，如：luɯk⁸puɯə⁵ "芋头"、me⁶na² "大田"、ɓai¹zu⁶ "耳朵" 中的 luɯk⁸、me⁶、ɓai¹（它们的本义分别译为："儿子""母亲""树叶"，都是名词，出现语义类化后表示具有某种特征的名词前缀）即是如此。复合名词出现数量较多的大名冠小名（或通名＋专名）结构，如：mai³lu² "柳树" 和 mai³tɕe¹ "松树"、pjak⁷ɕoŋ¹ "茴香" 和 pjak⁷ka:t⁷ "青菜"、hau³tɕeu² "荞粮" 和 hau³soŋ⁶ "小麦" 中的词根语素 mai³ "树"、pjak⁷ "菜"、hau³ "粮食" 表示大类名或通名，而另一个词根语素表示小名或专名等等，即是中心成分前置形成正偏结构的构词形式，这些构词形式在现代汉语中都很少出现且不成系统。所以布依语词的分类在借鉴汉语词的分类标准的同时，根据布依语的实际进行了一定的调整。从20世纪50年代至今，随着人们对布依语词类的分析逐步深入，布依语词的分类也在逐步完善，主要有以下几种分类方式：

喻世长（1956）将布依语的词分成实词和虚词两个大类，认为实词和虚词的分类是相对的。根据实词中有的意义抽象一些，有的意义具体一些，从而又分出十二个小类来。①如下：

（1）名词、形容词、动词都是实词；

（2）量词（某些特点近于名词）、数词（某些特点近于形容词）、副动词（某些特点近于动词）也是实词。

（3）代词、指示词、助动词、副词、连词、语气词是虚词。

该方法根据词义的虚实来进行分类，具有一定的合理性。但其将代词列入虚词行列却显得有失偏颇。在我们的交际中，代词是具有指称对象的成分，是具备了实词的基本句法功能和语义功能的一种词类。

由贵州省民委主编（1959）的《布依语语法概要》将布依语按照词的意义、词和词的结合关系以及词在句子中的作用来分类，这是词

---

① 喻世长：《布依语语法研究》，科学出版社1956年版，第51页。

的语法分类。作者的分类依据与喻世长的分类依据不同，喻世长根据意义的虚实分类，而《布依语语法概要》的作者依据词义、词与词的结合关系以及词的句法功能标准来分类，采用了语法分类方法，其将词分成以下十一类：名词、动词、形容词、数词、量词、代词、介词、连词、副词、助词、叹词。①

喻翠容分类的依据与《布依语语法概要》编者的分类依据相同，都是根据词的意义、词和词的结合关系以及词在句子中的作用来分类的，所以他们分类的结果也是一样的，即将布依语的词分为十一类：名词、动词、形容词、数词、量词、代词、介词、连词、副词、助词、叹词。②

这些分类方法在一定程度上概括出布依语中的基本词类，也满足了历来研究者的需要。本研究的对象是词，并采用形类描写法来研究布依语的词法结构，所以对词类归属的要求更高。在采用形类描写法来分析词类时，我们发现有的词至今仍无类别归属，例如：ta¹ŋa:ŋ¹pa:ŋ³pa:ŋ³ "东张西望" 中的 pa:ŋ³pa:ŋ³ 表示东张西望的状态。pa²leŋ²pa²leŋ⁶ "哗啦啦（旗响声）"等等。我们根据研究的实际需求，在喻翠容十一类词的基础上，再增加两类，一类是表示某种状态的状貌词，一类是模拟声音的拟声词。综上，布依语的词类主要包括：名词、动词、形容词、数词、量词、代词、介词、连词、副词、助词、叹词、状貌词、拟声词共十三类。在我们的词法研究中，主要涉及了名词、动词和形容词这三种大类，对数词、量词、代词也有所提及。下面主要介绍名词、动词、形容词等词类成词的形类构词模式：

一　名词：

（一）派生名词构词模式有：

义/域词缀③+名语素（P+N）；

---

① 贵州省民族语文指导委员会研究室主编，《布依语语法概要》，贵州民族出版社 1959 年版，第 1 页。

② 喻翠容：《布依语简志》，民族出版社 1980 年版，第 19 页。

③ 义词缀，域词缀在派生词词法部分具体介绍。

38

义词缀 + 动语素（P+V）；

义词缀 + 形语素（P+A）；

义词缀 + 少量短语（P+PH）；

域词缀 + 数语素（P+ NUM）等几种。

（二）复合名词构词模式有：

名语素 1+ 名语素 2（N1+N2）；

名语素 + 形语素（N+A）；

形语素 + 名语素（A+N）；

动语素 + 名语素（V+N）；

名语素 + 动语素（N+V）；

名语素 + 数语素（N+NUM）；

数语素 + 名语素（NUM+N）；

名语素 +（动语素 + 名语素）（N1+（V+N2））等。

（三）重叠名词构词模式有：

名语素 / 量语素 + 名语素 / 量语素（N/CL+N/CL）；

名语素 1+ 名语素 1+ 名语素 2+ 名语素 2（N1+N1+N2+N2）；

名语素 1+ 名语素 2/ 形语素 2+ 名语素 3+ 名语素 2/ 形语素 2（N1+N2/A2+N3+N2/A2）；

名语素 1/ 量语素 1/ 形语素 1+ 形语素 2+ 名语素 1/ 量语素 1/ 形语素 1+ 名语素 3（N1/CL1/A1+A2+N1/CL1/A1+N3）等几种。

二 动词：

（一）派生动词构词模式有：

义词缀 + 动语素（P+V）；

动语素 + 单音节后缀（V+S）；

动语素 + 单音节重叠后缀（（V+S1）+S1'）；

动语素 + 双音节后缀（（V+S1）+S2））等四种。

（二）复合动词构词模式：

动语素 + 动语素（V1+V2）；

名语素＋动语素（N+V）；

动语素＋名语素（V+N）；

动语素＋形语素（V+A）等几种。

（三）重叠动词构词模式有：

动语素＋动语素（V+V）；

动语素1+动语素2/形语素2/词缀语素2+动语素1+动语素2/形语素2/词缀语素2（V1+V2/A2/S2+V1+V2/A2/S2）；

动语素1+动语素2/名语素2+动语素1+动语素3/名语素3（V1+V2/N2+V1+V3/N3）；

动语素1+动语素1+动语素2+动语素2（V1+V1+V2+V2）等。

三　形容词：

（一）派生形容词构词模式：

动语素＋单音节后缀（V+S）；

形语素＋单音节后缀（A+S）；

名语素＋单音节重叠后缀（(N+S1)+S1'）；

动语素＋单音节重叠后缀（(V+S1)+S1'）；

形语素＋单音节重叠后缀（(A+S1)+S1'）；

名语素＋双音节后缀（(N+S1)+S2）；

动语素＋双音节后缀（(V+S1)+S2）；

形语素＋双音节后缀（(A+S1)+S2）等几种类型。

（二）复合形容词构词模式：

形语素＋形语素（A1+A2）；

动语素＋形语素（V+A）；

名语素＋形语素（N+A）；

形语素＋名语素（A+N）；

动语素＋名语素（V+N）；

名语素＋动语素（N+V）等几种类型。

（三）重叠形容词构词模式：

形语素＋形语素（A+A）；

形语素＋形语素＋形语素（A+A+A）；

（形语素 1+ 后缀 2）+ 后缀 2（(A1+S2)+S2）；

形语素 1/ 名语素 1+ 形语素 1/ 名语素 1+ 形语素 2/ 名语素 2/ 后缀 2+ 形语素 2/ 名语素 2/ 后缀 2（A1/N1+A1/N1+A2/N2/S2+A2/N2/S2）；

形语素 1/ 动语素 1+ 动语素 2/ 后缀 2+ 形语素 1/ 动语素 1+ 动语素 2/ 后缀 2（A1/ V1+V2/S2+A1/V1+V2/S2）；

动语素 1/ 名语素 1/ 形语素 1/ 数语素 1+ 名语素 2/ 动语素 2/ 形语素 2/ 数语素 2/ 量语素 2/ 后缀 2+ 动语素 1/ 名语素 1/ 形语素 1/ 数语素 1+ 名语素 3/ 动语素 3/ 形语素 3/ 数语素 3/ 后缀 3（V1/N1/A1/NUM1+N2/V2/A2/NUM2/CL2/S2+ V1/N1/A1/NUM1+N3/V3/A3/NUM3/S3）；

名语素 1/ 动语素 1+ 名语素 2/ 动语素 2/ 形语素 2+ 后缀 3+ 后缀 3（N1/V1 + N2/V2/A2+S3+S3）等几种类型。

这些词类的构词模式将运用到我们的词法研究中。

2.2.1.2 词库与词法

词汇是一种语言中词的总汇。词是语言的重要组成部分，当我们学习一种新的语言时，就需要掌握一定数量的词。一种语言中除了单音节词外，还有双音节词、三音节词等多音节词的存在，我们通过学习和记忆这些词，根据词的结构规则来组词造句，从而满足交际需求，达到交际目的。人们具有的词汇知识是掌握一种语言所必须具备的基础。词汇通常包括两个方面：一个是显性存在的词库，一个是内化存储于大脑中的词法规则。

董秀芳（2004）曾指出：词库（Lexicon）是一种语言中具有特异性（idiosyncrasy）的词汇单位的总体，存储在语言使用者的头脑中，所以又称为心理词库。词库中的项目都是语言中意义不可预测的成分，具有不规则性，表现出形式与意义之间的任意性或非常规的联系，所以需要以清单方式一个一个地存储，需要时就可以直接从这个清单中提取。词库的主体是词，但也可能包括大于词的习语和小于词的词缀。词法（morphology）是关于一个语言中可以接受或可能出现的复杂词的内部结构的知识（Aronoff 1976，1982 等），或者说是生成语言中可能的词的规则。[①] 词库和词法不仅存在区别，也有一定的联系：

　　第一，是阻断效应（blocking effect）的存在。在词法学中阻断效应指的是：一个形式的不出现是由于有另一个形式的先期存在（Aronoff, 1976）。例如英语词汇中出现的 *policemans 不存在，因为已经有 policemen 存在了。第二，有的由词法临时生成的词，因为历史的发展演变而变成了词库里的成员。第三，由词法过程所生成的复杂的词可以在一定程度上继承作为其构成基础的词库成员的不规则性。词法规则是作用于词库中已有的成分上的，因而词库成员的不规则性有可能通过参与词法过程而在由其生成的复杂的词中留下一些痕迹。第四，在某一具体语言中，有些同类的词可以一部分来自词法，一部分来自词库。如英语中的复数，大部分都是规则的，来自词法，如 dogs，是由名词 dog 加复数后缀 -s 构成的；也有一部分是不规则的，如 women，来自词库。来自词法的部分可以根据规则生成，而来自词库的部分则是有标记的，需要专门记忆。来自词法和词库的词可以在同一范畴（如名词复数、序数词）中共现，这就说明二者在语言使用者的词汇知识中是相互联系着的。由于词库和词法彼此联系，所以研究词法不能脱离词库，揭示词库的构成与特性也不能脱离词法。

　　这些规则是董秀芳在研究汉语词法时总结出来的，而我们所研究的布依语词法却面临着这样的一些实际情况：由于历来研究的学者少，研究不成系统，在词典编纂过程中出现收录词汇的任意性、自由性或没有统一的词典编纂体例等因素，导致布依语中词库与词法的界限不甚明显。所以，我们在研究布依语的词法规律时，对词库中的内容，

---

① 董秀芳：《汉语的词库与词法》，北京大学出版社 2004 年版，第 10 页。

也就是词典中的内容也会有所涉及，有时甚至大量使用词典中的内容，这是布依语研究的实情决定的。

2.2.2 词法研究的单位及研究范围

布依语中词法研究的单位包括语素和词，其中语素是基本单位，词是由语素构成的比语素高一级的单位。由一个语素构成的词叫单纯词，由两个或两个以上的语素构成的词叫合成词。

2.2.2.1 语素

词法研究中最基本的单位是语素（又叫词素）。在学界中，关于语素有多种定义。本研究借鉴叶蜚声、徐通锵（2010）汉语语素的定义：语素是语言中最小的音义结合体，也是最小的语法单位。① 布依语是单音节词占优势的语言，大多数情况下都是一个音节对应一个语素，如：zam^3 "水"、di^1 "好"、mo^3 "锅"等等；也有少量双音节单语素，例如：mu^3man^5 "灰尘"、$ta^1za:i^2$ "真的"、ta^1lo^5 "兔子"等。由于 mu^3、man^5、ta^1、$za:i^2$、lo^5 等音节单独使用时都没有意义，所以 mu^3man^5、$ta^1za:i^2$、ta^1lo^5 都是双音节单语素。

关于语素的分类，不同的语言有不同的依据。为了能够更好地分析布依语的词法结构，我们根据 Packard（2000）和江荻（2006）的分类方法，将布依语语素分为词汇语素和语法语素，语法语素包括词缀语素和句法语素，句法语素主要作用于句法层面，词缀语素作用于词法层面。根据语素是否能够独立自由运用，一般将词汇语素分为自由语素和粘着语素，而语法语素都是粘着语素。根据语素与语素组合成词时其位置变化与否，将语素分成定位语素和不定位语素。自由语素一般都是不定位语素，都能单独成词，例如：$sa:m^1$ "三"、kun^1 "吃"、$kuə^1$ "盐"等等。粘着语素一般都是定位语素，且以后

---

① 叶蜚声、徐通锵著，王洪君、李娟修订，《语言学纲要》，北京大学出版社 2010 年版，第 85 页。

置粘着定位语素较多，例如：puɯə⁶piu⁵ "单衣"、xa:i¹vi⁵ "开会"、pan⁶nu² "麻风病" 等词中的 piu⁵ "单"、vi⁵ "会"、nu² "麻风病" 是粘着语素，第二个语素必须附着在第一语素之后，不能单独使用。此外，在布依语中还有为数不少的半自由语素，例如：hau³tai⁵ "玉米"，tai⁵sau¹ "烤玉米" 中的 tai⁵ "玉米" 必须与其他语素组合成词，组合时其位置可在词的开头，也可在词的结尾，但这类语素不能独立成词，因而称为半自由语素。综上，我们将布依语中的词汇语素分成自由语素、半自由语素和粘着语素三种类型。

2.2.2.2 词

词是造句时能够独立自由运用的最小单位，语法研究通常以词为界，分为两个部分，词以上的结构规则叫句法，词以下的结构规则叫词法。① 可见，词是非常重要的一级语法单位。一般而言，词是比语素大一级的单位，所有的词都由语素构成。

布依语的词汇单位，根据语音形式（即音节多少）、词法形式（语素能否单独成词）、句法功能（即词类）分成不同的类型。

根据音节数多少可以分成单音节词、双音节词、三音节词、四音节词等。布依语是单音节词占优势的语言，所以大多数情况下都是一个音节对应一个语素，例如：fi² "火"、sa:m¹ "三"、zam³ "水" 等构成单音节词。

双音节词，可以分成双音节单纯词和双音节合成词两类。双音节单纯词，例如：mu³man⁵ "灰尘"、ta¹za:i² "真的"、ta¹lo⁵ "兔子" 等，都是两个音节结合构成一个词，而两个音节独立出来没有语素意义。双音节合成词包括双音节派生词和双音节复合词两类，派生词不多，较为常见的派生词是 "前缀+词根" 的形式。例如：luk⁸e³ "山豆"、fa:k⁸li:m² "镰刀"、luk⁸kue¹ "丝瓜"、pak⁷tu¹ "门"、

---

① 叶蜚声、徐通锵著，王洪君、李娟修订，《语言学纲要》，北京大学出版社2010年版，第86页。

na²ja:ŋ⁶ "事情、东西"、ɗak⁷zin¹ "石头"、ɗok⁷hua¹ "花朵"等，其中 luuk⁸、fa:k⁸、pak⁷、na²、ɗak⁷、ɗok⁷ 没有实际意义，只有类别义，具有前缀的功能。有一些"词根+后缀"的形式，但为数不多。例如：ʔa:ŋ⁵ja:ŋ² "高兴"和 ɗa:u¹ɗa⁴ "搅动"中的后缀 ja:ŋ² 和 ɗa⁴ 都没有实际意义，只表示某种状态。双音节复合词是布依语词汇中的主体部分，这类词将两个或两个以上的词根语素成分组合而构成一个完整的词。例如：tin¹foŋ² "手艺"、puə⁶ʔua⁵ "服装"、n̥a¹hɯ⁵ "干草"、zɯ⁶n̥uk⁷ "聋子"、kek⁷tɕau⁵ "敲头"、tɯ⁶hak⁷ "蚕豆"、luŋ⁵fai² "竹伞"、puə⁶naŋ¹ "皮衣"等等。这种构词方式具有极强的能产性，是布依语中产生新词的主要手段。

三音节词，例如：kui²huɯn³tu¹ "上门女婿"、pau⁵ka¹mu¹ "杀猪匠"、pu³ta¹fa:ŋ² "盲人"等等，这类词有的是由一个单音节语素与动宾短语结构构成的复合词，有的是由前缀与短语构成的派生词。

四音节词（以四音格词为主）例如：taŋ²tiə³ta:ŋ²ze⁵ "到底"、toŋ²le⁶toŋ²tɕai² "相亲相爱"、toŋ²luɯm⁵toŋ²sa:u¹ "一模一样"等等。

还有一些五音节、六音节等多音节词，这些词在布依语固有词中较少，例如：pu³kɯ⁶zi⁶kɯ⁶na² "农民"。在现代汉语借词中出现得较多，多为专有名词，例如：tsuŋ¹kue²kuŋ⁴tsan³taŋ³ "中国共产党"，tsuŋ¹xua²zuɯn²miŋ²kuŋ⁴xo²kue² "中华人民共和国"等。

根据词法形式即语素是否能够单独成词，将布依语的语素分成自由语素、半自由语素和粘着语素，这一点在语素一节已经介绍，此不赘述。

根据句法功能，将布依语中的词分成名词、动词、形容词、数词、量词、代词、介词、连词、副词、助词、叹词、状貌词、拟声词等。其中名词可以分为时间名词、方位名词、处所名词、集体名词、抽象名词、专有名词、普通名词等；动词可以分为及物动词、不及物动词、普通动词、趋向动词、能愿动词、判断动词等；形容词分为性质形容词和状态形容词两类。

2.2.2.3 词组及词与词组的区分

布依语中的词组是由词与词按照一定的方式组合起来的比词大比句子小的语言单位。一般而言，词根语素与词根语素构成的是复合词，由于有的词根语素可以独立成词，所以复合词与词组之间在句法规则上有很多共性，不易区分，这是复合词研究中的一大难题，至今仍没有可行的方法来解决，这当然也是我们区分布依语词和词组的一大难点。词组能做句子的某种成分，但不能表达完整的意义，也没有一定的语调。词组一般由实词与实词或实词与虚词组成，虚词与虚词不能组成词组。

布依语中词组的构成有两种方式：一是词序变换，一是增添虚词。

词序不同，即使构成成分是两个相同的实词成分，所构成的词组表达的意义和词组的结构类型也有不同。例如：pjak^{7}naŋ^5 "蒸的菜"，是修饰词组。naŋ^{5}pjak^7 "蒸菜"，是动宾词组；虚词不同，所构成的词组在结构类型和表达的意义上也有不同。例如：ku^{1}zuːη^2te^1 "我和他"，是并列词组。ku^{1}lai^{2}te^1 "我或他"，是选择词组。

双音复合词与双音词组的区别难度大，一直以来不管是汉语界还是民族语言学界都没有找到一个行之有效的方法来进行区分。关于复合词的出生地，有两种具有代表性的看法：一种认为复合词产生于句法，另一种则认为复合词产生于词法（黄月圆，1995）。这两种看法都能在共时语言系统中找到一定的证据。董秀芳（2001：15）指出："从历时角度看，汉语最早的复合词是产生于句法的，在那时还没有复合词造词法；当复合词不断地从句法中衍生出来之后，复合词构词法就产生了，这以后复合词就可以不通过句法而被语言使用者独立地创造出来了。"并总结出双音词三个主要的历史来源：短语、句法结构和跨层结构，其中一个重要的来源是短语。我们赞同董秀芳的观点，认为复合词最先是从词组词汇化而来，经过长期的词汇化，产生了复合构词法。这样一来，复合词或多或少地保留了词组的一些特征，这就是导致我们在区分复合词与词组难度大的主要原因。扩展法是陆志韦在《汉语的构词法》（1964年）一书中提出来的方法。这种方法是这样来区分词与短语的：在一个组合的AB两项中间，看看能否插入C，以此检验这一组合的内部结构紧密程度如何：不能插入C的，说明这一组合的内部结构紧密，是词而不是短语，能插入C的，说明这一组合的内部结构比较松散，一般是短语，不是词。当然，这种方法只是针对某些类型的复合词而言的，汉语中的离合词就不适宜采用这种方法来分析。可见，扩展法也不能解决复合词与短语的根本问题。

朱德熙（1982）在《语法讲义》中指出确定汉语词的三条依据：第一，能不能单独成句；第二，活动能力的强弱；第三，是否适用扩展法，即根据语言成分结合的松紧程度来界定。他指出，区分汉语词的时候，单独根据这三条标准中的任何一条都有困难，三条依据都应该考虑到。董秀芳（2002）指出，要看一个成分到底是词（这里的词专指双音词）还是词组，有几个不同的标准：第一，并列双音词内部的组合次序是固定的，不允许换序的句法操作，而词组可以进行顺序替换。比如："北京和上海"也可以说成"上海和北京"，这两个词组内部的结构成分是平等的，符合语感，也易于被听者接受。但我们说并列双音词"天地"时，不可以说成"地天"，"天地"已经是一个完全固化了的结构，其内部的顺序不允许有变化，一旦变化，就会让听者难以接受。所以，可以根据可否换序来检验一个成分到底是词还是短语。 第二，偏正式词的组成成分一般不能自由替换。如："走路"中的路不能被"道"替换，走路和走道的意义不等。而短语的组成成分一般都可以被近义形式自由替换，例如："修路"，"路"可以被"道"替换。第三，主谓短语中主语部分的有指或无指可以作为鉴别一个主谓形式是词还是短语的标准。例如："地震"中的"地"是无指的，并不是指具体的某一个地方，所以，"地震"是一个词。而"头疼"既可以是词，也可以是词组，当"头"是有指成分，表示某一个具体的对象，如在"他的头疼"中就是一个词组。而在"这件事让人很头疼"。这个句子中，"头疼"就是一个形容词。

从朱德熙和董秀芳的分析中我们知道，如何区分词与词组的形式标准存在着差异。在不同类型的语言中，区分的标准也会有所不同。我们认为布依语的词存在以下特征：第一，能独立自由运用，能表达完整的意义，可以独立充当句法成分，例如：$[[hun^2]_{人\,N}[ha:k^7]_{汉人\,N}]_N$ "汉人"、$[[pa^1]_{怀孕\,V}[luɯk^8]_{儿子\,N}]_V$ "怀孕"、$[[zoŋ^6]_{亮\,A}[ha:u^1]_{白\,A}]_A$ "明亮"；第二，词的内部结构间的位置不能替换，内部不能插入任何成分，例如：$[[ɕi^2]_{糍粑\,N}[fu^2]_{浮\,V}]_N$ "汤圆"、$[[ta:u^5]_{回\,V}[ma^1]_{来\,V}]_V$ "来回"、$[[lap^7]_{黑\,A}[mi^3]_{黑\,A}]_A$ "黑暗"；第三，从单音节和以多音节形式出现时意义有无变化来鉴别。一个音节独立出现时有对应的、完整的意义，可以充当句子成分时，是一个词。当它与其他音节结合起来，能够表达一个新的词汇意义，这个新意义中虽然也包括单音节词的词义，但是在与其他音节组合以后，整个词的词义已经产生了引申义或词的性质已经发生变化时，这个成分仍然是词，例如：$[[pit^7]_{鸭\,N}[kai^5]_{鸡\,N}]_N$ "家禽"、$[[jet^7]_{休息\,V}[na:i^5]_{累\,A}]_V$ "休息"、$[[pan^2]_{成\,V}[di^1]_{好\,A}]_A$ "富裕"。以上几条规则是确定一个成分是否是词的标准，需要结合起来使用。相反地，当一个成分没有完整的意义，其内部能够插入其他成分或出现词序调换的情况，那么这个成分就应该看成是词组。

布依语词法研究是对词的内部结构规律的研究，包括语素及分类、词的类型和内部结构（涉及派生、复合、重叠三大模式在布依语中的构词规则）以及借词的词法问题等多方面的内容，我们将会在下文各章中进行详细介绍。

第三章 派生词词法

本章采用形类描写法来研究布依语派生构词现象。在布依语中，派生构词法不是强势模式，但有相当一部分派生词存在，这是我们不能忽略的一种词法手段。布依语派生词主要以派生名词为主，兼有一定数量的派生动词和派生形容词，另外还有数量有限的数词和人称代词也产生了派生现象。布依语是单音节词占优势的语言，以复合构词法为主要词法手段，派生构词法为次要词法手段，本章主要介绍派生词构词法，复合构词留待下一章讨论。

因布依语中的派生词大多是双音节形式，故本节所研究的派生词以双音节词为主，兼有少量的三音节或多音节词。我们根据布依语派生词的意义和功能的区别来分析不同派生词的词缀特点，并采用R.Beard派生词的功能分类法，对布依语派生名词进行分类介绍，最后总结布依语派生词的词法特征。

3.1 词缀的界定

在壮侗语族语言的研究中，"词缀"这一术语一直没有流行起来，而通常以"前加成分""后加成分""词头""词尾"等概念来定义意义抽象化、泛化（类化）或虚化的这类成分，是由于这类成分中的"前加成分"和"词头"与量词有着千丝万缕的关系。一部分学者认为词头、前加成分是量词的特殊用法，因而归入量词一类，没有作进一步的分析。其实词头与量词存在很深的渊源关系，根据覃晓航（2008）的研究，我们知道量词是后起的成分，而词头产生较早，量词中有一部分来源于词头。在早期布依语的研究中，喻世长（1959）认为这种前加的成分均是量词，而不是词头。这类与量词同音的"前加成分"在所指范围上存在很大差异，有的有"量"的意义，有的没有"量"的意义，而词头所指的范围远远大于量词所指范围，例如：ɗak⁷zin¹"石头"、fa:k⁸li:m²"镰刀"、san⁵mai³"棍子"中的ɗak⁷表示团状物、fa:k⁸表示有柄的金属用具、san⁵表示条状物，它们并没有表示量的功能，而是表达具有类属特征的事物。有些学者已经注意到这种与量词同音的成分与量词存在明显差异，它们没有"量"的意义，也不是量词的兼类现象。因为壮侗语族语言量词和词头的特性在不同语言环境中差异非常显著：在词中做前加成分时是词头，但离开词而独立存在并和数词结合时则为量词。蓝利国（2012）将这种学界界定尚不清晰的"词头""前加成分""量词"（抛开集合量词、部分量词、临时量词等，大致与个体量词相当）统称为"分类词"，他指出："这样的语素有的语言以附着形式（词缀）出现，有的语言以独立的词的形式出现。出现的位置也不尽相同，有加在名词上的，有紧挨着数词的，有加在动词上的，有加在方位词上的，还有与指代词一起出现的等等。"他将"量词""前加成分"和"词头"又合在了一起。本文要讨论的就是以附着形式出现，加在名词词根语素、动词词根语素、形容词词根语素和动宾词组等成分之前的成分，这类成分的语义结合了词根语素义的类别属性及其自身泛化、抽象化了的意义，在语法上具有"X[①]+名词词根语素/动词词根语素/形容词词根语素/数词词根语素/少量短语→名词"（即 P+N/V/A/NUM/PH 的模式）、"X+动词词根语素→动词"（即 P+V 的模式）的词法特征的"X"，我们称为义类词缀，简称"义词缀"。

在布依语中，派生名词和派生动词有丰富的义词缀，其中名词、

---

① X 即前人所谓的"前加"或"词头"成分，本文称为义词缀或域词缀。

人称代词、数词包括少量的有限域词缀[①]，我们简称为"域词缀"。有限域词缀是指使用范围有限的一类词缀，这类词缀的特点是数量少，只用于某些特定的词根语素之前，比如前缀 çi²- 只用于指小孩名字的名词、指小孩的亲属称谓词和女性称谓词前（例如：çi²mai⁴"爱妻"、çi²li:n⁵"阿炼"、çi²la:n¹"爱孙，儿童"），多为爱称，表达对指称对象的亲近喜爱之情。义词缀和域词缀都是前缀，主要存在于派生名词和派生动词中。

派生动词的词缀既有前缀又有后缀。后缀通常以形容词生动表达和动词行为状态的生动表达为主。后缀通常可以附着在动词词根语素、形容词词根语素之后，附加在动词词根语素后表示行为动作强度增加；附加在形容词词根语素后表示指称对象所蕴含的某种性质程度的增强。动词和形容词的后缀既有单音节的，也有双音节的，有的还有三个或三个以上音节的，我们这里主要介绍单音节和双音节后缀两种。布依语中，后缀与前缀不同，前缀表示指称事物的类别属性，有一定的词法意义，而后缀的语义是完全虚化的成分，在词汇中表达其特定词根语素的基本特征，是主观情感的语用表达。布依语中前缀与后缀之所以不同，主要体现在语用功能和语义分类功能的差异上。

江荻（2006）将在语法功能上能独立运用的最小的完整单位，而心理上属于能够进入人们记忆体系的最小的完整单位称为完形词。布依语中，大多数词根语素能独立自由运用，可以直接构成完形词；有一部分词根语素需要与义词缀/域词缀或后缀结合构成完形词。派生名词通常以"义词缀/域词缀+名词性语素/动词性语素/形容词性语素/数词性语素/短语结构"（P+N/V/A/NUM/PH）的构词方式来构成完形词；派生动词以"义词缀+动词词根"（P+V）和"动词词根+后缀"［（V+S，（（V+S1）+S1'］，［（V+S1）+S2）］构

[①] 布依语中的义词缀不是典型的语法形态词缀，不表达某种典型语法意义。但作为语法分布位置固定，且具有一定的能产性和语义聚类性，因此也称为词缀。

成完形词；派生形容词以"词根＋后缀"［A/V+S、（A/V/N+S1）+S1'、（A/V/N+S1）+S2］构成完形词。另外布依语中还有少量的"域词缀＋人称代词→人称代词"（P+PRON→PRON），"域词缀＋基数词→时间名词/序数词"（P+NUM→N/NUM）等的构词形式。我们将会在下面各节中详细介绍。

3.2 派生名词词法

3.2.1 派生名词构词模式及意义与功能

布依语派生名词中的词缀包括义词缀和域词缀，这两种词缀均是具有一定词法意义的成分。这里的词法意义就是词缀所表达的不同的事物类以及认知类。我们根据指称的事物对象的不同，将前缀分为指人的、指动物的、指植物的等等；根据人们认知的时空差异，将前缀分为指时间的、指方位的、指处所的等等。

布依语中域词缀不多，义词缀所占比例较大。下文根据各词缀的功能和意义进行分组介绍。

3.2.1.1 指人前缀的意义与功能

包括 ʔa¹-（变体为 ʔɯ¹-，ʔə¹-）、ɕi²-、tuɯ²₁-、pu³-、ɕa:ŋ⁶-、ja⁶-、pau⁵- 等几个，其中 ʔa¹-（变体为 ʔɯ¹-，ʔə¹-）、ɕi²- 是域词缀，tuɯ²₁-、pu³-、ɕa:ŋ⁶-、ja⁶-、pau⁵- 是义词缀。

1. 域词缀 ʔa¹-（其变体为 ʔɯ¹-，ʔə¹-）附着在亲属称谓词或人名称谓词前，构成的词仍为亲属称谓词和人名称谓词，表达说话人对指称对象的主观情感（即亲近喜爱之情），多为昵称，相当于汉语的"阿"。构成构词模式为：P+N 的完形词。例如：

ʔa¹-   ʔɯ¹-   ʔə¹-

[ʔa¹]ₚ [nɯ:ŋ³、妹 ɴ]ɴ 阿弟（妹）   [ʔɯ¹]ₚ [me⁶]母 ɴ]ɴ 阿妈   [ʔə¹]ₚ [pei²]母 ɴ]ɴ 阿妈

[ʔa¹]ₚ [pi³、姐 ɴ]ɴ 阿哥（姐）   [ʔɯ¹]ₚ [po⁶]父 ɴ]ɴ 阿爹   [ʔə¹]ₚ [jan⁶]媛 ɴ]ɴ 阿媛

第三章 派生词词法

[ʔa¹]ₚ [fen¹]芬ₙ 阿芬　　　[ʔɯ¹]ₚ [ta⁶]达ₙ 阿达　　　[ʔə¹]ₚ [ȵaŋ¹]娘ₙ 姑姑

2. 域词缀 ɕi²- 附着在指孩了的名字和女性亲属称谓词前，多为爱称，表达对指称对象的亲近喜爱之情。构成构词模式为：P+N 的完形词。例如：

[ɕi²]ₚ [li:n⁴]炼ₙ 阿炼　　　[ɕi²]ₚ [la:n¹]孙子ₙ 爱孙，儿童，孩子
[ɕi²]ₚ [mai⁶]妻子ₙ 爱妻　　　[ɕi²]ₚ [ju⁶]友ₙ 爱人，爱侣

3. 义词缀 tɯ²₁-① 的本义是"动物，牲畜"，意义泛化后与指人名词词根语素和指鬼神的抽象名词词根语素结合构成名词，表示抽象概念中的鬼神和含贬义的指人名词。构成构词模式为：P+N/A 的完形词。例如：

[tɯ²]ₚ [pak⁸]疯ₐ 疯子　　[tɯ²]ₚ [ʔi⁵]小ₐ 小人　　[tɯ²]ₚ [va:i⁶]坏ₐ 坏家伙
[tɯ²]ₚ [pja¹]雷ₙ 雷公　　[tɯ²]ₚ [fa:ŋ²]鬼ₙ 鬼魂　　[tɯ²]ₚ [si:n¹]天ₙ 神仙

以上几个词缀与词根语素构成的派生名词有的具有形容词名词化功能，均表达人们交际过程中的主观情感。

4. 义词缀 pu³- 本义是"雄性的(禽)"，语义泛化后与名词词根语素、形容词词根语素、动词词根语素、动宾短语结合构成名词，指从事某种职业，具有某类生理和心理特征的人。构成构词模式为：P+N/V/A/PH 的完形词。例如：

[pu³]ₚ [sai⁵]官ₙ 官家　　[pu³]ₚ [mo¹]摩经ₙ 布摩　　[pu³]ₚ [si:n¹]仙ₙ 仙女
[pu³]ₚ [tam⁵]矮ₐ 矮子　　[pu³]ₚ [ja:k⁸]邪恶ₐ 恶人　　[pu³]ₚ [ʔua²]蠢ₐ 傻子

---

① 义词缀 tɯ²₁- 和 tɯ²₂- 两类都是同一词根语素语义泛化而来，作此区分是因其与不同语义的词根语素结合产生了不同的语义类别。文中作此区分的词缀均同理。

53

[pu³]ₚ [ŋam³ 哑 ᵥ]ₙ 哑吧　　　[pu³]ₚ [ta:i¹ 死 ᵥ]ₙ 死人　　　[pu³]ₚ [za:i² 写 ᵥ]ₙ 作者

[pu³]ₚ [ku:n¹za:n² 管家 ₚₕ]ₙ 管家　　　[pu³]ₚ [kɯ⁶hoŋ¹ 干活 ₚₕ]ₙ 农民

5. 义词缀 ɕa:ŋ⁶- 源于汉语"匠",《说文》:"匠,木工也。"借到布依语后出现语义泛化,附着在名词词根语素、动词词根语素和动宾短语前,构成表示具有某种技能或从事某项工作的人。构成构词模式为:P+N/V/ PH 的完形词。例如:

[ɕa:ŋ⁶]ₚ [zin¹ 石头 ₙ]ₙ 石匠　　　[ɕa:ŋ⁶]ₚ [sɯ¹ 书/字 ₙ]ₙ 老师

[ɕa:ŋ⁶]ₚ [fa² 铁 ₙ]ₙ 铁匠　　　[ɕa:ŋ⁶]ₚ [ka¹mu¹ 杀猪 ₚₕ]ₙ 杀猪匠

[ɕa:ŋ⁶]ₚ [ɲim³ 染 ᵥ]ₙ 染匠　　　[ɕa:ŋ⁶]ₚ [ʔje¹ 医 ᵥ]ₙ 医生

6. 义词缀 ja⁶- 本义是"女性祖宗,婆婆,奶奶,老年女性",语义泛化后附着在名词词根语素和形容词词根语素前,构成表示所有女性称谓的名词。构成构词模式为:P+N/A 的完形词。例如:

[ja⁶]ₚ [toŋ² 同嬢 ₙ]ₙ 同嬢　　　[ja⁶]ₚ [ma:i⁵ 鳏寡 ₐ]ₙ 寡妇

[ja⁶]ₚ [hek⁷ 客人 ₙ]ₙ 女客　　　[ja⁶]ₚ [mo⁵ 新 ₐ]ₙ 新娘

[ja⁶]ₚ [si:n¹ 天 ₙ]ₙ 仙女　　　[ja⁶]ₚ [ja² 巫 ₙ]ₙ 巫婆

7. 义词缀 pau⁵- 本义是"男性祖宗,翁公,爷爷,老年男性",语义泛化后附着于名词词根语素、动词词根语素和形容词词根语素前,构成表示男性称谓的名词。构成构词模式为:P+N/V/A的完形词。例如:

[pau⁵]ₚ [pi³ 哥 ₙ]ₙ 哥哥　　　[pau⁵]ₚ [toŋ² 老庚 ₙ]ₙ 老庚

[pau⁵]ₚ [sɯ¹ 书 ₙ]ₙ 老师　　　[pau⁵]ₚ [mo¹ 超度 ᵥ]ₙ 布摩

[pau⁵]ₚ [ma:i⁵ 鳏 ₐ]ₙ 鳏公　　　[pau⁵]ₚ [lin³ 聪明 ₐ]ₙ 聪明汉

指人词缀具有分类功能,义词缀使动词词根语素、形容词词根语素和动宾短语名词化功能,域词缀具有表达主观情感的功能。

3.2.1.2 指动物前缀的意义与功能

1. 义词缀 tɯ²₂- 的本义是"动物,牲畜",语义泛化后附着在动物名词词根语素前,构成表示各种不同动物的名词。构成构词模式为:P+N 的完形词。例如:

[tɯ²]ₚ [ja:ŋ²] ₊ₙ]ₙ 羊　　　[tɯ²]ₚ [kuk⁷] ᵦₙ]ₙ 虎　　　[tɯ²]ₚ [pit⁷] ᵦ₃ₙ]ₙ 鸭

[tɯ²]ₚ [pja¹] ᵧₙ]ₙ 鱼　　　[tɯ²]ₚ [ʔa¹] ᵦ₄ₙ]ₙ 乌鸦　　[tɯ²]ₚ [nai⁵] ₊ᵦₙ]ₙ 鼠

[tɯ²]ₚ [nu:n¹] ᵦₙ]ₙ 虫　　[tɯ²]ₚ [piŋ⁶] ᵦ₅ₙ]ₙ 蜻蜓　　[tɯ²]ₚ [sip⁷] ᵧᵦ₆ₙ]ₙ 牛皮虫

2. 义词缀 lɯk⁸- 本义是"儿子",可用于动物名词词根语素前,表示动物幼崽。构成构词模式为:P+N 的完形词。例如:

[[lɯk⁸]ₚ [ma³] ᵦₙ]ₙ 马驹　　　　[[lɯk⁸]ₚ [ja:ŋ²] ᵧₙ]ₙ 羊羔

[[lɯk⁸]ₚ [ɕe²] ᵦᵧₙ]ₙ 黄牛崽　　 [[lɯk⁸]ₚ [ma¹] ᵦₙ]ₙ 狗崽

[[lɯk⁸]ₚ [mu¹] ᵦₙ]ₙ 猪崽　　　　[[lɯk⁸]ₚ [liŋ²] ᵦₙ]ₙ 猴崽

我们在调查过程中发现还有的义词缀出现了两可情况,既可以附着在名词词根语素前,又可以附着在名词词根语素之后,所表达的意义完全一致。这类词具有区分语义类别和自然性别的功能,如下:

3. 义词缀 tak⁸-/- tak⁸ 的本义是"雄性的(畜)"。例如:

[[ma³] ᵦₙ[tak⁸] ᵦ₃ₙ]ₙ/[[tak⁸] ᵦ₃ₙ[ma³] ᵦₙ]ₙ　　　　　　公马

[[ma¹] ᵦₙ[tak⁸] ᵦ₃ₙ]ₙ/[[tak⁸] ᵦ₃ₙ[ma¹] ᵦₙ]ₙ　　　　　　公狗

[[ɕe²] ᵦᵧₙ[tak⁸] ᵦ₃ₙ]ₙ/[[tak⁸] ᵦ₃ₙ[ɕe²] ᵦᵧₙ]ₙ　　　　　 公黄牛

[[jaŋ²] ᵧₙ[tak⁸] ᵦ₃ₙ]ₙ/[[tak⁸] ᵦ₃ₙ[jaŋ²] ᵧₙ]ₙ　　　　　公羊

语义泛化后附着在名词词根语素前或名词词根语素后,表示雄性或雌性的动物,也可用于指人名词前。构成构词模式为:P+N 或 N+S 的完形词。例如:

[[lɯ:ŋ²]龙N[tak⁸]s]N/[[tak⁸]P [lɯ:ŋ²]龙N]N	公龙
[[pau¹]蟹N[tak⁸]s]N/[[tak⁸]P [pau¹]蟹N]N	公蟹
[[kai⁵]鸡N[tak⁸]s]N/[[tak⁸]P [kai⁵]鸡N]N	公鸡
[[hun²]人N[tak⁸]s]N/ [[tak⁸]P [hun²]人N]N	男人

4. 义词缀 ço⁶-/- ço⁶ 的本义是"未下崽的母畜"。例如：

[mu¹]猪N[ço⁶]雌性N]N/[ço⁶]雌性N[mu¹]猪N]N	母猪
[[va:i²]水牛N[ço⁶]雌性N]N/[ço⁶]雌性N[va:i²]水牛N]N	母水牛
[çe²]黄牛N[ço⁶]雌性N]N/[ço⁶]雌性N[çe²]黄牛N]N	母黄牛
[ma¹]狗N[ço⁶]雌性N]N/[ço⁶]雌性N[ma¹]狗N]N	草狗

语义泛化后置于动物名词词根前或词根后，表示雌性的未生育过的动物。构成构词模式为：P+N 或 N+S 的完形词。例如：

[[kai⁵]鸡N[ço⁶] s]N /[[ço⁶]P [kai⁵]鸡N]N	母鸡
[[pja¹]鱼N[ço⁶] s]N/ [[ço⁶]P [pja¹]鱼N]N	雌鱼
[[pau¹]蟹N[ço⁶] s]N/[[ço⁶]P [pau¹]蟹N]N	母蟹
[[zok⁸]鸟N[ço⁶] s]N/[[ço⁶]P [zok⁸]鸟N]N	雌鸟

指动物的前缀具有分类功能，有一部分具有区分自然性别的功能，能够区分动物自然性别的一类词缀往往适用于与人类关系密切的牲畜或生物中，而不会使用于与人类关系较疏远的生物中。

3.2.1.3 指植物前缀的意义与功能

1. 义词缀 lɯk⁸- 本义是"儿子"，作为指植物的词缀时有如下两种特征：

（1）表示具有细长外观和弧形特征的植物果实，lɯk⁸- 附着在名词性词根语素和形容词性词根语素前，其中以名词词根语素居多，构成构词模式为：P+N/A 的完形词。例如：

第三章　派生词词法

[luɯk⁸]ₚ [6u³]葫芦ₙ 葫芦　　　　　[luɯk⁸]ₚ [tɕu:i³]香蕉ₙ 香蕉

[luɯk⁸]ₚ [ma:n⁶]辣ₐ ₙ 辣椒　　　　[luɯk⁸]ₚ [ham²]苦ₐ ₙ 苦瓜

另外，luɯk⁸-语义泛化后还可以附着在名词词根语素之前构成表示人的身体部位和与人生产生活密切相关的事物名词，这类名词也具有细长外观和弧形特征。构成构词模式为：P+N 的完形词。例如：

[luɯk⁸]ₚ [foŋ²]手ₙ 手指　　[luɯk⁸]ₚ [tin¹]脚ₙ 脚趾　　[luɯk⁸]ₚ [ka¹]腿ₙ 腿

[luɯk⁸]ₚ [lut⁷]线筒ₙ 线筒　[luɯk⁸]ₚ [mai¹]线ₙ 纱锭　[luɯk⁸]ₚ [kat⁷]门扣ₙ 门扣

（2）表示小且具有圆形特征的植物果实，这类词在以 luɯk⁸- 为义词缀的派生名词中数量最大，能产性强。构成构词模式为：P+N 的完形词。例如：

[luɯk⁸]ₚ [za²]苏麻ₙ 苏麻　[luɯk⁸]ₚ [su:i⁵]大蒜ₙ 大蒜　[luɯk⁸]ₚ [6e³]山豆ₙ 山豆

[luɯk⁸]ₚ [tɕau⁵]桐子ₙ 桐子　[luɯk⁸]ₚ [zai⁵]板栗ₙ 板栗　[luɯk⁸]ₚ [ka:t⁸]花椒ₙ 花椒

另外，luɯk⁸-语义泛化后附着在名词性词根语素前，构成与人们生产生活密切相关的事物名词，这类事物也具有表小表圆形的特征。构成构词模式为：P+N 的完形词。例如：

[luɯk⁸]ₚ [fi²]火ₙ 火星　　[luɯk⁸]ₚ [sa⁵]砂ₙ 铁砂　　[luɯk⁸]ₚ [zu¹]纽扣ₙ 纽扣

[luɯk⁸]ₚ [zai⁶]轮子ₙ 轮子　[luɯk⁸]ₚ [zit⁷]雹ₙ 雹子　[luɯk⁸]ₚ [ŋa¹]鹅卵石ₙ 鹅卵石

2. 义词缀 ko¹- 源于汉语的量词"棵"，语义泛化后附着在表示植物的名词词根语素之前，用于表示有根茎的植株植物。构成构词模式为：P+N 的完形词。例如：

[ko¹]ₚ [mai³]树ₙ 树木　　[ko¹]ₚ [ŋe³]桑树ₙ 桑树　　[ko¹]ₚ [kut⁷]蕨菜ₙ 蕨菜

[ko¹]ₚ [pjak⁷]₍菜 N₎ 菜秧　　[ko¹]ₚ [tɕa³]₍稻谷 N₎ 稻秧　　[ko¹]ₚ [ɗai³]₍麻 N₎ 麻（植物）

[ko¹]ₚ [ŋa¹]₍草 N₎ 草　　[ko¹]ₚ [tɕau⁵]₍桐子 N₎ 桐子树　　[ko¹]ₚ [tɕu:i³]₍芭蕉 N₎ 芭蕉树

  3. 义词缀 san³- 的本义是"根，节"，语义泛化后附着在名词词根语素前面，表示有根茎的植物。构成构词模式为：P+N 的完形词。例如：

[san³]ₚ [ka:m¹]₍柑橘 N₎ 橘树　　[san³]ₚ [ɗa:i³]₍麻 N₎ 麻　　[san³]ₚ [ʔu:i²]₍甘蔗 N₎ 甘蔗

  另外，义词缀 san³- 语义泛化后附着在名词词根语素前面，构成具有"圆柱状，条状"特征的包括表示生产生活用具、身体部位、食物等的名词。构成构词模式为：P+N 的完形词。例如：

[san³]ₚ [ɕuk⁷]₍蜡烛 N₎ 蜡烛　　[san³]ₚ [ŋin²]₍筋 N₎ 青筋　　[san³]ₚ [fuɯn²]₍粉 N₎ 粉条

[san³]ₚ [fai²]₍竹 N₎ 竹竿　　[san³]ₚ [heu⁵]₍牙齿 N₎ 牙齿　　[san³]ₚ [mi:n⁶]₍面条 N₎ 面条

  4. 义词缀 ɓai¹- 的本义是"叶子"，语义泛化后附加在名词词根语素前，构成植物名词，但语义上都具有"片状"特征。构成构词模式为：P+N 的完形词。例如：

[ɓai¹]ₚ [zat⁷]₍菌子 N₎ 菌子　　　　[ɓai¹]ₚ [ŋe³]₍桑叶 N₎ 桑叶

  另外，ɓai¹- 的语义泛化后附加在名词词根语素前，构成的名词既有表示人的身体部位的，也有表示天体、生产生活事物和抽象事物的，它们在语义上具有"薄片状，叶状"共性。构成构词模式为：P+N 的完形词。例如：

[ɓai¹]ₚ [zɯ⁶]₍耳朵 N₎ 耳朵　　[ɓai¹]ₚ [lin³]₍舌 N₎ 舌头　　[ɓai¹]ₚ [na³]₍脸 N₎ 脸

[ɓai¹]ₚ [vɯ³]₍云 N₎ 云　　[ɓai¹]ₚ [ŋau²]₍影子 N₎ 相片　　[ɓai¹]ₚ [sa¹]₍纸 N₎ 纸张

第三章 派生词词法

[ɓai¹]ₚ [kan¹]头帕 ɴ 头帕   [ɓai¹]ₚ [tɕi²]旗帜 ɴ 旗帜   [ɓai¹]ₚ [pen⁵]板 ɴ 情面

5. 义词缀 ɗak⁷- 的本义"块，团，坨"，语义泛化后附加于表示具有块状、团状和坨状等性状特征稳定的名词词根语素前面，表示植物的根茎和果实。构成构词模式为：P+N 的完形词。例如：

[ɗak⁷]ₚ [pɯn¹liŋ²]蕨根 ɴ 蕨根   [ɗak⁷]ₚ [man²]番薯 ɴ 番薯   [ɗak⁷]ₚ [su:i⁵]蒜 ɴ 蒜头

另外，ɗak⁷- 与名词性词根语素和动词性词根语素组合构成外观呈块状、团状或坨状的事物名词，有少量抽象名词。构成构词模式为：P+N 的完形词。例如：

[ɗak⁷]ₚ [zin¹]石头 ɴ 石头   [ɗak⁷]ₚ [fa²]铁 ɴ 铁块   [ɗak⁷]ₚ [ha:ŋ¹]钢 ɴ 钢锭
[ɗak⁷]ₚ [mai³]树 ɴ 木墩   [ɗak⁷]ₚ [ɗok⁷]骨头 ɴ 骨头   [ɗak⁷]ₚ [po¹]山坡 ɴ 山坡
[ɗak⁷]ₚ [kun²]滚 ᵥ 碾子   [ɗak⁷]ₚ [pau³]疙瘩 ɴ 疙瘩   [ɗak⁷]ₚ [tɕa:i³]蛋 ɴ 狗屁詈语

6. 义词缀 ɗan¹- 本义"果子"，语义泛化后附着在名词词根语素之前，构成表示呈颗粒状的植物果实。构成构词模式为：P+N 的完形词。例如：

[ɗan¹]ₚ [ɓe³]米豆 ɴ 米豆   [ɗan¹]ₚ [tu⁶]黄豆 ɴ 黄豆
[ɗan¹]ₚ [hau³ka:k⁷]稻谷 ɴ 稻谷   [ɗan¹]ₚ [hau³tai⁵]玉米 ɴ 玉米
[ɗan¹]ₚ [ko³tɕau²]苦楝籽 ɴ 苦楝籽   [ɗan¹]ₚ [hau³ʔen⁵]小米籽 ɴ 小米籽

另外，ɗan¹- 的语义泛化后附着在表示有立体形状的用具及其他有形物体的名词词根语素前面，构成表示有固定形状的处所名词。构成构词模式为：P+N 的完形词。例如：

[ɗan¹]ₚ [za:n²]房子 ɴ 房屋   [ɗan¹]ₚ [po¹]山坡 ɴ 山坡   [ɗan¹]ₚ [mjau⁶]寺庙 ɴ 寺庙
[ɗan¹]ₚ [tam¹]池塘 ɴ 池塘   [ɗan¹]ₚ [ʔeu²]粮仓 ɴ 粮仓   [ɗan¹]ₚ [ɓo⁵]井 ɴ 井

还有一种情况，义词缀 ɗan¹- 的语义泛化后附着于表示有立体状的用具及其他有形物体的名词词根语素、形容词词根语素和动词词根语素前，构成表示天体、生产生活用具、人的身体部位、食物以及抽象概念的名词。构成构词模式为：P+N/A 的完形词。例如：

[ɗan¹]ₚ [ɗɯ:n¹]₍月亮 N₎ 月亮　　[ɗan¹]ₚ [ɗa:t⁷]₍太阳 N₎ 太阳　　[ɗan¹]ₚ [ta:ŋ⁵]₍凳 N₎ 凳子
[ɗan¹]ₚ [ɕoŋ²]₍桌子 N₎ 桌子　　[ɗan¹]ₚ [me¹]₍乳房 N₎ 乳房　　[ɗan¹]ₚ [jau¹]₍肾 N₎ 肾
[ɗan¹]ₚ [tɕai⁵]₍蛋 N₎ 鸡蛋　　[ɗan¹]ₚ [piŋ²]₍饼 N₎ 饼干　　[ɗan¹]ₚ [lɯ:ŋ²]₍铜 N₎ 铜粒
[ɗan¹]ₚ [fa²]₍铁 N₎ 铁粒　　[ɗan¹]ₚ [na:n¹]₍难 A₎ 困难　　[ɗan¹]ₚ [sɯ¹]₍字 N₎ 文字

3.2.1.4 表示时间、方向及处所的前缀的意义与功能

1. 域词缀 ɕau⁵- 借自汉语"初"，其用法也与汉语一致，一般附着在数词前面，构成表示时间的完形名词。构成构词模式为：P+NUM 的完形词。例如：

[ɕau⁵]ₚ [ʔit⁷]₍一 NUM₎ 初一　　[ɕau³]ₚ [ŋi⁶]₍二 NUM₎ 初二　　[ɕau³]ₚ [sam¹]₍三 NUM₎ 初三
[ɕau³]ₚ [si⁵]₍四 NUM₎ 初四　　[ɕau⁵]ₚ [ha³]₍五 NUM₎ 初五　　[ɕau³]ₚ [ɕip⁸]₍十 NUM₎ 初十

ɕau⁵- 是域词缀，只能使用于每个月的前十天。

2. 义词缀 tɕa:ŋ¹- 的本义是方位名词"中间"，语义泛化后附着在表示时间和处所的名词词根语素前，构成的名词表示特定的某个时间段和处所。构成构词模式为：P+N 的完形词。例如：

[tɕa:ŋ¹]ₚ [hat⁷]₍早晨 N₎ 清早　　[tɕa:ŋ¹]ₚ [ham⁶]₍夜晚 N₎ 晚上　　[tɕa:ŋ¹]ₚ [van²]₍天 N₎ 白天
[tɕa:ŋ¹]ₚ [ɗoŋ¹]₍树林 N₎ 山区　　[tɕa:ŋ¹]ₚ [za:n²]₍房子 N₎ 堂屋　　[tɕa:ŋ¹]ₚ [lɯ:ŋ⁵]₍村寨 N₎ 寨子

3. 义词缀 pa:i⁶- 的本义是"边"，语义泛化后附着在方位名词词根语素或动宾短语之前表示方向。构成构词模式为：P+N 的完形词。例如：

[pa:i⁶]ₚ [ɗai¹]₍内 N₎]ₙ 里面　　[pa:i⁶]ₚ [sɯi³]₍左 N₎]ₙ 左边　　[pa:i⁶]ₚ [kua²]₍右 N₎]ₙ 右边

[pa:i⁶]ₚ [zok⁸]₍外 N₎]ₙ 外面　　[pa:i⁶]ₚ [hen²]₍边沿 N₎]ₙ 周围　　[pa:i⁶]ₚ [zan¹ɗa:t⁷]₍见阳 PH₎]ₙ 向阳方

[pa:i⁶]ₚ [la³]₍下 N₎]ₙ 下方　　[pa:i⁶]ₚ [na³]₍脸 N₎]ₙ 前面　　[pa:i⁶]ₚ [laŋ¹]₍后 N₎]ₙ 后面

4. 义词缀 lɯ²- 的本义是"子，个"，语义泛化后附加在名词性词根语素前，构成具有立体状特征的处所名词。构成构词模式为：P+N 的完形词。例如：

[lɯ²]ₚ [ti:ŋ²]₍棚子 N₎]ₙ 灰棚　　[lɯ²]ₚ [za:n²]₍房子 N₎]ₙ 房子　　[lɯ²]ₚ [ʔeu⁶]₍粮仓 N₎]ₙ 粮仓

[lɯ²]ₚ [si:n¹]₍菜园 N₎]ₙ 菜园　　[lɯ²]ₚ [lu¹]₍茅坑 N₎]ₙ 茅坑　　[lɯ²]ₚ [jiŋ²]₍营房 N₎]ₙ 营房

另外，义词缀 lɯ²- 语义泛化后附着在名词性词根语素前，构成表示家具、容器、交通工具以及身体部位等事物的名词。构成构词模式为：P+N 的完形词。例如：

[lɯ²]ₚ [tin¹]₍脚 N₎]ₙ 脚　　　[lɯ²]ₚ [tuŋ⁶]₍肚子 N₎]ₙ 肚子　　[lɯ²]ₚ [ɓon³]₍床 N₎]ₙ 床

[lɯ²]ₚ [ɕoŋ²]₍桌子 N₎]ₙ 桌子　[lɯ²]ₚ [tɔŋ²]₍桶 N₎]ₙ 桶　　　[lɯ²]ₚ [si:ŋ¹]₍箱子 N₎]ₙ 箱子

[lɯ²]ₚ [sua²]₍筏子 N₎]ₙ 筏子　[lɯ²]ₚ [kaŋ¹]₍缸 N₎]ₙ 水缸　　[lɯ²]ₚ [tɕi¹]₍箶箕 N₎]ₙ 箶箕

3.2.1.5 其他词缀的意义与功能

这类义词缀构成的词表示自然产生和人类创造的事物名词，也包括人的身体部位的名词。

1. 义词缀 me⁶- 的本义是"母亲"，也用于与母同辈的女性称谓词或引申用于已生育的雌性动物名词中。me⁶- 作为前缀表示"大，权威"，一般附着在名词性词根语素前，构成表示人的身体部位、抽象概念的事物以及与人们生产生活密切相关的事物名词，也有少量构成植物名词。构成构词模式为：P+N 的完形词。例如：

[me⁶]ₚ [foŋ²]₍手 N₎]ₙ 拇指　　　　　　[me⁶]ₚ [sau¹]₍柱子 N₎]ₙ 母柱

[me⁶]ₚ [na³]脸 ₙ 脸面　　　　　　　[me⁶]ₚ [za:ŋ¹]笋 ₙ 大笋子

2. 义词缀 teu²- 的本义是"条"，从汉语借到布依语后朝两个方向发展：一是做量词，一是泛化为前缀，与名词词根语素结合构成包含着自然产生或人类创造的表示具有"条状"特性的名词。构成构词模式为：P+N 的完形词。例如：

[teu²]ₚ [ta⁶]河 ₙ 河　　　[teu²]ₚ [kau¹]藤 ₙ 藤蔓　　　[teu²]ₚ [vi³]溪 ₙ 小溪
[teu²]ₚ [zan¹]路 ₙ 路　　　[teu²]ₚ [ha:n²]扁担 ₙ 扁担　　[teu²]ₚ [pja:n¹]鞭子 ₙ 鞭

3. 义词缀 fa:k⁸- 的本义是"把"，表示有柄金属工具的量词。语义泛化后附着在表示工具的名词词根语素和动词词根语素前，构成的多是表示金属器物的名词。构成构词模式为：P+N/V 的完形词。例如：

[fa:k⁸]ₚ [li:m²]镰刀 ₙ 镰刀　　[fa:k⁸]ₚ [zu:i¹]梳子 ₙ 梳子　　[fa:k⁸]ₚ [ʔja:k⁷]锄头 ₙ 锄头
[fa:k⁸]ₚ [ɕai¹]犁 ᵥ 犁头　　　[fa:k⁸]ₚ [kɯ⁵]锯 ᵥ 锯了　　　[fa:k]ₚ [pa⁶]耙 ᵥ 耙子

4. 义词缀 ɕoŋ⁶- 的本义是"洞"，语义泛化后附着在名词词根语素前面构成表示有洞状特征的事物名词，包括人的身体部位、自然创造物、人类创造物等的名词。构成构词模式为：P+N 的完形词。例如：

[ɕoŋ⁶]ₚ [bu³dɯ¹]肚脐 ₙ 肚脐　　[ɕoŋ⁶]ₚ [pak⁷]嘴 ₙ 嘴　　　[ɕoŋ⁶]ₚ [ta¹]眼 ₙ 眼窝
[ɕoŋ⁶]ₚ [ho²]喉 ₙ 喉咙　　　　[ɕoŋ⁶]ₚ [ka:m³]岩洞 ₙ 岩洞　　[ɕoŋ⁶]ₚ [bon³]窗户 ₙ 窗户

总之，在布依语的派生名词中，词义以词根语素的词义为主。词缀包括义词缀和域词缀，以义词缀为主。从数量多寡来看，域词缀数量较少，只有 ʔa¹-、ɕi²- 和 ɕau⁵-，其余均为义词缀。在功能上：域词缀主要使用于人名称谓词、亲属称谓词等词前，体现说话者的主观情感表达；义词缀具有极强的分类功能（它们的类属义来自于词根语素义与词缀作为词根语素时的语义的泛化或抽象化相结合），少量词缀与词根语素结合有使动词、形容词、数词和动宾词组名词化的功能。在构词上：域词缀只有"P+N"和"P+ NUM"两种构词模式，而义词缀的构词模式非常丰富：以"P+N"为主要构词模式，兼有一定数量"P+A"模式、"P+V"模式、"P+ NUM"及"P+ PH"模式。

3.2.2 派生名词词缀的功能分类

Beard（1995）将派生构词分为四种类型："第一类是特征值转换派生（Featural derivation），即改变一个词的特征值，如从阳性名词变为阴性名词的派生。第二类是功能性派生（functional derivation），改变词的语义方面，所表达的意义相当于一些格（case），如表示施事、受事、地点、来源等。第三类是转类派生（transposition），指单纯改变词类属性的派生，其意义的改变可以由新获得的词类属性及原词基（base）所含有的语义特征推出。第四类是表达性派生（expressive derivation），反映说话者的主观态度。"[①] 我们根据 Beard 的派生构词功能分类法将布依语中的派生名词分为以下几个功能类别。

3.2.2.1 特征值转换派生（Featural derivation）

在布依语中有一部分派生名词通过增加词缀使词的特征发生改变，这类名词包括指人名词及与人类关系密切的动物名词。主要体现在自然性别的差异上，例如：义词缀 pau^5-/ja^6-，其中 pau^5- 代表男性（阳性），ja^6- 代表女性（阴性）。指动物的义词缀有 tak^8- 和 $ço^6$-/me^6-，其中 tak^8- 代表雄性，$ço^6$-/ me^6- 代表雌性。

区分人类自然性别的义词缀 pau^5- 与 ja^6-。例如：

[pau^5]$_P$ [$toŋ^2$]$_{老同\,N}$]$_N$ 老庚　　　　　[ja^6]$_P$ [$toŋ^2$]$_{老同\,N}$]$_N$ 同嬢

[pau^5]$_P$ [$ma:i^5$]$_{鳏\,A}$]$_N$ 鳏公　　　　　[ja^6]$_P$ [$ma:i^5$]$_{鳏寡\,A}$]$_N$ 寡妇

---

① Beard, R. 1998. Derivation. The Handbook of Morphology, ed. by Andrew Spencer and Arnold M. Zwichy, Oxford: Blackwell. p57.

[pau⁵]ₚ [mo⁵]新 A]ₙ 新郎   [ja⁶]ₚ [mo⁵]新 A]ₙ 新娘

区分动物自然性别的义词缀有 tak⁸- 和 ço⁶-/ me⁶-。例如：

[tak⁸]ₚ [luː:ŋ²] 龙 N]ₙ 雄龙   [ço⁶]ₚ [luː:ŋ²] 龙 N]ₙ 雌龙   [me⁶]ₚ [mu¹ 猪 N]ₙ 母猪
[tak⁸]ₚ [pit⁷] 鸭 N]ₙ 雄鸭   [ço⁶]ₚ [pit⁷] 鸭 N]ₙ 雌鸭   [me⁶]ₚ [kai⁵] 鸡 N]ₙ 母鸡
[tak⁸]ₚ [kai⁵] 鸡 N]ₙ 雄鸡   [ço⁶]ₚ [kai⁵] 鸡 N]ₙ 雌鸡   [me⁶]ₚ [ma¹] 狗 N]ₙ 母狗

其中 tak⁸-/ço⁶- 是指未生育但已经达到生育年龄的雄性与雌性动物。me⁶- 是指已经生育过的雌性动物。动物未到生育年龄时往往不区分性别，一般在名词性词根前面加义词缀 tɯ²-，在词根后加形容词 ʔi³ "小" 即可。例如：

[tɯ⁶]ₚ [pit⁷ʔi³] 小鸭 N]ₙ 小鸭   [tɯ²]ₚ [ma¹ʔi³] 小狗 N]ₙ 小狗   [tɯ²]ₚ [haːn⁵ʔi³] 小鹅 N]ₙ 小鹅

也可以通过加 haːŋ⁶ 来表示未生育但已经到达生育龄的禽类。

3.2.2.2 功能性派生（functional derivation）

根据 Beard（1995）的观点："功能性派生改变词的语义方面，所表达的意义相当于一些格（case），如表示施事、受事、地点、来源等。"我们在布依语中发现有这样的词：在名词词根语素 sɯ¹ "书" /sai¹ "师" 前添加 pau⁵- 和 lɯk⁸-，ça:ŋ⁶- 和 lɯk⁸- 之后，表示施事与受事的关系。例如：[pau⁵[sɯ¹] 书/字 N] ₙ/[pau⁵[sai¹] N] ₙ[ça:ŋ⁶[sɯ¹] 书/字 N] ₙ 指 "老师"，是传道授业解惑者，表示施事，而 [lɯk⁸[sɯ¹] 书/字 N] ₙ /[lɯk⁸[sai¹] 师傅 N]ₙ 指 "学生"，表示受事。但是布依语中具有这种派生类型特征的词较少。

3.2.2.3 转类派生（transposition）

指单纯改变词类属性的派生，其意义的改变可以由新获得的词类属性及原词基（base）所含有的语义特征推出。布依语中派生名词的转类派生类型是在动词词根语素和形容词词根语素之前加上义词缀。

在句法结构中这类派生名词与名词的功能基本一致，可以充当主语和宾语，也能受形容词修饰。通常这类派生名词的义词缀以指人词缀为主，有 pau⁵-/pu³-/ja⁶- 等几个。其构式为：义词缀 + 动语素→名词，例如：[pu³]ₚ[za:i²]写 ᵥ]ₙ"作者，笔者"，[pu³]ₚ[zak⁸]偷盗 ᵥ]ₙ"小偷"，[pu³]ₚ[ɕun²]旅游 ᵥ]ₙ"游客"；[pau⁵]ₚ[mo¹]超度 ᵥ]ₙ"布摩"，[pau⁵]ₚ[soŋ⁵]送 ᵥ]ₙ"送亲郎"。义词缀 + 形语素→名词，例如：[pu³]ₚ[ɕuk⁸]熟 ₐ]ₙ"熟人"，[pu⁵]ₚ[kan³]勤劳 ₐ]ₙ"勤快人"，[pau⁵]ₚ[lin³]聪明 ₐ]ₙ"聪明汉"，[pau⁵]ₚ[tɕe⁵]老 ₐ]ₙ"长者，老人"，[ja⁶]ₚ[ma:i⁵]寡 ₐ]ₙ"寡妇"，[ja⁶]ₚ[mo⁵]新 ₐ]ₙ"新娘"。

3.2.2.4 表达性派生（expressive derivation）

Beard（1995）将表达性派生分成五个功能类别：一，指小（diminutive）；二，增量（augmentative）；三，轻蔑（pejorative）；四，喜爱（affectionate）；五，表敬（honorific）。布依语中的派生名词表达性派生类型丰富，以上五种功能分类在布依语中都有所体现。这些派生词反映说话者的主观态度，在布依语中使用广泛，指称对象生命度较高。

1. 指小和喜爱功能

(1) 域词缀 ɕi²- 多用于孩名和女性称谓词，附加在亲属称谓名词词根语素前构成名词，表达对指称者的喜爱之情。例如：

[ɕi²]ₚ[li:n⁴]炼 ₙ]ₙ 阿炼　　　　　[ɕi²]ₚ[la:n¹]孙子 ₙ]ₙ 爱孙，儿童，孩子
[ɕi²]ₚ[mai⁶]妻子 ₙ]ₙ 爱妻　　　　　[ɕi²]ₚ[ju⁶]友 ₙ]ₙ 爱人，爱侣

(2) 域词缀 ʔa¹-（其变体为 ʔɯ¹-，ʔə¹-）附加在亲属称谓词词根语素或指人名词词根语素前，表达说话人对指称对象的亲近喜爱之情，表示昵称，相当于汉语"阿"。例如：

[ʔa¹]ₚ[nɯ:ŋ³]弟 ₙ]ₙ 阿弟　　[ʔa¹]ₚ[me⁶]母 ₙ]ₙ 阿妈　　[ʔa¹]ₚ[ɳaŋ¹]娘 ₙ]ₙ 姑姑

(3) 义词缀 luɯk⁸- 本义是"儿子"，也可加在表子辈称谓名词前。语义泛化后具有表细小的功能，所指称的事物多是圆形物或半圆形物或细长物。例如：

[luɯk⁸]ₚ[tin¹]脚 ₙ]ₙ 脚趾　　　[luɯk⁸]ₚ[foŋ²]手 ₙ]ₙ 手指　　　[luɯk⁸]ₚ[zai⁶]轮子 ₙ]ₙ 轮子

[luɯk⁸]ₚ[sa⁵]砂 ₙ]ₙ 铁砂子　　[luɯk⁸]ₚ[lut⁷]线筒 ₙ]ₙ 线筒　　[luɯk⁸]ₚ[mai¹]线 ₙ]ₙ 纱锭

[luɯk⁸]ₚ[zu¹]纽扣 ₙ]ₙ 纽扣　　[luɯk⁸]ₚ[ka:t⁸]花椒 ₙ]ₙ 花椒　[luɯk⁸]ₚ[ʔit⁷]葡萄 ₙ]ₙ 葡萄

[luɯk⁸]ₚ[6u³]葫芦 ₙ]ₙ 葫芦　　[luɯk⁸]ₚ[ma:n⁶]辣 ₐ]ₙ 辣椒　[luɯk⁸]ₚ[tɕu:i³]香蕉 ₙ]ₙ 香蕉

[luɯk⁸]ₚ[ham²]苦 ₐ]ₙ 苦瓜　　[luɯk⁸]ₚ[za²]苏麻 ₙ]ₙ 苏麻　　[luɯk⁸]ₚ[su:i⁵]大蒜 ₙ]ₙ 大蒜

2. 增量和表敬功能

（1）乂词缀 me⁶- 本义是"母亲"或与母同辈的人，语义泛化后具有增量（指大，表权威）功能。例如：

[me⁶]ₚ[foŋ²]手 ₙ]ₙ 拇指　　　　[me⁶]ₚ[tin¹]脚 ₙ]ₙ 大脚趾　　　[me⁶]ₚ[sau¹]柱子 ₙ]ₙ 母柱

[me⁶]ₚ[na³]脸 ₙ]ₙ 脸面　　　　[me⁶]ₚ[na²]田 ₙ]ₙ 大田　　　　[me⁶]ₚ[za:ŋ¹]笋 ₙ]ₙ 大笋子

（2）乂词缀 pau⁵- 的本义是"祖宗，翁公，爷爷"，语义泛化后附着在名词词根语素和形容词词根语素前，表示有一定社会地位或年长的男性，大致相当于汉语中的"老"，具有表敬功能。例如：

[pau⁵]ₚ[pi³]哥 ₙ]ₙ 哥哥　　　　　　　　[pau⁵]ₚ[toŋ²]老庚 ₙ]ₙ 老庚

[pau⁵]ₚ[mo¹]超度 ᵥ]ₙ 布摩　　　　　　[pau⁵]ₚ[lin³]聪明 ₐ]ₙ 聪明汉

3. 表轻蔑的功能

乂词缀 tuɯ²-，本义"动物，牲畜"，语义泛化后附加在表示动物的名词性词根语素前面，构成的名词表示各种各样的动物。这一词缀可以附着在形容词性词根语素前，表示具有某种性质特征的人，通常为贬义。例如：

[tɯ²]ₚ[pak⁸]_疯 A_ 疯子　　[tɯ²]ₚ[ʔi⁵]_小 A_ 小人　　[tɯ²]ₚ[vaːi⁶]_坏 A_ 坏家伙

Beard 提出的派生名词的五种类型在布依语中都得到了体现，其中使用最广泛的是表达性派生，这类派生词大部分都产生于生命度极高的表人名词中，只有少部分产生于非人名词。

3.2.3 小结

通过上文的描写分析，我们将布依语派生名词词缀的基本功能概括如下：

（1）派生名词词缀具有名词化功能。动词性词根语素、形容词性词根语素，甚至少量的词组，只要加了词缀，都变成了名词。例如：[faːk⁸]ₚ[ɕai¹]_犁 V_ "犁头"，[faːk⁸]ₚ[kɯ⁵]_锯 V_ "锯子"；[pau⁵]ₚ[lin³]_聪明 A_ "聪明汉"，[pau⁵]ₚ[ka¹mu¹]_杀猪 PH_ "杀猪匠"，[pu³]ₚ[ta¹faːŋ²]_眼瞎 PH_ "瞎子"。其中 ka¹mu¹ "杀猪"是动宾词组，ta¹faːŋ² "眼瞎"是主谓词组，加了义词缀 pau⁵-/ pu³- 后变成名词。

（2）义词缀具有区分事物类别的功能。能加相同义词缀的词根语素，在语义上有一定的关联性，属于同一类事物。例如：luɯk⁸- 与词根语素结合构成具有表示指人的身体部位和表示植物的果实等的名词，这些名词都有表细长或表示小而圆两种类别属性；faːk⁸- 与词根语素结合构成的名词都表示有柄工具这一类名词，ɗak⁷- 与词根语素结合构成的名词表示块状物、团状物或坨状物等性状稳定的物体。不同的义词缀加在同一词根语素上，因前缀不同而表明事物属于不同类别。例如：[ko¹]ₚ[tɕuːi³]_芭蕉 N_ 芭蕉树，[luɯk⁸]ₚ[tɕuːi³]_芭蕉 N_ 芭蕉；[ko¹]ₚ[tɕau⁵]_桐子 N_ 桐子树，[luɯk⁸]ₚ[tɕau⁵]_桐子 N_ 桐籽；[pau⁵]ₚ[mo⁵]_新 A_ ₙ 新郎，[ja⁶]ₚ[mo⁵]_新 N_ ₙ 新娘，等等。

（3）域词缀仅使用于亲属称谓词和人名称谓词前，表达说话者的主观情感。

总之，在布依语的派生名词中以"P+N"这种构词方式占主要地

67

位，另外还有"P+V/A/NUM/PH"的构词方式。因词缀多与量词同音，故学界至今都没有给出明确的定义，我们根据布依语派生名词的语义特征及其基本功能，将这类不确定的成分定义为词缀（即P），并分成了域词缀和义词缀两种类型，域词缀主要添加在人名称谓词词根语素和亲属称谓词词根语素中，构成指人名词和亲属称谓词；义词缀构成的名词非常丰富，涉及到生命物和无生命物两大类别。另外，区分动物自然性别的词缀tak^8-/ço^6-/ me^6-具有两可情况，是受汉语影响的结果。

3.3 派生动词词法

孙景涛（2010）指出："派生构词相当常见，不过在不同的语言中往往会有不同的表现方式。"[①] 其实，在同一种语言中亦有不同的表现方式。布依语派生动词就有两种不同的表现方式：一种为"义词缀+动语素→动词"（即P+V）；另一种为"动语素+后缀→动词"（即V+S）。相应地，其词缀也存在两种不同形式：义词缀由动词或副词演变而来，是语义抽象化、类化形式的体现，后缀是本身无词汇意义，却具有某种附加意义的成分，是语用功能的直接体现。

在布依语中，派生动词的义词缀较少，词缀与词根语素结合紧密，词汇意义以词根语素义为主，兼有词缀的抽象、类化义。义词缀的功能是加强词根语素行为动作的力度、强度或强调行为动作，具有陪衬的作用，有的体现行为动作施受双方的互动状态。我们将在下文详细论述。

3.3.1 义词缀

1. 义词缀 toŋ^2- 的意义与功能

义词缀 toŋ^2- 作为词根语素使用时是副词，本义"相互"，语义

---

① 孙景涛：《元音交替与新词派生》，《语言科学》2010年第3期，引用于第302页，全文第301—310页。

抽象化后附着在动词性词根语素前表示行为动作的互动态。该词缀强调双方共同参与了行为动作的产生过程，大多数动词都可以前加词缀 toŋ²- 构成完形词。构成构词模式为：P+V 的完形词。例如：

[toŋ²]ₚ[kɯ³]躲藏 ᵥ 捉迷藏　　[toŋ²]ₚ[ha:u⁵]骂 ᵥ 对骂　　[toŋ²]ₚ[soŋ⁵]送 ᵥ 相送
[toŋ²]ₚ[tɕam³]依靠 ᵥ 依靠　　[toŋ²]ₚ[ɕo⁶]学 ᵥ 互学　　[toŋ²]ₚ[lɯm⁵]像 ᵥ 相像
[toŋ²]ₚ[sin¹]争 ᵥ 相争　　[toŋ²]ₚ[ʔa:m¹]猜 ᵥ 竞猜　　[toŋ²]ₚ[kam⁶]打架 ᵥ 打架
[toŋ²]ₚ[ma:i²]喜欢 ᵥ 相爱　　[toŋ²]ₚ[tim²]配 ᵥ 般配　　[toŋ²]ₚ[pa:n³]陪伴 ᵥ 相伴
[toŋ²]ₚ[vet⁷]交叉 ᵥ 相交　　[toŋ²]ₚ[ɗop⁷]撞 ᵥ 相撞　　[toŋ²]ₚ[sau⁶]战斗 ᵥ 战斗

从上面的例子中我们可以看出，单音节语素 toŋ² 在这里是粘着语素，其词汇意义模糊，并具有能产性，是词缀。其与动词性词根语素结合构成的完形词具有致使主宾同位的功能，在句子中做谓语。例如：

[mɯŋ⁶][zɯ:ŋ²][te¹] **[toŋ²tim²]** [kɯ⁶ɕai²].
你　和　他　般配　　非常
你和他很般配。

[van⁶ni³][ti⁶ni³][mi²][soŋ⁵][pu³][se¹]**[toŋ²ɗop⁷]**.
今天　这里　有　两　部　车　相撞
今天这里有两辆车相撞。

这类动词在句子中还可以充当宾语成分。例如：

[te¹] [zɯ:ŋ²] [pau⁵pi³] [te¹] [ma:i³] **[toŋ²kam⁶]**.
他　和　哥哥　他　爱　打架
他跟他哥哥爱打架。

前缀 toŋ²- 与单音节的动词性词根语素构成的完形词有以下几个特征：

第一，动词承载的动作由单向变为双向之间的相互作用关系，是一种互动态。例如：动词 ha:u⁵ "骂" 在未加词缀 toŋ²- 之前所表示的动作是单方面的，即施行动作的一方 ha:u⁵ "骂" 另一方时，另一方不施行 ha:u⁵ "骂" 的动作；一旦加词缀 toŋ²- 以后，整个词表示的行为动作则变成了双方面的，即 toŋ²ha:u⁵ 的是指 "双方互骂"。

第二，词缀 toŋ²- 后加动词词根语素构成的完形词的词性由及物动词变成不及物动词。例如：ha:u⁵ 是及物动词，可以带宾语，即 ha:u⁵hun² "骂人"、ha:u⁵hɯ¹ "骂街"，等等。加词缀 toŋ²- 后就从及物动词变成了不及物动词，且不能带宾语，即不能说 toŋ²ha:u⁵hun²、toŋ²ha:u⁵hɯ¹，词缀 toŋ²- 附加于大多数的动词性词根语素前构成的完形动词亦是如此。

可见，词缀 toŋ²- 加了动词词根语素后，发生了一系列的变化：行为动作的参与者从单方变成了双方，从及物动词变成不及物动词，其基本功能在句子中也产生了变化等等。这些变化体现了布依语派生动词的构词特点，并更好地将双音节动词和单音节动词进行了语法上的分工。

2. 义词缀 kɯ⁶- 的意义与功能

kɯ⁶- 的本义是 "做"，语义虚化后附着在动词词根语素之前，构成完形动词，词缀起强调作用。构成构词模式为：P+V 的完形词。例如：

[kɯ⁶]ₚ [pja:i³]走 ᵥ 走　　[kɯ⁶]ₚ [kun¹]吃 ᵥ 吃　　[kɯ⁶]ₚ [tan³]穿 ᵥ 穿

[kɯ⁶]ₚ [nau²]说 ᵥ 说　　[kɯ⁶]ₚ [sak⁸]洗 ᵥ 洗　　[kɯ⁶]ₚ [lɯm²]忘 ᵥ 忘记

[kɯ⁶]ₚ [zu:i³]串 ᵥ 串起　　[kɯ⁶]ₚ [tu:i¹]装 ᵥ 假装　　[kɯ⁶]ₚ [zak⁸]偷 ᵥ 偷

[kɯ⁶]ₚ [ʔa:m¹]猜 ᵥ 猜谜　　[kɯ⁶]ₚ [zok⁷]织 ᵥ 纺织　　[kɯ⁶]ₚ [seu⁵]绣 ᵥ 刺绣

这类动词在句子中可以充当宾语成分。例如：

[te¹] [ha³] [pai¹][**kɯ⁶sak⁸**].

他 要 去 洗涤

他要去洗衣服。

[ku¹] [nau²] **[kɯ⁶ɕam²]** [ɗai⁰].

我 说 玩 （语气词）

我说着玩而已。

从上面的例子中我们可以看出，语素 kɯ⁶ 在这里是定位性粘着语素，词汇意义已经虚化、抽象化，具有一定的语法意义，具备了一定的能产性，是词缀。与动词词根语素结合构成的完形词有以下的一些特征：

第一，词性发生了改变，由及物动词变成不及物动词。原本单音节动词词根语素词是及物动词，可以带宾语。例如：sak⁸ "洗"，可以说成 sak⁸pɯə⁶ "洗衣服"、sak⁸ʔua⁵ "洗裤子"，又如：seu⁵ "绣"，可以说成 seu⁵hua¹ "绣花"，seu⁵na²jaŋ⁶ "刺绣品"。但是加了前缀 kɯ⁶- 后，一般不能带宾语，不能说 kɯ⁶sak⁸pɯə⁶、kɯ⁶sak⁸ʔua⁵、kɯ⁶seu⁵hua¹、kɯ⁶seu⁵ na²jaŋ⁶ 等等；也不能带补语，不能说 kɯ⁶sak⁸ɗai¹sai¹，kɯ⁶seu⁵ ɗai¹ɗi¹，等等。能否带宾语在这类动词中有两种情况：

一般情况下，kɯ⁶ 与动词词根语素结合构成完形词后，不能直接带宾语，要在宾语之前加一个动词成分。例如：

[ku¹] [mi⁶][nau²][te¹],[te¹][ta:u⁵][ma¹]**[kɯ⁶ŋa⁶]**[hai³][ku¹].

我 不 说 他 他 倒来 生气 给 我

我不说他，他倒发我脾气。

在某些情况下，kɯ⁶ 与动词词根语素结合构成完形词后，能直接带宾语的是例外现象，能这样使用的词非常少。例如：

[te¹] **[kɯ⁶lo³]** [ku¹].

他　欺骗　我

他骗我。

[kai⁵zau²] [pai¹] [zok⁸][**kɯ⁶ɕam²**][nai¹].

咱们　　去　外面　玩　　雪

咱们去外面玩雪。

第二，词义由具体变为概括，语义范围扩大。例如：sak⁸"洗"原指称的行为动作只是针对某一具体的纺织物（pɯə⁶"衣服"，ʔua⁵"裤子"等），加了前缀 kɯ⁶- 后，洗的对象就包括了所有的纺织物。又如 zok⁷"纺"，是一项具体的纺织活动（比如：zok⁷mai¹"纺线"）加前缀 kɯ⁶- 后，kɯ⁶zok⁷"纺织"，指所有纺织类的活动，词义出现概括性特征，语义范围也随之扩大了。

第三，语法特征发生变化，不能重叠。例如：单独的一个动词 sak⁸"洗"、pja:i³"走"等行为动词词根语素都可以重叠：sak⁸sak⁸jeu³"洗洗看"， pja:i³pja:i³jeu³"走走看"，但是在添加了前缀 kɯ⁶- 构成 kɯ⁶sak⁸、kɯ⁶pja:i³ 后却不可以重叠，也就是不能说 kɯ⁶sak⁸kɯ⁶sak⁸jeu³，也不能说 kɯ⁶pja:i³kɯ⁶ pja:i³jeu³，等等。

3. 一些零星不成规则的前缀

这些词的构词模式为：P+V。例如：[zop⁸]ₚ [kvi¹]跪ᵥ "跪"、[ʔjaŋ³]ₚ [ʔjau¹]蹲ᵥ "蹲"、[hoŋ¹]ₚ [zuŋ²]怀ᵥ "怀里"，[tok⁷]ₚ [te:ŋ²]跳跃ᵥ "跳跃"等等。

在布依语中派生动词的前缀较少，以 toŋ²- 和 kɯ⁶- 的使用最广泛，可以使用于动作动词、心理动词等动词性特征突出的一类动词词根语素前。

3.3.2 后缀

我们没有发现构词后缀，究竟是没有发展起来，还是已经消亡，我们不得而知。而构形后缀却十分丰富。我们这里的构形后缀，是周国炎（2014）指出的"后加成分"，这种后加的成分大多没有词汇意义，附着在词根之后，表示的是一种状态、程度，目的是使表达更加生动形象。在下文中所提到的后缀，皆是构形后缀，我们不再一一说明。

后缀包括单音节和双音节两种类型。单音节后缀与词根语素在语音上密切相关；双音节后缀多是由单音节后缀重叠而成。它们多无词汇意义，附着在词根语素后面表示动作的力度、强度的增加或行为动作呈现出的某种状态或结果。一般情况下，除能愿动词和判断动词外的动词词根语素都能加后缀。在后缀中，单音节后缀用 S 表示，双音节后缀用 S1, S1', S2 表示（其中 S1 代表第一个后缀，S1' 代表第一个后缀的重叠，S2 代表第二个后缀）。

3.3.2.1 单音节后缀

构词模式为：动语素 + 词缀语素[①]（V+S）。在这类派生词中，后缀与词根语素之间多按双声、叠韵或非双声叠韵的形式组合，其中有一部分声调相同，这类义词缀与词根语素之间出现了语音韵律和谐现象。以下就是几种类型的单音节后缀形式：

1. 词缀语素的声母与词根语素声母是双声关系

第一，后缀与词根语素是双声关系，且所有后缀的韵母都是 -a。后缀无词汇意义，词缀与词根语素构成的完形词表示某种行为动作。例如：

[[ɗa:u¹]_{搅动 V}[ɗa⁴]_S]_V 搅动   [[ʔjap⁷]_{闪 V}[ʔja²]_S]_V 闪烁   [[sa:n⁵]_{散落 V}[sa²]_S]_V 散落

这类派生词在句子中多做谓语。例如：

[①] 例词来自周国炎、王伟编的《布依语基础教程》，中央民族大学出版社2014年修订版，第46页，从布依文转写成国际音标。

[ɓai¹fai⁴] **[sa:n⁵sa²]** [tɕa:ŋ¹pi:ŋ⁶] [te¹].
树叶　　散落　　平坝　　那
树叶散落在平坝上。

[mjaɯ³] **[ɗa:u¹ɗa⁴]** [hau⁴] [ɗaɯ¹] [ɕa:u⁵].
不要　　搅动　　饭　里面　锅
不要搅锅里的饭。

第二，后缀与词根语素是双声关系，后缀韵母的主要元音与词根语素韵母的主要元音相同，后缀无词汇意义，词缀与词根语素构成的完形词表示某种行为动作。例如：

[[ʔjut⁷]退 v[ʔju⁴]s]v 退缩　　[[zak⁸]吵闹v[zai⁶]s]v 吵嚷　　[[zaŋ¹]颤栗v[zam²]s]v 颤栗

这类派生词在句子中充当谓语成分。例如：

[po²su¹][mjaɯ³]**[ʔjut⁷ʔju⁴]**.
你们　　不要　　退缩
你们不要退缩。

[po²su¹][ʔju⁵] [tɕe²ni⁴] [zak⁸zai⁶] [ku³ma²].
你们　在　　这儿　　吵嚷　　什么
你们在这儿吵什么？

2. 词缀语素的韵母与词根语素韵母是叠韵关系

词根语素与词缀为叠韵关系，后缀无词汇意义，词缀与词根语素构成的完形词表示某种行为动作。例如：

[[pan¹]分 v ŋan¹]s]v 平分　　　　[[ɕeŋ³]挣扎v]keŋ⁴]s]v 挣扎

这类词在句子中多做谓语成分。例如：

[tɯ²pja¹][ʔju⁵][daɯ¹] [pɯn²] **[ɕeŋ³keŋ⁴].**

鱼儿 在 里面 盆 挣扎

鱼儿在盆里挣扎。

3. 一些不规则的动词后缀形式

这类词的后缀无词汇意义，词缀与词根语素构成的完形词表示某种行为动作。例如：

[[ʔjap⁷]闪 v[ʔi³]s]v 闪烁　　　[[zeu¹]笑 v[ŋam⁴]s]v 傻笑　　　[[san⁵]发抖 v[ɕeŋ⁴]s]v 发抖

这类动词在句子中主要充当谓语成分。例如：

[daːu¹di⁵] [kɯn²ɓɯn¹] **[ʔjap⁷ʔi³]**.

　星星　上天　闪烁

天上的星星闪烁。

[mɯŋ²] [ʔju⁵] [ni⁴][**zeu¹ŋam⁴**] [ku³ma²]?

　你　在 这　傻笑　什么

　你在这儿傻笑什么？

[te³][tan³] [pɯə⁶tuŋ⁶] [to³]**[san⁵ɕeŋ⁴]**.

　他 穿　棉袄　也　发抖

他穿棉袄也发抖。

3.3.2.2 双音节后缀

在动词的双音节后缀构词中有两种模式，一种为：（动语素＋词缀语素 1）＋词缀语素 1'［（V+S1）+S1'］，一种为：（动语素＋词缀语素 1）＋词缀语素 2→完形词［（V+ S1）+S2］。下文详细介绍。

1.（动语素＋词缀语素 1）＋词缀语素 1'［（V+S1）+S1'］，这类是通过单音节后缀 -S 重叠而来，无词汇意义，与词根语素构成的完形词表示某种行为动作。例如：

[[ɓin¹]飞ᵥ[fiu⁶]ₛ₁[fiu⁶]ₛ₁]ᵥ 飘飘悠悠   [[san⁵]发抖ᵥ[ɕeŋ⁴]ₛ₁[ɕeŋ⁴]ₛ₁]ᵥ 发抖

这类派生动词在句子中主要充当谓语成分。例如：

[ɓai¹tɕi²] [te³] **[ɓin¹fiu⁶fiu⁶]**.
旗帜　那　飘飘悠悠
那面旗帜飘飘悠悠的。

2.（动语素 + 词缀语素 1）+ 词缀语素 2→ 完形词［（V+ S1）+ S2］，这类后缀无词汇意义，后缀 - S2 是从后缀 - S1 衍生而来，与词根语素构成的完形词表示行为动作状态。如：

[[zeu¹]笑ᵥ[hu⁵]ₛ₁[ɕa⁶]ₛ₂]ᵥ 大笑   [[xom³]伏卧ᵥ[tɕap⁸]ₛ₁[tɕu¹]ₛ₂]ᵥ 伏卧

这类词在句子中主要充当谓语成分。例如：

[ku¹] [zi:ŋ²][mɯŋ²] [nau²] [ka:i⁵ɕin¹], [mɯŋ²] **[zeu¹hu⁵ɕa⁶]** [ku³ma²] ?
我　　跟　　你　说　　真的，　你　　大笑　　什么
我给你讲认真的，你干嘛大笑？

从以上的描述我们发现，布依语的派生动词后缀是构形后缀，这类后缀的语音与所构成的完形词在词法结构上产生紧密联系，实现了动词词根语素与后缀语音和谐的韵律特征。在语法功能上，这类动词基本上都充当谓语成分。

派生动词的词缀分为前缀和后缀两种，前缀从动词或副词虚化而来，与词根语素结合后，其基本的词汇意义已经抽象化，词根语素的

词汇意义决定了完形词的意义，有的词缀有增强词根语素行为动作强度的作用，有的表示行为动作状态或执行行为动作的结果。在布依语的派生动词中，动词词根语素加了前缀以后，有以下的一些特征：有的词的词性发生了改变，由及物动词变成不及物动词；词义由具体变为概括，语义范围扩大；语法特征发生变化，不能重叠，不能带宾语，不能带补语等。布依语动词的前缀是构词词缀。

后缀有单音节后缀和双音节后缀两种类型，其中单音节后缀与词根语素在语音上有密切的关系：有的是双声、有的是叠韵，有的是双声叠韵均具备；双音节后缀中，往往是两个音节之间直接重叠；不是重叠结构的，大多数两个词缀音节之间是双声或叠韵的关系，也有一些无规则的形式存在，这可能是各种构词形式不断变化的结果，也有可能原本就有一些不在规则内的词形式，也就是我们前面提到的词库当中的内容。

派生动词的构词模式有：P+V，V+S，〔（V+S1）+S1'〕，〔（V+S1）+S2〕等几种模式。派生动词在句子中的功能与普通动词的功能有同有异，我们在上文已经陈述。另外，派生动词在句子中主要充当谓语成分，有少量派生动词可以充当宾语成分。

3.4 派生形容词

在布依语中，形容词包括性质形容词和状态形容词两大类。在形容词中有较丰富的词缀，其中以后缀为主，基本上没有前缀。形容词后缀有单音节和双音节两种类型，多是构形后缀，鲜有构词后缀。派生形容词的后缀与词根语素间的关系与派生动词中后缀与词根语素间在语音关系上大致相同，多呈现出双声、叠韵或重叠的关系。词义上，表示描述对象某种性质的程度加深。文中的词缀符号同动词的词缀符号相同：单音节后缀用 S 表示，双音节后缀用 S1，S1'，S2 表示（其中 S1 代表第一个后缀，S1' 代表第一个后缀的重叠，S2 代表第二个后缀）。

词根语素包括形语素、动语素、名语素等，各用其英文单词的首字母代替。

3.4.1 单音节后缀

这类后缀与词根语素构词的模式为：形语素 / 动语素 + 词缀语素 → 完形形容词①（A/V+S）

单音节后缀与词根语素在语音形式上按双声、叠韵或双声叠韵的方式组合。词义上，在原词根语素基础上程度有所加深。

1.词根语素与词缀语素在语音上按双声关系组合，所构成的派生形容词词义与词根语素义相比描述的程度更深。例如：

[[lap⁷]黑 A[li:n²]S]A 黑漆漆　　　　[[ŋam⁴]傻 A[ŋa⁵]S]A 傻傻的

[[lua²]模糊 A[la:t⁸]S]A 模糊不清　　[[tɕɔt⁷]冰冷 A[tɕa:t⁸]S]A 冰冷

[[ɗiŋ¹]红 A[ɗoŋ³]S]A 大红　　　　　[[zau³]暖和 A[za:m⁶]S]A 暖和

[[ɕai²]齐 A[ɕuə²]S]A 齐全　　　　　[[ɕau⁴]早 A[ɕɯ⁴]S]A 早

[[ŋau²]憨 A[ŋa:m²]S]A 笨拙　　　　[[6in¹]飞 V[6a⁴]S]A 飞荡

这类派生形容词在句子中主要充当谓语成分。如下：

[ɕoi⁴lɯk⁸][te¹] [leu⁴pi¹si⁵ɕɯ²] [to³] [pan²]**[ŋam⁴ŋa⁵]**.
 儿子　他　全年四时　都　成　傻傻的
他儿子一年四季都傻傻的。

[te¹][kuə⁶] [jaŋ⁶ma²][to³][leu⁴] **[ŋaɯ²ŋa:m²]**.
他　做　哪样　都　全　笨拙
他做什么都很笨拙。

---

① 例词来自周国炎主编的《布依—汉词典》，贵州民族出版社 2014 年修订版。

[pa⁵sau⁵] [li⁴] [moŋ³fi²] [ɗeu¹][zau³za:m⁶].

灶门口 有 火 一 暖和

灶门口有火暖和。

2. 词根语素与词缀为叠韵关系的，表示形容词性质的程度加深或减弱。例如：

[[ni⁵]小ₐ[ʔi⁵]s]ₐ 细小　　　　　　[[ʔa:ŋ⁵]高兴ₐ[ja:ŋ⁶]s]ₐ 高兴

[[jeu¹]青ₐ[ʔeu⁴]s]ₐ 绿油油　　　[[la:i³]烂ₐ[ta:i⁴]s]ₐ 破破烂烂

[[ŋai⁶]甜ₐ[tai⁴]s]ₐ 很甜　　　　　[[tɕiŋ⁵]敬ᵥ[ʔiŋ⁵]s]ₐ 尊敬

在句子中主要充当谓语、定语等句法成分。例如：

[pau⁵] **[ni⁵ʔi⁵]**,[tɕap⁸][fat⁸si¹] [pai¹] [zam⁴]. （作谓语）

人 细小， 扎 丝带 去 水

一人个子细又小，扎着丝带下水去。

[leu⁴ɓa:n⁴] [ŋie¹nau²] [te¹] [kau³ɗai⁴] [ta⁴ɕio²] [to³][**ʔa:ŋ⁵ja:ŋ⁶**].（作谓语）

全村　听说　他 考得　大学　都 高兴

听说他考上大学，全村人都高兴。

[te¹][pi¹taŋ²lap⁷] [to³] [taŋ³][tɕoŋ⁵pɯə⁵] **[la:i³ta:i⁴]** [te¹]. (作定语)

他 年到腊月 都 穿 衣服 破破烂烂 那

他一年到头都穿那件破破烂烂的衣服。

3. 词根与词缀为双声叠韵关系，也表示形容词的程度加深，这类词数量较少。例如：

[[tɕe⁵]老ₐ[tɕe⁴]s]ₐ 苍老　　　　　　　[[ɕau⁴]早ₐ[ɕau¹]s]ₐ 很早

这类形容词在句子中充当谓语、补语等成分。例如：

79

[pau⁵po⁶] [te¹] **[tɕe⁵tɕe⁴]** [pai⁰].（作谓语）

    父亲　他　苍老　了

他父亲已经很老了。

[hat⁷ni⁴][te¹][zun⁵]**[ɕau⁴ɕau¹]**.（作补语）

今早　他　起　很早

今天他起得很早。

4. 不规则的词根加词缀形式，词义与原词根语素相比程度加深或减弱。例如：

[[diŋ¹]_{红A}[ʔa⁵]_S]_A 鲜红　　　　[[la:u⁴]_{大A}[ʔo⁵]_S]_A 庞大

[[na:i⁵]_{疲倦A}[fɔi⁶]_S]_A 虚弱　　　[[na¹]_{厚A}[ʔok⁷]_S]_A 厚实

[[la:u⁴]_{笨肥A}[bu³]_S]_A 肥胖　　　[[lɔk⁸]_{绿A}[ŋa:u²]_S]_A 绿的

[[lɔk⁸]_{绿A}[jeu⁶]_S]_A 油绿　　　[[doŋ⁷]_{明亮A}[kau³]_S]_A 明亮

这类词在句子中主要充当定语、谓语、状语等句法成分。例如：

[li:t⁸] [pa:n³te:ŋ¹] [wa⁵fɯŋ²][te¹],[to³] **[diŋ¹ʔa⁵]** [le:u⁰].（作谓语）

血　　沾在　　手　他　都　鲜红　　了

血沾在他的手掌上，全都红了。

[dan¹][za:n²] **[la:u⁴ʔo⁵]**[te¹] [dan¹]][pu⁴lau²].（作定语）

房子　　庞大　那　幢　谁

那幢大房子是谁的？

[li⁴][pau⁵sai⁵]**[la:u⁴bu³]** [de:u¹][ʔju⁵] [kɯn²ta:i²][ka:ŋ³ha:u⁵].（作定语）

有　官员　肥胖　一　　在　台上　讲话

有一个肥胖的官员在台上讲话。

[te¹] [pjo:m¹zo²] **[na:i⁵fɔi⁶]**,[ɕu⁴][pan²zai¹pan²piŋ⁶].（作状语）

他　瘦枯　　虚弱　　常　生病

他枯瘦虚弱，经常生病。

80

3.4.2 双音节后缀

这类后缀有两种构词模式：一为（形语素/动语素/名语素+词缀语素1）+词缀语素1'〔（A/V/N+S1）+S1'〕；一为（形语素/动语素+词缀语素1）+词缀语素2〔（A/V/N+S1）+S2〕。也就是说派生形容词的双音节后缀有 -S1S1' 式和 -S1S2 式两种。在 -S1S1' 式后缀中后缀声母多与词根音节的声母是同部位音，或者是相邻部位的音。声调方面，词根语素与词缀的声调要么是单数调，要么是双数调，只有少量单数调和双数调搭配的情况。另外，也有相当一部分词中的词根与词缀的声调完全相同。

1.（形容词词根语素/动词词根语素/名词词根语素+词缀语素1）+词缀语素1'〔（A/V/N+S1）+S1'〕

这类词中的后缀无词汇意义，是对词根语素的生动描述，构成的完形词多为状态形容词。例如：

[[ɗoŋ⁴]硬A[kaŋ⁴]S1 [kaŋ⁴]S1']A 硬邦邦　　[[zoŋ⁶]亮A[toŋ³]S1 [toŋ³]S1']A 亮堂堂

[[moŋ¹]灰A[ɗup⁷]S1 [ɗup⁷]S1']A 灰扑扑　　[[mo³]雾N[tup⁸]S1 [tup⁸]S1']A 雾茫茫

[[ma:n⁶]辣A[za:t⁸]S1 [za:t⁸]S1']A 辣乎乎　　[[ɕam⁴]冰凉A[za:t⁸]S1 [za:t⁸]S1']A 凉飕飕

[[lap⁷]黑A[tit⁷]S1 [tit⁷]S1']A 阴沉沉　　[[ju²]油N[ju:m⁶]S1 [ju:m⁶]S1']A 油汪汪

[[6in¹]飞V[wiu³]S1 [wiu³]S1']A 飞得高　　[[zeu¹]笑V[ŋum⁴]S1 [ŋum⁴]S1']A 笑嘻嘻

这类形容词在句子中大多充当谓语成分。例如：

[te¹][zi:ŋ²] [pu⁴lau²] [ka:ŋ³ha:u⁵] [to³] **[zeu¹ŋum⁴ŋum⁴]**.
他　跟　谁　讲话　都　笑嘻嘻
他跟谁讲话都笑嘻嘻。

[ham⁶ni⁴] [zo:ŋ⁶ɗi:n¹] **[zoŋ⁶toŋ³toŋ³]**.
今晚　月亮　亮堂堂

今晚月亮亮堂堂。

[ɕɯ²ni⁴] [tɕa³] [tɕa:ŋ¹toŋ¹] **[lɔk⁸ju²ju²].**

现在 秧苗 田坝 绿油油

现在田坝里的秧苗绿油油的。

2.（形容词词根语素/动词词根语素+词缀语素1）+词缀语素2〔（A/V/N+S1）+S2〕

在这类派生词中，后缀无词汇意义，表示形容词指称事物性质程度的增强或减弱。例如：

[[moŋ¹]灰A[ka²]S1 [ɗup⁷]S2]A 灰溜溜　　[[ʔua⁴]傻A[ka²]S1 [kaŋ²]S2]A 傻里傻气

[[zai²]长A[ta²]S1 [zu:m⁶]S2]A 长长的　　[[jeu¹]青A[ʔi⁴]S1 [ʔa:u⁴]S2]A 青悠悠

[[ɕut⁷]淡A[ta²]S1 [pet⁷]S2]A 淡淡的　　[[ni⁵]小A[pa²]S1 [zi⁶]S2]A 很小

[[mo³]雾N[ta²]S1 [tup⁸]S2]A 雾茫茫　　[[zam⁴]水N[ʔja²]S1 [ʔja:p⁷]S2]A 水汪汪

[[zeu¹]笑V[pa²]S1 [ŋa:ŋ²]S2]A 笑嘻嘻　　[[zeu¹]笑V[ʔa⁴]S1 [ŋum⁴]S2]A 笑眯眯

这类形容词在句子中主要充当定语、谓语等句法成分。例如：

[tɕa³] [ɗɯɯ¹] [na²] **[jeu¹ʔi⁴ʔa:u⁴].**（作谓语）

秧苗 里面 田 青悠悠

田里的秧苗青悠悠。

[ku¹] [ɕim¹zan¹] [ɗan¹za:n⁴] [ɗe:u¹]**[ni⁵pa²zi⁶].**（作定语）

我 看见 房子 一 很小

我看见一幢很小的房子。

[ku¹] [ɕim¹zan¹] [soŋ¹][ta¹] [te¹] **[zam⁴ʔja²ʔja:p⁷].**（作定语）

我 看见 两 眼睛 她 水汪汪

我看见她的两只眼睛水汪汪的。

与动词中后缀的特点一样，形容词中的后缀大多没有词汇意义，附着在词根语素后面表示一种状态，主要是描述性的。从后缀音节的多少来看，包括单音节和双音节两种。从语音形式上看，单音节后缀与词根语素有双声或叠韵的关系。双音节后缀绝大部分是重叠形式，非重叠形式的词缀在语音上多为双声、叠韵或双声兼叠韵的关系。

派生形容词的构词模式有：A/V+S、(A/V/N+S1）+S1'、(A/V/N+S1）+S2 等几种类型。在 -S1S1' 式与词根语素构成的派生形容词中，后缀声母多与词根音节的声母是同部位音，或者是相邻部位的音。声调方面，词根语素与词缀语素的声调要么是单数调，要么是双数调，有少量单数调和双数调搭配的情况。另外，也有相当一部分词中的词干与词缀的声调完全相同。-S1S1' 型派生形容词在布依语三音节派生形容词中所占比例最大。可见，布依语派生形容词词根语素与词缀语素在语音上有紧密的联系，体现了语音韵律和谐的特点。句法功能上，布依语派生形容词既可以作谓语，也可以作定语、状语、补语等句法成分。

3.5 其他词类的词缀

3.5.1 人称代词前缀

人称代词前缀 ho³-、tɕoŋ³-、kai⁵-、po²- 都是域词缀，具有标记复数的功能。它们既出现在复数人称代词 zau² "我们"、zɯ¹ "你们"、tu¹ "咱们"、su¹ "你们"前，也可以出现在第三人称单数 te¹ "他"前，构成复数"他们"。形成"P + PRON→PRON"的构词模式，构成的完形词在句子中充当主语、宾语和定语等句法成分。例如：

[ho⁵[zau²]我们 PRON] 我们　　　[ho³[te¹]他 PRON] 他们　　　[ho³[zɯ¹]你们 PRON] 你们

[tɕoŋ⁵[zau²]我们 PRON] 我们　　[tɕoŋ³[te¹]他 PRON] 他们　　[tɕoŋ³[zɯ¹]你们 PRON] 你们

[kai⁵[zau²]我们 PRON] 我们　　　[kai⁵[te¹]他 PRON] 他们　　　[kai⁵[su¹]你们 PRON] 你们

[po²[tu¹]我们 PRON] 我们排除式　　[po²[te¹]他 PRON] 他们　　　[po²[zɯ¹]你们 PRON] 你们

[po²[zau²]我们 PRON] 我们 包括式　　[po²[wɔi⁵]我 PRON] 我 排除式　　[po²[su¹]你们 PRON] 你们

上述例词中域词缀 tɕoŋ³-、kai⁵-、po²- 也可以充当名词的前缀。例如：po²neen¹ "观众"、tɕoŋ³ɕan¹ "毯子"、tɕoŋ³mok⁸ "被子"、kai⁵jaŋ⁶ "样子" 等。江荻（2010）认为这种 "词缀 + 后置人称代词词根" 形式是受汉语影响而形成的。

3.5.2 数词前缀

在布依语中，数词前缀 tai⁶- "第" 借自汉语 "第"，表示次第。作为词缀使用时附着在数词之前表示次序，可附着于所有数词之前。构成构词模式为：P+ NUM 的完形词。例如：

[tai⁶[ʔit⁷]一 NUM]NUM 第一　　　　[tai⁶[soŋ¹]二 NUM]NUM 第二

[tai⁶[sam¹]三 NUM]NUM 第三　　　　[tai⁶[ɕip⁸]十 NUM]NUM 第十

[tai⁶[ɕip⁸ʔit⁷]十一 NUM]NUM 第十一　[tai⁶[ku³ɕip⁸]九十 NUM]NUM 第九十

3.6 小结

从上文的各节中我们可以看出，布依语的派生词主要有以下几个特点：

第一，布依语的前缀多由名词、动词、形容词、数词、副词等类化、泛化、抽象化而来，可以加在某一类具有共同属性特征的词根语素前面，构成完形词。义词缀和域词缀是派生前缀的主要形式，构成的完形词包括名词、动词、数词以及人称代词等，其中以名词为主。

第二，布依语的后缀主要是构形词缀，它们没有固定的形式，通常附加于动词性词根语素、形容词性词根语素以及名词性词根语素后面，构成完形词。在语音上多与词根语素呈现双声、叠韵或双声兼叠韵关系的特点，多音节的构形后缀多由单音节的构形后缀扩展而来，表示行为动作的状态更加生动形象或描绘对象的程度更深。

第三，布依语派生词的构词模式主要有以下几种：派生名词通常以"义词缀/域词缀+名语素/动语素/形语素/数语素/短语结构"（P+N/V/A/NUM/PH）的构词方式来构成完形词；派生动词以"义词缀+动词词根"（P+V）和"动词词根+后缀"〔V+S，（（V+S1）+S1'），（（V+S1）+S2）〕构成完形词，派生形容词以"词根+后缀"〔A/V+S、（A/V/N+S1）+S1'、（A/V/N+S1）+S2〕构成完形词。另外布依语中还有少量的"域词缀+人称代词→人称代词"（P+PRON→PRON），"域词缀+基数词→时间名词/序数词"（P+NUM→N/NUM）等，其中以派生名词的类型最为丰富。可见，布依语派生词是一种以前缀为主的构词形式。

第四章 复合词词法

4.1 布依语中的复合词

4.1.1 复合词构词成分与基本结构

Packard（2000）将汉语语素分为词根语素、粘着词根语素、构词词缀语素和语法性词缀语素四类，布依语语素成分同汉语语素一致。因复合构词成分均为词根语素，所以词缀语素不在本章讨论的范围之列。布依语词汇中由两个及两个以上词根语素构成的词为复合词，以双音节复合词数量最多，基本结构为：词根语素＋词根语素→复合词，其中词根语素既包括自由词根语素，也包括粘着词根语素。根据词根语素组合方式的差异，将复合词构词结构分为四种不同类型：（1）词根语素＋词根语素，例如：ta¹na³ "面子" 其中 ta¹ 表示 "眼睛"，na³ 表示 "脸"，这是两个能够独立使用的名词性词根语素，又称为根词；（2）词根语素＋粘着词根语素，这类结构以布依语中大名冠小名结构最为突出。例如：hau³tai⁵ "玉米"，其中 hau³ 为统称，是词根语素，tai⁵ 为专称，是粘着词根语素；（3）粘着词根语素＋词根语素，例如：ʔak⁷puɯə⁶ "衣襟"，其中 ʔak⁷ 是粘着词根语素，puɯə⁶ 是词根语素；（4）粘着词根语素＋粘着词根语素，例如：ʔak⁷pit⁷ "鸭胸" 中 ʔak⁷ 和 pit⁷ 均为粘着词根语素。

4.1.2 复合词词法的研究视角

复合词词法研究成果最多的当属汉语，主要包括两个视角：一为语义，一为句法。实际上对汉语复合词词法结构的分析是从语义分析开始的，但该方法在赵元任提出用句法关系分析复合词结构后就不再受到人们的关注，随之复合词的结构分析开始套用语法术语，以句法研究为主，采用偏正、主谓、并列、述宾、述补等句法结构来分析复合词的构词特点是传统研究的主流。然而，句法分析仍不能解决所有复合词的构词问题，例如："浪花""人海""煤球"等特殊的名名复合词究竟是偏正结构还是正偏结构的问题一直悬而未决。这一句法研究模式在孙常叙（1956）用意义关系的名称来代替句法关系的名称后实现了突破，此后复合词中由句法控制词结构描写的模式发生了变化。许多学者开始关注语义角度的复合构词研究：先后有孙常叙（1956）、李行健（1982）、戴昭铭（1982）、刘叔新（1990）、周荐（1991）、黎良军（1995）、叶文曦（1996）、徐通锵（1997）、朱彦（2004）、颜红菊（2007）等。徐通锵（1997）指出："汉语的词的构造最重要的是语义问题，需要重点弄清楚词内字与字之间的语义关系，认为字组中字与字之间语义关系的规律就是语义构词法"，他认为汉语的构词法只有向心构词法和离心构词法[①]两类，且这两种方法至今一直为广大研究者沿用。另外，颜红菊（2007）在前人研究的基础上从语义构词法角度对汉语双音复合词进行了语义系统研究，等等。可见，语义是研究复合词词法的重要突破口。

　　用形类描写法研究复合词，可以将复合词构成成分的词类特征以及二者之间的关系清晰地展现出来。复合词两个构成成分间遵循的模式，即霍凯特所提出的"项目与配列"模式。在霍氏的模式中，处于同一位置上的词法成分，通常属于同一个词法类别，它们具有相同的出现权，是一个形类。例如布依语中的词 ɕa³fa² "铁刀"是由

[①] 最早由20世纪30年代的美国语言学家布龙菲尔德（2002：248—249）提出来，后来Lyons（1968：231—234）对此作了较为详细的阐述。所谓向心结构，指复合词中的一个成分或两个成分起到复合词中心成分的作用。离心结构，指复合词中的任何一个成分都不是中心成分，即一个难以确定中心成分的结构。

名词性词根语素 ça³ "刀" 和名词性词根语素 fa² "铁" 按线性排列组成的。该词中 ça³ 是一种工具，fa² 是构成工具的材料的本质属性。我们根据这个词的组合规则来寻找它们的同类成分，可以与 ça³ 互换的工具类词根语素成分，例如：çai¹ "犁"、li:m² "镰"、van¹ "斧头"、ʔja:k⁷ "锄头" 等等，它们与 ça³ 具有相同的出现权，是同一个形类。而 lɯ:ŋ² "铜"、haŋ¹ "钢" 等表示金属材料的属性特征，与 fa² "铁" 具有共同的特征和相同的出现权，因此，它们也是同一个形类，可以相互替换，所构成的词在语义结构上都以"义类语素义（工具）+ 特征语素义（材料属性）"的形式体现出来。可见，语义在布依语复合构词法中占据重要的角色。万献初（2004）在《汉语构词论》中是这样来论述语义重要性的：从社会交际的角度看，世界是语言的世界，而语言是意义的世界，语言中的语素、词、短语、句子、句群、篇章等都是语义的载体，而词是语义最基本最主要的载体。可见，将词的语义看作词法研究的核心并不为过。以往关于复合词的语义研究，着重研究词义的分析和描写，而对构成词的语素如何表示词义重视不够，因而对复合词形式的语义本质、对复合词的理据性等问题缺乏深入的了解。我们试图从语素义如何表示词义出发，建立起完整的、能贯彻整个复合词系统的复合词语义结构模式，来展示布依语复合词构词法的语义体现。

语义包括语素义（又叫词素义）和词义两个层面。最早对语素义与整个词的意义关系进行详尽描写的是符淮青（1985），他是以词典释义为基础的。王树斋（1993）从质和量[①]两方面将语素义与词义的关系归纳成三种类型：

第一种，词素义反映的内容基本上就是词义的内容，这时词素义非常逼近词义。a+b=a/b（头绪、依靠），a+b=ab（收发、今昔）。

[①] "质"即词素和词所传达的内容，"量"即词素义和词义内涵的丰富程度和外延的大小。

第二种，词素义表达词义，但二者在量上不一致，或者词义大于词素义，或者词素义提供的信息量大于词义。前者称为膨胀型（a+b＜ab=c，出家、香火、优劣、先后、温度、音高、救火、吃请、外长、人大），后者称为虚损型（a+b=a/a+b=b，国家、忘记、老虎、桌子）。

第三种，词义不能直接从词素义得出，但二者有一定联系，只是词素义所反映的内容不是词义所表达的内容，词素义不反映词义的本质。（a+b=c→d，d为词义，猴头、鸡眼、红颜、丹青、什锦、千张、府上、千金、不才、家严、挂花、解手）（引自龙琳《汉语复合词构词法研究述评》2012，p.288）

黎良军（1995）认为合成词的语义结构包括两个方面：词素义与词义的关系，词素义同词素义的关系，而前者是更为重要的。颜红菊（2007）指出："分析构词法就应该特别注意字义与整体词义的关系，以整体词义考察、鉴别成分字的转指义。"她重视词义结构对复合词形式结构的制约并对复合词语义结构下了专门的定义：汉语复合词语义结构是指语素义之间的结构关系以及语素义与词义之间的结构关系。龙琳（2012）根据语义构词法研究中观察角度的不同将语义关系研究分成两个方面：一是关于复合词内部各语素之间的意义关系，一是关于构成复合词的词素的意义与整个词的意义之间的关系。可见，复合词语义研究中语素义与语素义、语素义与词义之间的联系之紧密以及在构词上的重要作用。我们在考察布依语复合词词法结构时，将采用颜红菊（2007）所提出的复合词语义二层性的模式，即以语素义与语素义、语素义与词义之间的关系以及语义构词结构为研究重点。

我们采用复合词语义结构存在二层性[①]的观点来分析布依语中的语素义和词义，主要包括以下三个方面：第一，词义直接通过两个语

---

① 一是"语素义"层，一是"语素义—词义"层。

素义的简单加合形成；第二，两个语素义加合之后出现了词义倾斜的现象；第三，语素义直接出现了转喻、隐喻等现象后再构成词义，出现了词义转移。①这三种语义结构的基本框架能够体现语素义和词义的关系、语素义如何表示词义，我们将第一种语义构词模式称为语义加合式，即词义主要是第一语素义与第二语素义的简单加合所得。例如：[[po⁶]父亲 N[me⁶]母亲 N]N "父母"、[[pi³]哥、姐 N[nuː:ŋ³]弟、妹 N]N "兄弟"；第二种为语义倾斜式：即第一语素义加第二语素义构成词义，而词义的所指有的以第一语素义为中心，有的以第二语素义为中心，出现了不同程度的语义倾斜现象，且有的出现了语素义的隐转喻现象。例如：[[mak⁷]果实 N[ɕaŋ⁶]秤 N]N "秤锤"、[[fa⁶]铁 N[nai³]锈 N]N "铁锈"；第三种为词义转移式：即词义不是由第一语素义加第二语素义所得，而是出现了词义所指范围的扩大或词义信息量的扩大或出现了隐转喻现象、语义引申现象或语义借贷现象，例如：[[kɯn¹]吃 v[tan³]穿 v]v "生活"、[[dɯ:n¹]月 N[van²]日 N]N "日子，生活"，等等。从上述三种词义与语素义之间的关系形式我们可以看出，语义结构由语素义与词义共同形成，而语义结构是复合词结构的核心体现。Langacker（1987）指出：复合表达不是构成成分的简单相加，而是通过构成成分的语义网络激活复合词的意义。通过上文陈述我们知道，在布依语的构词结构中并不完全如此，有一定数量的复合词词义是两个词根语素义的简单加合，但复合词的意义大多是通过语义网络来激活的。所以，我们要研究布依语的复合构词规律，语义分析将是不可忽视的突破点。而美国布兰代斯大学 J.Pustejovsky 于 1995 年提出的生成词库理论中词义的生成性等一系列观点，符合布依语复合词语义研究的需求，因而这种理论是我们研究布依语复合词的重要理论。

复合构词法是布依语词法研究的主体部分，是布依语中最具能产性的一种词法模式，其满足了 Corbin（1987）提出的三条衡量标准：

---

① 以上三种语义关系主要借鉴龙琳（2012）对语素义和词义关系的概括总结。

即规则性，能产性和有效性。在布依语中，复合词以复合名词、复合动词、复合形容词为主，是复合词法中三种最重要的词类，本章基于这三种词类来进行词法分析。因复合名词比例大，构词类型和语义特征突出，因而对复合名词的词法研究又有所侧重。

4.2 复合名词词法

布依语复合名词构词语素包括名语素、形语素、动语素和数语素等，其中有的是自由语素、有的是粘着语素，都是由两个或两个以上的词根语素结合构成的完形词。本节以双音节复合名词为研究对象，兼谈少量三音节复合名词①的构词情况。复合名词的构词结构主要有以下几种类型：

（1）名语素1+名语素2（N1+N2）；

（2）形语素+名语素（A+N）与名语素+形语素（N+A）；

（3）名语素+动语素（N+V）与动语素+名语素（V+N）；

（4）名语素+数语素（N+NUM）与数语素+名语素（NUM+N）；

（5）名语素1+（动语素+名语素2）（N1+（V+N2））。

基于语素结构类型的多样性，我们采用形类描写法并借鉴J.Pustejovsky（1991、1995等）生成词库理论的核心内容——物性结构来分析布依语复合名词的词法结构。物性结构包括四个重要角色：构成角色、形式角色、功用角色、施成角色。除了以上四种物性角色，北京大学袁毓林（2014）团队根据汉语名词的特点增加了以下几种：

单位（unit，简写为UNI）：描写对象的计量单位，也就是与描写对象相应的量词。

评价（evaluation，简写为EVA）：人们对描写对象的主观评价和情感色彩。

---

① 在这一类复合词中，后两个语素表达的是一个完整的意义，可以看成一个语素。

材料（agentive，简写为 AGE）：描写对象构成的材料。

行为（action，简写为 ACT）：描写对象的惯常性动作、行为及活动。

处置（handle，简写为 HAN）：用以反映人或其他事物对描写对象的惯常性动作、行为及影响作出的反应。

定位（orientation，简写为 ORI）：人或其他事物跟描写对象所指的处所、时间等的位置、方向关系。

具体的某个词对以上十个物性角色的描写，[①]体现了在概念层面上刻画出名词所指事物的基本属性及其与相关事物或事件的关系；并通过句法格式刻画出名词与相关的名词、动词和形容词的选择限制和搭配关系，并最终通过名词的物性结构分析形成比较完整的句法——语义知识。我们根据布依语复合名词的具体特征，在描写过程中尽可能全面地总结出复合名词的语义构词规律。

4.2.1 名语素1+名语素2（N1+N2）

汉语中名名复合词的研究一直备受关注，研究成果也非常丰富。从40年代末至今，研究多从句法和语义两个角度着手，其中句法研究是主体。近来，语义角度的研究又逐步引起重视：黄洁（2008）认为汉语名名复合词的研究有三种视角：一是对名名结构的内部语义关系进行分类，主要目的在于用有限的类型概括无限名名组合的可能性，主要代表有廖庶谦（1946）、陆志韦（1951）、林汉达（1953）、孙常叙（1956）、Packard（2001）等。他们的分类标准虽不同，但都是从语义的角度出发，例如：部分——整体关系（笔架）、处所关系（县官）、时间关系（秋风）、比拟关系（鬼脸）。二是计算语言学视角，宋春阳（2005）将研究定位为对"名名组合的逻辑语义分析"，通过提取词的抽象类义来把握名词的语义结构，通过内涵特征来解析名词语义。三是对构词理据的认知解释。刘正光等（2004）从认知的角度考察了

[①] 当然，有的词的物性角色间出现了重复，有的不需要面面俱到，视具体情况而定。

"cover girl""党棍"等名名复合名词，提出了隐喻识解（包括转喻识解）是其概念合成的一种重要机制的观点。朱彦（2004）将汉语的构词看作简单或复合式框架的成分在语言中映射的结果，分析涉及名名复合词的语义构词现象。胡爱萍、吴静（2006）以 Ryder 的理论为基础，分析名名复合词的语法、语义和修饰词属性。沈家煊（2006）分析了"墙脚、的姐"这两类复合词，认为从概念整合的角度看，汉语构词的重要方式是"揉合"和"截搭"，前者与隐喻相关，后者与转喻相关。王军（2008）主要讨论了隐喻、转喻、概念整合等认知语言学理论对名名复合词的解释力。从以上三个方面的研究现状我们了解到，对于汉语名名复合词的语义研究已经到了一定的高度。Langacker（1987）指出："复合表达不是构成成分的简单相加，……"然而这并非绝对。在布依语中，由"名语素 1+ 名语素 2"的语义关系多种多样：有的不是构成成分语素义的简单相加，有的是构成成分语素义的简单相加。在某些词中，语素义发生了转喻、隐喻的变化，产生了新的词义，而词义所指的范围与各个语素义所指范围相比有的出现了概括性特征和语义范畴扩大化的特征，表达的词义不是简单的语素义相加，例如：$[[pit^7]_{鸭\,N}[kai^5]_{鸡\,N}]_N$ "家禽"、$[[pɯə^6]_{衣服\,N}[ʔua^5]_{裤子\,N}]_N$ "服装"；有的出现了词义倾斜的现象，例如：$[[mak^7]_{果实\,N}[ɕaŋ^6]_{秤\,N}]_N$ "秤锤"、$[[tɕau^2]_{桥\,N}[toŋ^3]_{桶\,N}]_N$ "桶梁"，这类词中语素义与词义之间先出现了隐喻现象，再出现了词义倾斜现象；有的词义是语素义的简单相加，这类词中的两个语素地位平等，缺一不可，多为具有并列特征的复合名词。例如：$[pau^5]_{丈夫\,N}[ja^6]_{妻子\,N}]_N$ "夫妻"、$[[po^6]_{父亲\,N}[me^6]_{母亲\,N}]_N$ "父母"。在布依语中，词义由两个语素义简单加合而成的词非常少，以词义倾斜式和词义转移式的复合构词模式为主。语素义与词义之间总是存在这样或那样的联系，我们会在具体的词例中做具体分析。

我们根据名名复合词构词语素内部差异再将其分成两个小类，如下：

4.2.1.1 大类名语素 + 小类名语素（N1+N2）

N1 是大类名语素，是人、动物及植物等事物的总称，作为中心语成分出现在复合词词首。N2是小类名语素，是对具体人、动物及植物等事物的专门性称谓，通常作为限定成分置于词尾，其中N2多为粘着性语素。董秀芳(2004: 133)将汉语定中复合式的语义模式定义为"提示特征 + 事物类"，其实就是布依语中中心成分在前，限定成分在后的这类复合词。这类复合词中，词义出现了倾斜现象，主要倾向于N1。这类词的构词模式为："事物大类 + 事物小类"，其语义结构为："义类语素义（事物大类义）+ 特征语素义（事物小类义）→ 词义"，词义与语素义之间是上下义关系，语素义与语素义之间是修饰关系。①

（一）N1是pu³"族"，是民族族群的统称，N2是代表某一具体民族群体的专称，各个民族的专称不同，专称修饰限定统称。例如：

[[pu³]族 N[hak⁷]汉族专称 N]N 汉族　　　　[[pu³]族 N[mi:n²]彝族专称 N]N 彝族

[[pu³]族 N[ʔju:i²]布依族专称 N]N 布依族　　[[pu³]族 N[men²]苗族专称 N]N 苗族

以上各民族的内部有共同语言、共同生活地域、共同文化、共同经济生活、共同心理素质、共同的体貌特征等等。我们选取pu³ha:k⁷"汉族"一词来进行物性结构分析：

pu³ha:k⁷汉族 hànzú（名词，中性），即广义的中国人，是起源于中国北方的远古华夏部落，是中国境内人口最多的民族。汉族、汉人的称谓始于汉朝。

1. 物性角色

（1）形式（FOR）：hun²"人"、ʔja:ŋ⁶pu³ɗeu¹"民族团体之一"、ça:u²pau⁵"男性"、ça:u²ja⁶"女性"，等。

（2）构成（CON）：ka:ŋ³ha:u⁵ha:k⁷"说汉语"，tan³puɯə⁶ha:k⁷"穿汉服"，ʔiu⁵ti⁶pjaŋ⁶"住平地"，hun²tsui⁵la:i¹"人

---

① 我们这里的语义关系描写采用了颜红菊（2007）复合词语义关系描写模式。

口最多",按身体各组成部分:naŋ¹hen³"黄皮肤"、mi³pɯn¹"黑毛发"、lɯ:t⁸"血液"、heu³"牙齿"、lɯk⁸lai³mi³"黑眼珠"、pak⁷"嘴巴"、ɓai¹zu²"耳朵"、ɕoŋ⁶ɗaŋ¹"鼻子"、ʔu³"乳房"、tɕau³"头"、foŋ²"手"、tin¹"脚"、san⁵foŋ²"胳膊"、ka¹la:u³"大腿"、pja:i¹tin¹"脚趾"、zit⁸"指甲"、sam¹"心"、tap⁷"肝"、toŋ³"胃"、ɗan¹jau¹"肾"、toŋ³ʔun⁵"小腹",等等;按年龄:pu³tɕe⁵"老人"、pu³zeu⁶"青年"、pu³ʔi³"少年"、lɯk⁸ȵie¹"婴儿",等等;按职业:pu³ka:i¹ɕi³"商人"、pau⁵sai¹/pu³sai¹/ɕa:ŋ⁶sɯ¹"教师"、lɯk⁸sɯ¹"学生"、ɕa:ŋ⁶ʔie¹"医生"、pu³taŋ¹pin¹"军人"、sɿ¹tɕi¹"司机"、pu³sai⁵"官员",等等。

（3）单位（UNI）：个体量词:pu³"个"、faŋ³"（一）个,位",等等;集合量词:pa:ŋ¹/tɕoŋ³"群"、ho³"伙"、ku⁶"（一）对（情侣）",等等;临时量词:za:n²"（一）屋子（人）"、lɯ:ŋ⁵"（一）寨（人）",等等。

（4）评价（EVA）：ʔja:k⁷zan¹"丑陋,难看"、ho²ʔun⁵"温柔"、ɗi¹"善良"、ʔua²"傻"、ku:i¹"聪明"、neu¹"漂亮,好看,可爱,优美"、ʔun³"柔弱"、va:i⁶"坏"、mɯ:ŋ¹"勇敢"、kan³"勤劳",等等。

（5）施成（AGE）：ʔu¹"生育"

（6）功用（TEL）：ku:n¹"管理"、kɯ⁶ɕa:u³"创造",等等。

（7）行为（ACT）：kɯn¹"吃"、ɗut⁷"喝"、tau⁵"拉,撒"、nin²"睡"、ŋu:n²"看"、ȵie¹"听"、nau²"说"、ka:ŋ³"讲"、hau¹"闻,嗅"、ɗun¹"站"、pai¹"去"、ma¹"来"、ʔjau¹ʔjet⁷"蹲"、ʔek⁴"跑"、sat⁷"跳"、pan²piŋ⁶"病"、ta:i¹"死",等等。

（8）处置（HAN）：fat⁸"打"、kek⁷"敲"、ha:u⁵"骂"、kai³"推,挤"、ʔɯn³"抱"、hit⁷"抬"、ɕa³"等候"、ɕam¹"邀请"、ɕuk⁸"捆绑"、hi³"指"、za¹"找"、heu⁶"叫,喊"、

ɕip⁷"吻"、ka³"杀，忍"、nɯ⁶"想念，盼望"、pa:n³"陪伴，拉拢"、ɕi:ŋ³"抚养，赡养"、su:n¹ku:i¹"教育"，等等。

（9）定位（ORI）：ʔiu⁵"（住）在"、taŋ²"到（达）"，等等。

2. 句法格式

S1：CON+__

luk⁸lai³mi³ ~ "~的黑眼珠"|naŋ¹hen³ ~ "~的黄皮肤"

S2：NUM+(UNI)①+__ /（UNI）__+NUM

当UNI为个体量词pu³"个"时，所构成的句式是一种特殊句式，有两个重要的特点：第一，当与数词结合时，pu³hak⁷要分开使用，也可以说在量词位置上选用pu³"个"时，pu³ha:k⁷中的pu³"族"与pu³"个"同音并现，pu³"族"自动隐去，让位于pu³"个"。也可以直接在数词和名词之间加量词faŋ³"个，位"。

第二，当NUM为ɗeu¹"一"时，使用"__+NUM"这一句式，当NUM大于或等于soŋ¹"二"时，使用"NUM+(UNI)+__"。由于布依语中的UNI是后起成分，可以略去。②例如：

[pu³ha:k⁷] [ɗeu¹]　一个汉族人

汉人　一

[soŋ¹] [faŋ³] [pu³ha:k⁷] / [soŋ¹] [pu³][ha:k⁷]　两个汉族人

两　个　汉人　两　个　汉人

[sa:m¹]　[faŋ³]　[pu³ha:k⁷]/[sa:m¹] [pu³] [ha:k⁷]　三个汉族人

三　　个 汉人 三　个　汉人

当UNI为集体量词pa:ŋ¹"群"、ho³"伙"时，pu³ha:k⁷通常不发生变化，当NUM为ɗeu¹"一"时通常后置，即为"UNI__+

---

① 括号中的量词成分有的可以省略，有的不可省略。

② 布依语中的数词为一或大于等于二时，与名词和量词搭配的情况均如此，下文不再一一说明。

NUM"句式,"一"可以出现也可以不出现。当 NUM 大于或等于 soŋ¹"二"时,使用"NUM+UNI+__",量词 UNI 不能省略。例如:

[pa:ŋ¹]/ [ho³] [pu³ha:k⁷][(ɗeu¹)] 一群 / 伙汉族人
 群 伙 汉族 一

[soŋ¹][pa:ŋ¹]/ [ho³] [pu³ha:k⁷] 两群 / 伙汉族人
两 群 伙 汉族

[sa:m¹][pa:ŋ¹]/ [ho³] [pu³ha:k⁷] 三群 / 伙汉族人
三 群 伙 汉族

S3:__+EVA

例如:~ ku:i¹"聪明的 ~ "| ~ ɗi¹"善良的 ~ "| ~ ho²ʔun⁵"温柔的 ~ "

S4:__+AGE

例如:~ mi²/ʔu¹ lɯk⁸ " ~ 生孩子"

S5:__+TEL

例如:~ kɯ⁶ɕa:u³ lai²li³ " ~ 创造文明"|__ku:n¹ paŋ² " ~ 管理地方"

S6:__+ACT

例 如:~ kɯn¹ " ~ 吃"| ~ ȵie¹ " ~ 听"| ~ pan²piŋ⁶ " ~ 生病"| ~ ta:i¹ " ~ 死"

S7:HAN+__ /__+ HAN

例如:fat⁸ ~ "打 ~ "|ha:u⁵ ~ "骂 ~ "|su:n¹ku:i¹ ~ "培养 ~ "
~ fat⁸ " ~ 打"| ~ ha:u⁵ " ~ 骂"| ~ su:n¹ku:i¹ " ~ 培养"

S8:__+ORI

例如:~ ʔiu⁵... " ~(住)在 ..."| ~ taŋ²... " ~ 到 ..."

[pu³ha:k⁷] [ʔiu⁵] [tɕi:n⁶po¹]. 汉人住在山槽。
汉人 住 山槽

[pu³ha:k⁷] [taŋ²][za:n²ku:n⁵][la²]. 汉人到屋前了。
汉人 到 屋前 了

上表中例词是对中国境内部分民族团体的专门性称谓，都可以采用上述模式来进行物性结构描写。这些词的物性结构差异主要体现在构成角色和形式角色上。例如：汉族的特征是 ka:ŋ³ha:u⁵ha:k⁷ "说汉语"，tan³puɯə⁶ha:k⁷ "穿汉服"，ʔiu⁵ti⁶pjaŋ⁶ "住平地"，hun² tsui⁵ la:i¹ "人口最多"，等；而苗族的主要特征是：ka:ŋ³ha:u⁵men² "讲苗语"、tan³puɯə⁶men² "穿苗衣"，ʔiu⁵kɯn²po¹ "住山上"，等等。这类词的物性结构差异通过 N2 的不同来体现，N2 在词义结构中起区分类别的作用，这类词的语义关系为：词义与语素义之间是上下义关系，两个语素义之间是修饰关系。从上述陈述我们可以看出，采用 GLT 理论可以清晰地区分词语之间内部的语义差异，从而更好地区分和掌握词与词之间的细微差别。

（二）N1 是 zok⁸ "鸟"，N2 各不相同，是对某一种鸟的专称。例如：

[[zok⁸]鸟 N[ʔen⁵]燕子 N]N 燕子   [[zok⁸]鸟 N[lai³]麻雀 N]N 麻雀

[[zok⁸]鸟 N[pit⁷]鸭子 N]N 野鸭   [[zok⁸]鸟 N[zau¹]斑鸠 N]N 斑鸠

[[zok⁸]鸟 N[kan¹]秧鸡 N]N 秧鸡   [[zok⁸]鸟 N[ʔa¹]乌鸦 N]N 乌鸦

[[zok⁸]鸟 N[kak⁷]鸽子 N]N 鸽子   [[zok⁸]鸟 N[kai³kai⁵]锦鸡 N]N 野鸡

以上例词所指称的对象都属于会飞的鸟类。我们选择其中一个例词来进行物性结构分析：

1. 物性结构描写：

zok⁸ʔen⁵ 燕子 yànzi（名词，中性）燕科鸟类的通称，益鸟，体型小巧，两翅尖长，尾羽平展时呈叉状，飞行时捕食昆虫。世界各地都有分布。中国有九种，如家燕夏季遍布各地，在建筑物的屋檐下筑巢，秋冬季节飞往南方。①

（1）形式（FOR）：ʔja:ŋ⁶ zok⁸ɓin¹ ɗeu¹ "一种飞鸟"、zok⁸tak⁸ "雄鸟"、zok⁸ɕo⁶ "雌鸟"，等等。

---

① 定义来自网络：http://baike.haosou.com/doc/5351152-5586609.html。

（2）构成（CON）：puɯ¹mi³"黑羽毛"、puɯ¹pik⁷"蓝羽毛"、puɯ¹ha:u¹"白羽毛"、puɯ¹lok⁸"绿羽毛"、pak⁷hen³"黄喙"、fut⁸zai²"长翼"、zɯ:ŋ¹lun⁵tɕeu²"尾巴似剪刀"、ka¹tun³"短脚"、zit⁸"爪"，等。

（3）单位（UNI）：tu²"只"、tɕoŋ³/ pa:ŋ¹"群"、zoŋ²"窝"等。

（4）评价（EVA）：lin³"敏捷"、mja:ŋ²"飞快"

（5）施成（AGE）：fak⁸"孵"、kɯ¹"喂"、kɯ⁶zo⁶"繁殖"等。

（6）功用（TEL）：su:t⁷/ tu:t⁸（tu²nu:n¹）"啄（虫）"

（7）行为（ACT）：tau³"产（卵）"、fak⁸"孵（蛋）"、kɯ¹"喂"、tu:t⁸"啄"、kɯ⁶zoŋ²筑巢、ɓin¹"飞翔"、sem³paŋ²"迁徙"等。

（8）处置（HAN）：lai⁶"驱赶"

（9）定位（ORI）：ɗun¹"站"、taŋ³"停"、taŋ²"到达"

2．句法结构

S1：CON+__

例如：puɯ¹mi³~"~的黑羽毛"｜zɯ:ŋ¹~"~的尾巴"｜fut⁸zai²~"~的长翼"

S2：（UNI）__+（NUM）/ NUM+（UNI）+__

例如：zoŋ²~（ɗeu¹）"一窝~"｜tu²~（ɗeu¹）"一只~"｜tɕoŋ³/ pa:ŋ¹~（ɗeu¹）"一群~"/ soŋ¹zoŋ²~"两窝~"｜soŋ¹tu²~"两只~"｜soŋ¹tɕoŋ³/ pa:ŋ¹~"两群~"

S3：__+EVA

例如：~ mja:ŋ²"速度飞快的~"｜~ lin³"敏捷的~"

S4：__+AGE

例如：~fak⁸tɕai⁵"~孵蛋"｜~kɯ¹ ʔen⁵num⁶"~喂养雏燕"

S5：__+TEL

例如：~su:t⁷/ tu:t⁸（tu²nu:n¹）"~啄虫"

S6：__+ACT

例如：~ tau³ tɕai⁵"~产卵"｜~fak⁸ tɕai⁵"~孵蛋"｜~kɯ¹

ʔen⁵num⁶ "~喂养雏燕" |~su:t⁷/ tu:t⁸tɯ²nu:n¹ "~啄虫" | ~kɯ⁶zoŋ² "~筑巢" |~ɓin¹ "~飞翔" |~sem³paŋ² "~迁徙"

S7：HAN+__

例如：lai⁶~ "驱赶~"

S8：__+ORI

例如：~ɗun¹ kun²mai³ "~栖在树上" |~ taŋ³ ŋa⁶mai³ "~停在树枝上" |~ ɓin¹ taŋ² pa:i⁶la³ pai¹ "~飞到南方了"

上述例词主要通过物性结构构成角色和形式角色的不同来区别。比如：燕子与麻雀的差异有尾巴形状不同、羽毛色彩不同、嘴部外观不同、体型大小不同，等等。这类词的差异通过N2的不同来区别，这类复合词的语义关系为：词义与语素义之间是上下义关系，两个语素义之间是修饰关系。

（三）N1是pja¹ "鱼"，N2各不相同，是对某种鱼的专称。有通过鱼的外观来命名的，出现了转喻现象。例如：鳝鱼，指外形像蛇一样的鱼；有通过生长环境来命名的。例如：井鱼，生长在井里的鱼；有通过所食用的食物来命名的，例如：草鱼，以水草为食物的鱼；也有通过鱼自身的特征来命名的。例如：油鱼，体内有大量蜡酯的鱼，人食用后会排泄出油酯；等等。例如：

[[pja¹]鱼N[tɕi²]鲫N]N 鲫鱼　　　　[[pja¹]鱼N[ju²]油N]N 油鱼

[[pja¹]鱼N[ɓo⁵]井N]N 井鱼　　　　[[pja¹]鱼N[ŋɯ²]蛇N]N 鳝鱼

[[pja¹]鱼N[van³]草鱼N]N 草鱼　　　[[pja¹]鱼N[ka⁵]鳜鱼N]N 鳜鱼

我们选择该组例子中的"鲫鱼"一词来进行物性结构描写：

pja¹tɕi² 鲫鱼 jìyú（名词，中性）是辐鳍鱼纲鲤形目鲤科鲫属其中的一种淡水鱼。一般可观赏，也可食用，肉质细嫩，肉营养价值很高。现在大多都是经过人工养殖和选育，产生了许多新品种，金鱼就是其中的一种。

1. 物性结构描写

（1）形式（FOR）：ʔja:ŋ⁶ pja¹ ɗeu¹ "一种鱼类，" ka:i⁵ ʔok⁷ zam³ "水产品"，mi² la:u³ mi² ʔi³ "大小皆有"，ʔok⁷ pai¹ tɕai¹ "卵生"。

（2）构成（CON）：tɕau³pja¹ "鱼头"、zɯ:ŋ¹ "尾巴"、tɕip⁷pja¹ "鳞片"、sai¹pja¹ "腮"、tɕi²pja¹ "鱼鳍"、zoŋ²ɗai¹ "内脏"、poŋ⁵pu²pja¹ "鱼鳔"、ɗa:ŋ¹ pan² lum³ɗan¹tau⁵ "身体呈梭子型"，tek⁸ jaŋ⁶pja¹ kɯn¹ pak⁸ sa:u² si² na³na² kɯn¹ ko¹ɕa²kɯ⁶kok⁷ɗeu¹ "以植物为食的杂食性鱼"，mai² kɯ⁶po² tuŋ³ʔiu⁵tuŋ³ju² "喜群居而行"，le⁶ tɕe² ʔiu⁵ la²laŋ¹ ka:i⁵ kɯn¹ "择食而居"，等等。

（3）单位（UNI）：teu²/ tɯ² "条"、pa:ŋ¹/ tɕoŋ³ "群"、ɕaŋ¹ "箱"、toŋ³ "桶"，等等。

（4）评价（EVA）：pi²nam⁵/mu³ neu¹ "肥美"、no⁶ʔun⁵zat⁷, ɗai¹ no⁶ ʔu:t³ ɕaŋ³ kɯn¹ sa:ŋ¹ kɯ⁶ ɕai². "肉质细嫩，肉营养价值很高"。

（5）施成（AGE）：mi² tai⁵ tɕai⁵ tau³ "卵生"

（6）功用（TEL）：kɯn¹ "食用"、ŋu:n² "观赏"

（7）行为（ACT）：kɯn¹ "吃"、leu⁶ "游"、teŋ³ "跃"，等等。

（8）处置（HAN）：ka³ "宰杀"、tuk⁷ "钓"、kap⁸ "抓"、ɕɯ³ "煎"，等等。

（9）定位（ORI）：ʔiu⁵ "在"

2. 句法结构

S1：CON+＿

例如：tɕau³ ~ "~头" | zoŋ²ɗai¹ ~ "~内脏" | poŋ⁵pu² ~ "~鳔" | tɕi² ~ "~鳍"

S2：（UNI）＿+（NUM）/ NUM+(UNI) +＿

例如: teu²/ tɯ² ~（ɗeu¹）"一条~" | pa:ŋ¹/ tɕoŋ³ ~（ɗeu¹）"一群~" | ɕaŋ¹~（ɗeu¹）"一箱~"/ soŋ¹ teu²/ tɯ² ~ "两条~" | soŋ¹ toŋ³ ~ "两桶~"

S3：＿+EVA

例如：~ pi²nam⁵/mu³neu¹ "肥美的~"

S4：__+AGE

例如：~ mi² tai⁵ tɕai⁵ tau³ "~是卵生的"

S5：TEL+__

例如：kɯn¹ ~ "吃~" | ŋu:n² ~ "观赏~"

S6：__+ACT

例如：˜ kɯn¹ "~吃" | ~leu⁶ "~游" |~teŋ³ "~跃"

S7：HAN+__

例如：ka³~ "宰杀~" | kap⁸~ "抓~" | ɕɯ³~ "煎~"

S8：__+ORI

例如：~ʔiu⁵ tɕaŋ¹ta¹ "~在河里"

以上例词都可以进行相应的物性结构描写。例如：鳝鱼就是俗称的黄鳝，属鱼纲、合鳃目、合鳃科、黄鳝亚科，是一种鱼，身体呈圆筒形，似蛇，无鳞，肤色有青、黄两种，大的有二三尺长。而鲫鱼是一种体型短小，有鳞、有鳍、身体呈扁平状的鱼类。可见，这些不同鱼类之间主要通过构成角色与形式角色的差异来体现。这类词的语义关系为：词义与语素义之间是上下义关系，两个语素义之间是修饰关系。

（四）N1是mai³"树木，木质植物，木料"，N2各不相同。例如：

[[mai³]树 N[tɕe¹]松树 N]N 松树　　　　[[mai³]树 N[lu²]柳树 N]N 柳树

[[mai³]树 N[li²]梨 N]N 梨树　　　　　[[mai³]树 N[ta:u²]桃 N]N 桃树

[[mai³]树 N[ʔu:n³]榕树 N]N 榕树　　　[[mai³]树 N[sok⁸]泡桐树 N]N 泡桐树

[[mai³]木质植物 N[zat⁸]金竹 N]N 金竹　　[[mai³]木质植物 N[ŋo²]芦苇 N]N 芦苇

上述例词我们选择mai³tɕe¹ "松树"来进行物性结构分析：

mai³tɕe¹ 松树 sōngshù(名词，中性)多为高大乔木，少数为灌木。一般高20—50米，有的高达70多米。多为轮状分枝，树皮呈鳞片状，树叶细长似针并成束生长。树冠非常蓬松，松树主干坚固，寿命非常长，通常作为长寿的象征。

1．物性结构描写：

（1）形式（FOR）：ja:ŋ⁶ mai³ ɗeu¹ sa:ŋ¹kɯ⁶ɕai² "一种高大的树木"，pan¹ mai³ɕa²tam⁵ zɯ:ŋ² mai³ko¹sa:ŋ¹ "分为乔木和灌木"。

（2）构成（CON）：ɗa:ŋ¹mai³la:u³za:k⁸ zai² "树干粗壮且根长"、ŋa⁶mai³ la:u³ "树枝壮"、naŋ¹lum³tɕip⁷pja¹ "皮似鱼鳞"、ɓai¹mai³ʔi⁵zai²lum³tɕim¹ "树叶细长似针"、ɗok⁷hua¹ lum³ tɕəu⁶ "球形花"、mai³ma:k⁷lum³tɕəu⁶ "球形果实"、mai³ ɗoŋ³ tɕeŋ¹ "木质坚硬"、tɕau¹zai² "长寿"，等等。

（3）单位（UNI）：san³/ ko¹ "棵"

（4）评价（EVA）：la:u³sa:ŋ¹ "高大"、la:u³ma:ŋ¹ "粗壮"，等等。

（5）施成（AGE）：ɗam¹ "栽，种植"

（6）功用（TEL）：kɯ⁶mai³ "提供木料"、kɯ⁶fɯn² "提供柴火"、ŋu:n² "观赏"、kɯ⁶ʔie¹ "药用"，等等。

（7）行为（ACT）：tau⁵ŋa² "发芽"、tau⁵ma³ "生长"、ha:i¹ɗok⁷ "开花"、pan²ɗan¹ "结果"，等等。

（8）处置（HAN）：zam⁵ "砍"、zem³ "烧"、ŋu:n² "观赏"，等等。

（9）定位（ORI）：ʔiu⁵ "在"

2．句法结构

S1：CON+__

例如：za:k⁸~ "~ 的根" | ɓai¹~ "~ 的叶" | ɗa:ŋ¹~ "~ 的树干"

S2：（UNI）__+（NUM）/ NUM+(UNI) +__

例如：（san³/ ko¹）~ɗeu¹ "一棵 ~" | soŋ¹（san³/ ko¹）~ "两棵 ~"

S3：__+EVA

例如：~la:u²sa:ŋ¹ "高大的 ~" |~la:u³ma:ŋ¹ "粗壮的 ~"

S4：AGE+__

例如：ɗam¹~ "种 ~"

S5：__+TEL/ TEL+__

例如：~kɯ⁶mai³ "~提供木料" |~kɯ⁶fun² "~提供柴火" | ~kɯ⁶ʔie¹ "药用~" /ŋu:n²~ "观赏~"

S6：__+ACT

例如：~ tau⁵ŋa² "~发芽" |~tau⁵ma³ "~生长" |~ha:i¹ɗok⁷ "~开花" |~pan²ɗan¹ "~结果"

S7：HAN+__

例如：zam⁵~ "砍~" |zem³~ "烧~" |ŋu:n²~ "观赏~"

S8：__+ORI

例如：~ʔiu⁵ po¹pja¹ "~在山上"

上述例词中N1表示一个大类，主要起区分事物类别的作用。例如：mai³li² 汉译为"梨树"，若将 mai³ "树"替换为 ma:k⁷ "果实"，构成 ma:k⁷li² 的话，表示的就是这种植物的果实"梨子"，而非植物"梨树"本身了。物性结构通过各个不同的复合词在N2上的差异而在构成角色、形式角色和功能角色上体现出来。比如："松树"和"桃树"，在构成角色和形式角色上的差别是松树比桃树高大，桃树树皮光滑，叶子呈片状，果实可直接食用，而松树高大，树皮粗，似鱼鳞，叶子似针；功能角色上，桃树除了可以提供木料、提供柴火、具备药用及观赏价值外，其主要功能是为人类提供可食用的果实。这类词的语义关系为：词义与语素义之间是上下义关系，两个语素义之间是修饰关系。

（五）N1 是 pjak⁷ "蔬菜"总称，N2 各不相同。这类词中，词义的构成有的出现了词义倾斜，例如：pjak⁷vai⁶ "鱼腥草"，pjak⁷kuɯ⁷ "蕨菜"。有的出现了词义转移，pjak⁷zam³ "水芹菜"，pjak⁷ɗok⁷ "野菜"，后一语素出现了隐转喻现象。其中以词义倾斜为主。例如：

[[pjak⁷]菜ₙ[ka:t⁷]芥菜ₙ]ₙ 芥菜　　　　[[pjak⁷]菜ₙ[ɕoŋ¹]茴香ₙ]ₙ 茴香菜

[[pjak⁷]菜ₙ[vai⁶]鱼腥草ₙ]ₙ 鱼腥草　　[[pjak⁷]菜ₙ[kau¹]藤ₙ]ₙ 野藤菜

第四章 复合词词法

[[pjak⁷]菜ɴ[kut⁷]蕨菜ɴ]ɴ 蕨菜　　　　[[pjak⁷]菜ɴ[zam³]水ɴ]ɴ 水芹菜

[[pjak⁷]菜ɴ[ɕit⁷]芹菜ɴ]ɴ 芹菜　　　　[[pjak⁷]菜ɴ[ɗok⁷]花ɴ]ɴ 野菜

上述例子中我们选择 pjak⁷vai⁶ "鱼腥草"进行物性结构描写：

pjak⁷vai⁶ 鱼腥草 yúxīngcǎo（名词，中性）又叫折耳根，属双子叶植物三白草科蕺菜属，是一种略带鱼腥味的多年生草本植物，多生长在水边，茎上部直立并呈紫红色，茎下部匍匐且节上轮生小根，叶薄互生且背部呈紫红色，可食用。

（1）形式（FOR）：ko¹n̪a¹ "草本植物"，ja:ŋ⁶ pjak⁷ ɗeu¹ "是蔬菜的一种"。

（2）构成（CON）：ɓai¹ toŋ³ma³ "叶互生"ɓa:ŋ¹ lum³ sa¹ "薄纸质"，mi² ti:m³ ɓo⁶ "有腺点"，ɗok⁷ hua¹ ha:u¹ "白色花朵"，tɕa:ŋ⁵ ka:n³ pa:i⁶kun² toŋ³ taŋ³ "茎上部直立"，pan²ɕi³la:i¹zaŋ² "常呈紫红色"，la:t⁷kun²ho⁶ma³ za:k⁸ʔi³ "节上轮生小根"，tan⁶pa:i⁶la³pin¹zu:n² "下部匍匐"，等等。

（3）单位（UNI）：san³/ ko¹ "棵"、ɕa:ŋ² "斤"、kam¹ "把"、ɗa:i⁵ "筐"，等等。

（4）评价（EVA）：pɯ:ŋ³ "茂盛"、ʔun⁵ "嫩"、ɗi¹ "好"，等等。

（5）施成（AGE）：he³ "野生"、ɗam¹ "种"。

（6）功用（TEL）：kɯn¹ "食用"、kɯ⁶ʔie¹ "药用"，等等。

（7）行为（ACT）：tau⁵ŋa² "发芽"、tau⁵ma³ "生长"、ha:i¹ɗok⁷ "开花"、pan²ɗan¹ "结果"，等等。

（8）处置（HAN）：ɓa:k⁷ "挖"、ʔin³ "择"、za:ŋ¹ "炒"、kɯn¹ "吃"，等等。

（9）定位（ORI）：（ma³）ʔiu⁵ "（长）在"

2. 句法结构

S1：CON+_

例如：za:k⁸~ "~的根" |ɗok⁷hua¹~ "~的花" |ma:k⁷~ "~的果实"

S2：(UNI)__+(NUM) / NUM+(UNI)+__

例如：san³/ ko¹ ~(ɗeu¹) "一棵 ~" |ça:ŋ²~(ɗeu¹) "一斤 ~" |kam¹~(ɗeu¹) "一把 ~" |ɗa:i⁵~(ɗeu¹) "一筐 ~" / soŋ¹ san³/ ko¹~ "两棵 ~" |soŋ¹ ça:ŋ²~ "两斤 ~" |soŋ¹ kam¹~ "两把 ~" |soŋ¹ ɗa:i⁵~ "两筐 ~"

S3：__+EVA

例如：~pɯ:ŋ³ "茂盛的 ~" |~ʔun⁵ "嫩 ~"

S4：__+AGE

例如：~he³ "野生的 ~" |~ɗam¹ "栽种的 ~"

S5：TEL+ __/+ __TEL

例如：kɯn¹~ "吃 ~" |~kɯ⁶ʔie¹ "药用 ~"

S6：__+ACT

例如：~tau⁵ŋa² "~ 发芽" |~tau⁵ma³ "~ 生长" |~ha:i¹ɗok⁷ "~ 开花" |~pan²ɗan¹ "~ 结果"

S7：HAN+__

例如：ɓa:k⁷ "挖 ~" |ʔin³~ "择 ~" |za:ŋ¹~ "炒 ~" |kɯn¹~ "吃 ~"

S8：__+ORI

例如：~(ma³) ʔiu⁵ kɯn²han³na² "~（长）在田埂上。"

上述例词物性结构的差异主要通过构成角色和形式角色体现出来。这类词的语义关系为：词义与语素义之间是上下义关系，两个语素义之间是修饰关系。

（六）N1 是 hau³ "粮食"总称，N2 是各种不同粮食的专称。例如：

[[hau³]粮食 N[soŋ⁶]小麦 N]N 小麦   [[hau³]粮食 N[tɕeu²]荞子 N]N 荞子

[[hau³]粮食 N[ʔu:ŋ³]小米 N]N 小米   [[hau³]粮食 N[tai⁵]玉米 N]N 玉米

[[hau³]粮食 N[ka:k⁷]谷子 N]N 稻谷   [[hau³]粮食 N[li:ŋ²]高粱 N]N 高粱

上述例词我们选择 hau³soŋ⁶ "小麦"来进行物性结构分析：

hau³soŋ⁶ 小麦 xiǎomài（名词，中性）一年或二年生草本植物，茎直立，中空，叶子宽条形，子实椭圆形，腹面有沟。子实供制面粉，是主要粮食作物之一，现在全世界范围都有种植，起源于中东地区。

1. 物性结构描写

（1）形式（FOR）：ko¹ɳa¹ "草本植物"，ja:ŋ⁶hau³ ɗeu¹，"粮食的一种"，ŋai³ koŋ¹pom³ʔja⁵ "抗倒伏"。

（2）构成（CON）：zɯ:ŋ¹ "穗"、mɯm⁶zai² "长芒"、ɓai¹jeu¹lok⁸ "叶片深绿色"、ka:n³hom² "圆杆"、soŋ² ha:u¹ "白壳"、nat⁷ha:u¹ "白粒"、nat⁷fak⁸ɗoŋ³ "籽粒饱满，硬质"、za:k⁸ha:u¹ "白根"，等等。

（3）单位（UNI）：nat⁷ "粒"、kan¹ "斤"、tai⁶ "袋"、çaŋ³ "箩"、çaŋ¹ "仓"，等等。

（4）评价（EVA）：fak⁸ "饱满"、ɓa:k⁷ "瘪"、səu¹mjau²ɗi¹ "丰收"、tɕem³ "减产"、ɗi¹ "优质"，等等。

（5）施成（AGE）：ɗam¹van¹ "播种"、səu¹mjau² "收割"、kɯ⁶pan² (ka:i⁵kɯn¹) "制成（食品）"，等等。

（6）功用（TEL）：kɯn¹ "吃"、ka:i¹ "出售"，等等。

（7）行为（ACT）：tau⁵ŋa² "发芽"、tau⁵ma³ "生长"、ha:i¹ɗok⁷ "开花"、ʔok⁷zɯ:ŋ¹ "出穗"，等等。

（8）处置（HAN）：kue³ "割"、pa¹ "背"、za:p⁷ "挑"、ta⁶ "驮"、kɯ:t⁸ "扛"、ko⁵ "堆"、ka:i¹ "出售"、çɯ³ "购买"、ça:ŋ⁵ "存放"、lok⁸ "运输"，等等。

（9）定位（ORI）：ʔiu⁵ "在"、ço⁵ "放"，等等。

2. 句法结构

S1：CON+__

例如：zɯ:ŋ¹~ "~穗" | mɯm⁶~ "~的麦芒" | ɓai¹lok⁸~ "~的绿叶" | ka:n³~ "~的杆"

S2：（UNI）__+（NUM）/ NUM+UNI +___

例如：nat⁷ ~(ɗeu¹) "一粒~" | kan¹~(ɗeu¹) "一斤~" | tai⁶ ~(ɗeu¹) "一

袋~"|ɕaŋ³~（ɗeu¹）"一箩~"|ɕaŋ¹~（ɗeu¹）"一仓~"/soŋ¹nat⁷~"两粒~"| soŋ¹kan¹~"两斤~"| soŋ¹tai⁶~"两袋~"| soŋ¹ɕaŋ³~"两箩~"| soŋ¹ɕaŋ¹~"两仓~"

S3：__+EVA

例如：~fak⁸"饱满的~"|~ɓa:k⁷"瘪的~"|~səu¹mjau²ɗi¹"丰收的~"|~tɕem³"减产的~"|~ɗi¹"优质的~"，等等。

S4：AGE+__

例如：ɗam¹~"播种~"|səu¹mjau²~"收割~"

S5：__+TEL+…

例如：ʔau⁵~kɯ⁶pan²ka:i⁵kɯn¹"~制成食品"

S6：__+ACT

例如：~tau⁵ŋa²"~发芽"|~tau⁵ma³"~生长"|~ha:i¹ɗok⁷"~开花"|~ʔok⁷zɯ:ŋ¹"~出穗"

S7：HAN+__

例如: kue³~"割~"|pa¹~"背~"|za:p⁷~"挑~"|ta⁶~"驮~"|kɯ:t⁸~"扛~"|ko⁵~"堆~"|ka:i¹~"出售~"| ɕɯ³~"购买~"|ɕa:ŋ⁵~"存放~"

S8：__+ORI+ 处所名词

例如：~ʔiu⁵ɗai¹zi⁶"~在地里"|~ɕo⁵ɕaŋ¹hau³"~放进粮仓"

上述例词通过构成、形式和功用等物性角色的差异来进行区别：小麦和玉米主要通过构成角色和形式角色来区分：玉米比小麦植株高，玉米果实比麦子穗大，玉米颗粒比小麦颗粒大，玉米分黄色、白色和紫色，小麦分白色、肤色，玉米有须，有核，小麦有芒无核；功用角色上，小麦需要进行二次加工，才能食用，玉米可直接食用。这类词的语义关系为：词义与语素义之间是上下义关系，两个语素义之间是修饰关系。

（七）N1 是 mak⁷"果实"总称，N2 指各种果实的具体名称。这类词的词义构成以词义倾斜为主。例如：

[[mak⁷]果实 N[li²]梨子 N]N 梨子　　　　[[mak⁷]果实 N[ta:u²]桃子 N]N 桃子

[[mak⁷]果实 N[man³]李子 N]N 李子　　　[[mak⁷]果实 N[puk⁸]柚子 N]N 柚子

[[mak⁷]果实 N[ȵoŋ²]梨子 N]N 番茄　　　[[mak⁷]果实 N[ɗai¹]柿子 N]N 柿子

[[mak⁷]果实 N[ka:m¹]黄果 N]N 黄果　　　[[mak⁷]果实 N[ɗu:t⁷]野地瓜 N]N 野地瓜

[[mak⁷]果实 N[tɯm⁶]野草莓 N]N 野草莓　　[[mak⁷]果实 N[pi⁶pa¹]枇杷 N]N 枇杷

上述例词中我们选择 mak⁷li² "梨子"来进行物性结构分析：

mak⁷li² 梨子 lízǐ（名词，中性），是蔷薇科梨属植物的果实，多汁、可食用。秋天果实成熟时采收，鲜用或切片晒干。

1. 物性结构描写

（1）形式（FOR）：ja:ŋ⁶mak⁷ɗeu¹ "一种水果"、pan²kɯn¹ "可食用"。

（2）构成（CON）：naŋ¹mak⁷lɯn³ "光滑的果皮"（果皮有 hen³ "黄色"、lok⁸ "绿色"、ha:u¹ "白色"等）、no⁶mak⁷ha:u¹ "白色果肉"、pan²zan²zai²la:i¹ "多呈椭圆形"、zam³la:i¹naŋ¹ɓa:ŋ¹ "汁多皮薄"、mi²ŋui⁶mak⁷ "有果核"，van¹mi³ "黑色种子"，等等。

（3）单位（UNI）：ɗan¹ "个"，kan¹ "斤"，ta:m⁶ "篮"，ɗa:i⁵ "筐"，ɕa:ŋ¹ "箱"，等等。

（4）评价（EVA）：tɯ:ŋ⁵ "甜"，pju:i⁵ "脆"、zam³ la:i¹ "多汁"，等等。

（5）施成（AGE）：tau³ "结出"

（6）行为（ACT）：tau³ "结果"、ma⁵la:u³ "长大"

（7）功用（TEL）：kɯn¹ "吃"、ɕim² "品尝"，等等。

（8）处置（HAN）：tin⁵ "摘"、ta:t⁷ "削"、kɯn¹ "吃"、ɕɯ³ "买"、ka:i¹ "卖"，等等。

（9）定位（ORI）：tau³ ʔiu⁵ "结在"/ven¹ ʔiu⁵ "挂在"

2. 句法结构

S1：CON+__

例如：naŋ¹~ "~皮" |ŋui⁶~ "~核" |zam³~ "~汁"

S2：UNI__+（NUM）/ NUM+(UNI) +__

例如：ɗan¹~（ɗeu¹）"一个~"|kan¹~（ɗeu¹）"一斤~"|ta:m⁶~（ɗeu¹）"一篮~"|ɗa:i⁵~（ɗeu¹）"一筐~"|ça:ŋ¹~（ɗeu¹）"一箱~"/soŋ¹ ɗan¹~ "两个~"|soŋ¹ kan¹~ "两斤~"|soŋ¹ ta:m⁶~"两篮~"|soŋ¹ɗa:i⁵~ "两筐~" |soŋ¹ ça:ŋ¹~ "两箱~"

S3：__+EVA

例如：~ tɯ:ŋ⁵ "~甜" |~pju:i⁵ "~脆" | ~zam³la:i¹ "~多汁"

S4：AGE+__

例如：tau³~ "结出~"

S5：TEL+__

例如：kɯn¹~ "吃~" |çim²~ "品尝~"

S6：ACT+__ /__+ACT

例如：tau⁵~ "结出~" |~ma⁵la:u³ "~长大"

S7：HAN+__

例如：tin⁵~ "摘~" |ta:t⁷~ "削~" |kɯn¹~ "吃~" |çɯ³~ "买~" |ka:i¹~ "卖~"

S8：__+ORI+ 方位词

例如：~ ven¹ʔiu⁵kɯn²mai³li². "~挂在梨树上" |~tau³ ʔiu⁵ kɯn²mai³li² "~结在梨树上"

　　上述例词主要通过物性结构中的构成角色和形式角色来区别不同种类。这类词的语义关系为：词义与语素义之间是上下义关系，两个语素义之间是修饰关系。

　　综上可知：上述七种不同事物类型的"大类＋小类"（N1+N2）式名名复合词所指称的对象均是不同的自然物，构成的复合词属于自然类。其中N1是基本范畴，对N2起注释作用。当N2指称同一概念时，N1不同会引起N2所激活的特征的不同，最终导致语义差异从而区分不同的事物类别。例如：[[mai³]树 N[ta:u²]桃 N]N "桃树"与[[mak⁷]果实 N[ta:u²]桃 N]N "桃子"，mai³ "树"与mak⁷ "果实"就是两种不同的概念范畴。N2 是一个具体事物的概念，N2 不同，N1 相同时激活了同一概念范畴内不同事物间的构成角色和形式角色差异，从而对同一大类中的小类进行区分，例如：[[hau³]_{粮食 N}[soŋ⁶]_{小麦 N}]_N"小麦"与[[hau³]_{粮食 N}[tɕeu²]_{荞子 N}]_N"荞子"就是对粮食大类下的两种小类进行区分。

"大类+小类"类名名复合词因大类名语素的不同范畴或小类名语素的不同概念，亦或大类名语素和小类名语素都不相同时，我们通过生成词库理论中的物性角色对这些名词各方面的属性产生不同程度的激活：同一大类下的不同小类之间主要通过构成角色和形式角色的差异来进行区分，而不同大类下的同类事物通过构成、形式、功用、评价、施成、处置、行为等方面表现出明显的差异，这种方式简单而易于操作，从而更好地对这些词进行区分和辨别。

"大类+小类"名名复合词主要是对事物进行命名，N1 表示义类，是中心语素，N2 表示事物本质特征的专门性称谓，是修饰语素，词义出现了语义倾斜，倾向于 N1。"大类+小类"的语义结构为：义类语素义（事物大类义）+特征语素义（事物小类义）→词义，我们将其概括为："是一种 N1"。其语义关系为：词义与语素义之间是上下义关系，两个语素义之间是修饰关系。

4.2.1.2 普通名语素 1+普通名语素 2（N1+N2）[①]

这类复合名词体现了物性结构多方面的差异以及多种语义关系。词义由两个语素义构成：有的词义是语素义的简单加合；有的出现了词义倾斜；有的出现了词义转移。我们根据复合词中中心语素的差异进行相关分析。

（一）当中心语素为 N1 时

其内部又有以下几种关系：

1.普通名语素 1+普通名语素 2（N1+N2）的中心语素为 N1，词与 N1 所指称的事物类型一致，N2 起限定作用，是 N1 的某种本质属

---

① 即除了"大类名语素+小类名语素→复合名词"之外的名名复合名词模式。

性或具有某种本质属性的事物，是事实性物性结构修饰语。例如：

[[hun²]人 N[hak⁷]汉人 N]N 汉人　　　　[[ha:u⁵]话 N[ʔju:i²]布依族 N]N 布依话

[[mu¹]猪 N[me⁶]母 N]N 母猪　　　　　[[na²]田 N[hek⁷]客 N]N 客田

[[tuu⁶]豆 N[hak⁷]汉人 N]N 蚕豆　　　　[[zam³]水 N[zai²]露水 N]N 露水

[[ɕo⁶]名字 N[zok⁸]鸟 N]N 鸟名　　　　[[ti⁶]地方 N[za:n²]房子 N]N 屋基

[[tɕai⁵]蛋 N[zok⁸]鸟 N]N 鸟蛋　　　　[[pun¹]毛 N[zok⁸]鸟 N]N 鸟毛

[[ta:u²]桃 N[pɯn¹]毛 N]N 野毛桃　　　[[tɕoŋ²]笼子 N[zok⁸]鸟 N]N 鸟笼

[[ȵe⁵]草 N[va:i²]水牛 N]N 牛草　　　　[[zat⁷]菌子 N[ȵe³]草 N]N 草菌

上述例子中，有的词中 N1 起注释作用：[[hun²]人 N[hak⁷]汉人]N "汉人"、[[zam³]水 N[zai²]露水 N]N "露水"。而多数词的词义为语素义融合后产生语义倾斜：[[mu¹]猪 N[me⁶]母 N]N "母猪"，[[tɕoŋ²]笼子 N[zok⁸]鸟 N]N "鸟笼"。

我们以 hun²hak⁷ "汉人"为例，在前文我们已经对汉族人作了物性结构分析，这里不再介绍。该例说明 hun² "人"是 pu³hak⁷ "汉族"这个团体的组成成员之一，而不是 pu³ʔju:i² "布依族"、pu³men² "苗族"或 pu³mi:n² "彝族"等其他民族团体中的成员。hun²hak⁷ 具有 pu³hak⁷ 所具有的区别于其他族群的特点，主要通过物性结构中的构成角色和形式角色的差异来进行区分。这类词的语义结构为：义类语素义＋特征语素义→词义；语义关系是：词义与语素义之间是上下义关系，两个语素义之间是修饰关系。

2. 普通名语素 1+ 普通名语素 2（N1+N2），中心语素为 N1，词与 N1 所指称的事物类型一致，N2 起限定作用。N2 是 N1 的处所或来源，是事实性物性结构修饰语。例如：

[[zam³]水 N[ta¹]眼睛 N]N 眼泪　　　　[[zam³]水 N[бo⁵]井 N]N 井水

[[zam³]水 N[ta⁶]河 N]N 河水　　　　　[[hau³]稻子 N[na²]田 N]N 水稻

[[nai¹]雪 N[fɯ:ŋ²]稻草 N]N 霜　　　　[[hun²]人 N[paŋ²]地方 N]N 人民

上述例词以 zam³ta¹ "眼泪"和 zam³ɓo⁵ "井水"为例来进行物性结构分析：

zam³ta¹ "眼泪" yǎnlèi（名词，中性）人在伤心难过或者激动时从眼睛里流出的液体，味道略咸。

（1）形式（FOR）：ʔu:t⁷len⁶ɗai³zan¹ "有形物质"，pan²zam³seu⁶ŋa:u³ "透明液体"。

（2）构成（CON）：zam³ "水"、tɯ²hau¹hak⁷ "有咸味"，lai¹ʔok⁷ɗai¹ta¹ "从眼睛里面流出来"。

（3）单位（UNI）：ɗi:k⁷ "滴"

（4）评价（EVA）：ɗai³ʔiŋ¹ "伤心"、ʔa:ŋ⁵ "高兴"、tɕi⁶tuŋ⁵ "激动"，等等。

（5）施成（AGE）：lai¹ʔok⁷ "流出"

（6）材料（MAT）：无。

（7）功用（TEL）：ɕu:ŋ⁵kɯə³n̠a:p⁷ɕɯ¹ʔok⁷ 发泄情绪，pi:ŋ³nau²n̠ie¹sam¹ 表达情感，等等。

（8）行为（ACT）：lai¹ "流、淌"。

（9）处置（HAN）：ma:t⁸ "擦"、kam³ "忍着"，等等。

（10）定位（ORI）：ʔiu⁵ "在"。

zam³ɓo⁵ "井水" jǐngshuǐ（名词，中性）井内之水，味甘甜，含有多种矿物质。

（1）形式（FOR）：ʔu:t⁷ len⁶ ɗai³ zan¹ "有形物质"，ʔja:ŋ⁶ zam³ ɗeu¹ "一种液体"。

（2）构成（CON）：zam³ "水"、la:i¹ja:ŋ⁶ ku:ŋ⁵wu⁶ɗi¹ "含有多种益矿物质"，lai¹ʔok⁷ɗai¹ɓo⁵ "从井里流出来"。

（3）单位（UNI）：ɗi:k⁷ "滴"、tui³ "碗"、ɕoŋ¹ "杯"、ɓe⁵ "瓢"、toŋ³ "桶"、ʔeŋ¹ "缸"，等等。

（4）评价（EVA）：va:n¹tɯ:ŋ² "甘甜"、ɕam³seu⁵ "清凉"，等等。

（5）施成（AGE）：ɓɯn¹ ɗan¹ puɯn³ mi² "天然存在"

（6）材料（MAT）：无。

（7）功用（TEL）：kɯn¹ "吃"，ɗut⁷ "喝"

（8）行为（ACT）：lai¹ "流、溢出"

（9）处置（HAN）：ɗut⁷ "喝、饮"

（10）定位（ORI）：ʔiu⁵ "在"

从上述物性结构分析中我们看出，zam³ta¹是因情绪因素而产生于 ta¹ "眼睛" 的有咸味的透明液体，而 zam³ɓo⁵ "井水" 是天然存在于 ɓo⁵ "井" 中的甘甜的透明液体，它们在构成角色、单位角色、评价角色、施成角色、功用角色及处置角色等方面都有明显不同。而这些不同，都是由于 N2（处所或来源）的差异决定的。这类词的语义结构是：义类语素义＋特征语素义→词义；语义关系是：语素义与词义之间是上下义关系，两个语素义之间具有产生关系、来源关系以及处所关系等。

3. 普通名语素1+普通名语素2（N1+N2），中心语素为N1，词与N1所指称的事物类型一致，N1是N2的一部分，且N2起限定作用，N2是事实性物性结构修饰语。例如：

[[ɗi¹]胆囊 N[ŋɯ²]蛇 N]N 蛇胆　　　[[tɕau³]头 N[ŋɯ²]蛇 N]N 蛇头

[[zu³]花心 N[kai⁵]鸡 N]N 鸡冠　　　[[zit⁸]指甲 N[kai⁵]鸡 N]N 鸡爪

[[ʔak⁷]胸 N[kai⁵]鸡 N]N 鸡胸　　　[[tap⁷]肝脏 N[mu¹]猪 N]N 猪肝

[[ho⁶]关节 N[tin¹]脚 N]N 脚关节　　[[ho⁶]关节 N[foŋ²]手 N]N 手关节

我们以 ɗi¹ŋɯ² "蛇胆" 为例进行物性结构分析：

ɗi¹ŋɯ² "蛇胆" shédǎn（中性，名词）是蛇体内贮存胆汁的器官。

（1）形式（FOR）：ɗi¹ŋɯ²，ja:ŋ⁶ ɗai¹ ɗa:ŋ¹ ŋɯ² ɗeu¹ "蛇胆，蛇体内的器官之一。"

（2）构成（CON）：zam³ ɗi¹ lok⁸ "绿胆汁"、naŋ¹ ɗi¹ "胆囊"

（3）单位（UNI）：tɯ² "只"

（4）评价（EVA）：ham² "苦"、ʔi³ "小"、la:u³ "大"，等等。

（5）施成（AGE）：无

（6）材料（MAT）：无

（7）功用（TEL）：kɯ⁶ʔie¹ "药用"

（8）行为（ACT）：ʔau¹ "取，拿"、kue¹ "割"，等等。

（9）处置（HAN）：kun¹ "吃"、ɗun¹ "吞"，等等。

（10）定位（ORI）：ʔiu⁵ "在"

在上述例子中，"蛇胆"与"蛇头"虽然都是蛇的身体的组成部分之一，但是在构成角色、功能角色、评价角色、处置角色上都存在明显不同，物性结构描写激活了这两个不同部位之间的某些成分，从而区分出差异所在。另外，鸡冠、鸡爪、鸡头在物性结构上表现出不同：功能上：鸡冠用于区分鸡的雌雄，具有散热的功能，鸡爪：又叫鸡掌，用于支撑和移动鸡的身体，有掘地能力，可寻找隐藏于地下的食物，等。内含丰富的营养，可以食用，也可药用。鸡头：为雉科动物家鸡的头部，保证身体平衡，观察周围环境，等等。可食用，也可药用。构成角色上：鸡冠由毛细血管、皮肤、肉等组成，包括大量玻尿酸，透明质酸。鸡爪：皮肤、骨头、趾甲、血管等。而鸡头包括眼、口、鼻、耳、舌、羽毛、血管等。形式角色上：鸡冠似扇子，红色，肉质，等；鸡爪：肤色或白色，像树枝的分叉处，细长，等；鸡头：像半圆形小球，有羽毛，尖嘴，等。单位角色：鸡冠：个；鸡爪：只；鸡头：颗；等等。我们不再将各个物性角色值进行一一的对比，这些物性角色的差异可以用来区分其语义上的差异。这类词的语义结构为：义类语素义 + 特征语素义→词义；语义关系为：词义与语素义之间是整体与部分的关系，两个语素义之间是修饰关系。

另外，普通名语素1+普通名语素2（N1+N2）的中心语素为N1并且N1出现了隐喻现象，N2起限定作用，是事实性物性结构修饰语。这类词出现了词义转移现象。例如：

$[[\text{ɓa:n}^1]_{\text{片, 板 N}}[\text{foŋ}^2]_{\text{手 N}}]_N$ 手掌 $[[\text{ɓa:n}^1]_{\text{片, 板 N}}[\text{tin}^1]_{\text{脚 N}}]_N$ 脚掌

[[mak⁷]果实 ₙ[ɕaŋ⁶]秤ₙ]ₙ 秤锤   [[ta¹]眼睛 ₙ[ɕaŋ⁶]秤ₙ]ₙ 秤星

[[na⁵]脸 ₙ[za:n²]房子ₙ]ₙ 门面   [[tɕau²]桥ₙ[toŋ³]桶ₙ]ₙ 桶梁

[[na⁵]脸 ₙ[hai²]鞋子ₙ]ₙ 鞋面

我们以 ɓa:n¹foŋ² "手掌" 和 ɓa:n¹tin¹ "脚掌" 为例来进行物性结构分析：

ɓa:n¹foŋ² "手掌" shǒu zhǎng（名词，中性）人体的重要组成部分之一。

（1）形式（FOR）：ka:i⁵ kɯ²ɗa:ŋ¹ hun² ɗeu¹ "人体的组成部分之一"、tɯk⁸ kɯ² seu³ mi² ɗai³ pan² foŋ² "是手的重要组成部分"。

（2）构成（CON）：jen² zo⁶ ɓem³ pi:ŋ² "外形扁平"、no⁶ ɗa:ŋ¹ "肌肉"、ɗok⁷ "骨头"、ȵin² "筋"，等等。

（3）单位（UNI）：ka¹ "只"、ku⁶ "双"

（4）评价（EVA）：la:u³ "大"、ʔi³ "小"、pi² "肥"、zo² "瘦"，等等。

（5）施成（AGE）：无

（6）材料（MAT）：无

（7）功用（TEL）：kam¹ "握"

（8）行为（ACT）：ʔau¹ "拿"、poŋ³ "拍"、zi:u³ "提"，等等。

（9）处置（HAN）：ma:t⁸ "擦"、sɯi⁵ "洗"、pɯm⁶ "摸"，等等

（10）定位（ORI）：ʔiu⁵ "在"

ɓa:n¹tin¹ "脚掌"（名词，中性）人的重要身体部位，接触地面的部分。

（1）形式（FOR）：ka:i⁵ kɯ²ɗa:ŋ¹ hun² ɗeu¹ "人体的组成部分之一"、tɯk⁸ kɯ² seu³ mi² ɗai³ pan² tin¹ "是脚的重要组成部分"。

（2）构成（CON）：jen² zo⁶ ɓem³ pi:ŋ² "外形扁平"，no⁶ ɗa:ŋ¹ "肌肉"、ɗok⁷ "骨头"、ȵin² "筋"，等等。

（3）单位（UNI）：ka¹ "只"、ku⁶ "双"

（4）评价（EVA）：la:u³ "大"、ʔi³ "小"、pi² "肥"、zo² "瘦"，等等。

（5）施成（AGE）：无

（6）材料（MAT）：无

（7）功用（TEL）：n̻am⁶ "踩"、sam⁶ "踏"

（8）行为（ACT）：n̻am⁶ "踩"、sam⁶ "踏"

（9）处置（HAN）：ma:t⁸ "擦"、sɯi⁵ "洗"、pɯm⁶ "摸"，等等

（10）定位（ORI）：ʔiu⁵ "在"

ɓa:n¹foŋ² "手掌"是foŋ² "手"的一部分，而不是tin¹ "脚"的一部分，表面上看，ɓa:n¹foŋ²不同于ɓa:n¹tin¹就是因为N2不同，两个词所指称事物的形式角色、功用角色和行为角色不同凸显了两种不同身体部位的差异。

[[ɓa:n¹]片，板 N [foŋ²]手 N]N "手掌"和[[ɓa:n¹]片，板 N [tin¹]脚 N]N "脚掌"出现了形状向具有该形状事物的转指，语素1出现了隐喻现象。这类词的语义结构为：义类语素义+特征语素义→词义；语义关系为：词义与语素义之间表示部分与整体的关系，是一种必然领有关系，两个语素义之间是修饰关系。

在上述例子中，还出现了另一类类似于部分与整体的关系，我们以mak⁷ɕaŋ⁶ "秤锤"为例来进行分析。mak⁷是"水果，果实"的意思，是果树的重要构成角色之一。没有了mak⁷ "果实"，那么果树就失去了其重要的功用角色：提供果实。秤锤也是秤的重要构成角色之一。果实之于果树就如同秤锤之于秤，如果没有"秤锤"，秤就很难完成它的功用使命：称量物品。于是就用mak⁷ "果实"隐喻了秤的重要构成角色之一的"秤锤"，N1产生了隐喻现象。这类词的语义关系为：词义与语素义之间是部分与整体的关系，两个语素义之间是修饰关系。

4.普通名语素1+普通名语素2（N1+N2），中心语素为N1，词

与N1所指称的事物类型一致，N2起限定作用，N2是事实性物性结构修饰语，N1是盛装N2的容器，即容器与容纳物之间的关系。例如：

[[toŋ⁵]桶 N[zam³]水 N]N 水桶　　　　[[toŋ⁵]桶 N[hau³]米 N]N 米桶

[[toŋ³]桶 N[no⁶]肉 N]N 肉桶　　　　[[toŋ⁵]桶 N[ju²]油 N]N 油桶

[[tɕoŋ²]笼子 N[kai⁵]鸡 N]N 鸡笼　　　[[tɕoŋ²]笼子 N[pit⁷]鸭子 N]N 鸭笼

[[tɕoŋ²]笼子 N[zok⁸]鸟 N]N 鸟笼　　　[[tɕoŋ²]笼子 N[mu¹]猪 N]N 猪笼

从上面的例词中，我们选择一组相关例词来进行区分：

toŋ⁵zam³"水桶"、toŋ⁵ju²"油桶"、toŋ³no⁶"肉桶"等的差异主要体现在N2（zam³"水"、ju²"油"、no⁶"肉"）的差异上，即功能差异：水桶是装水的，油桶是装油的，肉桶是装肉的，一般不会交叉混用。N2的功能差异也就直接导致了语义表现的差异。这种构词模式的语义结构式：义类语素义+特征语素义→词义；语义关系是：词义与语素义之间是上下义关系，两个语素义之间既是容器与容纳物的关系，也是修饰关系。

5. 普通名语素1+普通名语素2（N1+N2）的中心语素为N1，词与N1所指称的事物类型一致，N2起限定作用。N2是N1的制作材料，N2是制成类物性结构修饰语。例如：

[[pɯə⁶]衣服 N[naŋ¹]皮 N]N 皮衣　　　[[luŋ⁵]伞 N[fai²]竹子 N]N 竹伞

[[ha:i²]鞋子 N[pɯ:ŋ²]布 N]N 布鞋　　　[[ha:i²]鞋 N[tɕau¹]胶 N]N 胶鞋

[[toŋ⁵]桶 N[mai³]木 N]N 木桶　　　　[[toŋ³]桶 N[naŋ¹]皮 N]N 皮桶

[[toŋ⁵]桶 N[lɯ:ŋ²]铜 N]N 铜桶　　　[[luŋ⁵]伞 N[sa¹]纸 N]N 纸伞

[[za:n²]家 N[ŋua³]瓦 N]N 瓦房　　　[[zu:i¹]梳子 N[mai³]木 N]N 木梳

以pɯə⁶naŋ¹"皮衣"为例来进行物性结构分析：

从材料角色上看，pɯə⁶"衣服"是用naŋ¹"皮"做的，而不是pɯ:ŋ²"布"或sa¹"纸"等其他材料做成的，也就是说制作材料是

118

naŋ¹ "皮"。从功能角色上看，皮衣除了与其他衣物功能相同外，还具有防雨、保暖效果好的功能。所以皮衣这种人工制造物突出了材料角色、形式角色和功能角色等物性角色。以上这类词中的语义结构为：义类语素义+特征语素义→词义；语义关系为：词义与语素义之间是上下义关系，两个语素义之间是制作材料与制作成品之间的关系，简称质料关系，也是修饰关系的一种。

（二）当中心语素为 N2 时

普通名语素 1+ 普通名语素 2（N1+N2）的中心语素为 N2，N 与 N2 所指称的事物类型一致，N1 起限定作用，是事实性物性结构修饰语。例如：

[[lɯ:ŋ⁵]铜 N[nai³]锈 N]N 铜锈　　　　[[fa⁶]铁 N[nai³]锈 N]N 铁锈

[[zin¹]石头 N[nai³]锈 N]N 石锈　　　[[tɕau³]头 N[hoŋ¹]活路 N]N 活路

上例中的构词方式在布依语构词法中为非常规模式，前三例中 N1 修饰 N2，N2 是 N1 的滋生物，后一例中 N1 起强调作用。这类词的语义结构为：特征语素义+义类语素义→词义；语义关系为：词义与语素义之间是上下义关系，两个语素义之间是修饰关系。这类词在布依语中的比例较低，是布依语名名构词的例外情况，可能是受汉语影响的结果。

（三）当 N1、N2 同为中心语素时

这类词的 N1、N2 同为中心语素，且是同类事物名语素。下文再分小类进行介绍：

1.普通名语素 1+ 普通名语素 2（N1+N2），N1、N2 同为中心语素，词义是两个语素指称事物的总称，出现了指称范围扩大的现象，即通过个体或部分来指称集体或整体，是转喻现象。例如：

[[pit⁷]鸭 N[kai⁵]鸡 N]N 家禽　　　　[[pɯə⁶]裤子 N[ʔua⁵]裤子 N]N 服装

[[ɗɯ:n¹]月 N[van²]日 N]N 日子、生活　[[ja⁶]妻子 N[pai³]媳妇 N]N 妯娌

119

[[pi³]哥/姐 N[nɯ:ŋ³]弟/妹 N]N 兄弟、姐妹、朋友

以 pit⁷kai⁵ "家禽"为例，语素 pit⁷ 的汉译是"鸭"，语素 kai⁵ 的汉译是"鸡"，而鸡鸭只是家禽中的构成角色之两种，另外还有鹅、鸽子、火鸡以及鹌鹑等为人类提供肉蛋以及羽毛等生活物品的人工豢养的鸟类动物。在这个例子中，使用 pit⁷ "鸭"和 kai⁵ "鸡"构成的复合词来指代所有家禽，出现了语义范围的扩大，是对同一类事物的总括性称谓，并且两语素之间位置固定，不可调换。用两个下位概念组合构成上位概念，这是转喻。这类词的语义结构为：义类语素义1+ 义类语素义2→词义（出现了词义转移现象）；语义关系为：词义与语素义之间是类义关系，两个语素义之间是并列关系。

2. 普通名语素1+ 普通名语素2（N1+N2），N1、N2 同为中心语素，指称同一类事物中的两个不同部分，两个语素所指称的事物出现隐喻，整个词的词义出现了转移，从具体事物的名词转到抽象名词。例如：

[[kok⁷]根 N[pja:i¹]梢 N]N 本息　　　　[[tin¹]脚 N[foŋ²]手 N]N 手艺
[[ta¹]眼睛 N[na³]脸 N]N 面子　　　　　[[na³]脸 N[ɗaŋ¹]鼻子 N]N 脸面

以 kok⁷pja:i¹ "本息"为例，分析其物性结构：
kok⁷pja:i¹ 直译为"根梢"，转指"本息"。
根梢 gēnshāo（名词，中性）：树的茎干下部长在土里的部分，呈网状分布于土壤中的是根，树枝的末端枝丫变小变细、蓬松无规则部分是梢。

（1）形式：ka:n³mai³ tɕaŋ⁵ pa:i⁶ la³ ma³ ʔiu⁵ ɗai¹ na:m⁶ te³tuk⁷za:k⁸ "树的茎干下部长在土里的部分是根"，pja:i¹ niŋ⁵ mai³ ɗa:ŋ¹ mai³ tɕe² pan² ʔi³ pan² ziŋ⁶ te³ tuk⁷ pja:i¹ "树枝的末端树木身上变小变细的部分是梢"，za:k⁸ zɯ:ŋ² pja:i¹ tuk⁷ soŋ¹ ka:i⁵ kɯ²seu³ mi² ɗai³ko¹ mai³ ɗeu¹."根梢是树的两个重要组成部分"。

（2）构成：zaːk⁸ tɯk⁷ zaːk⁸ kok⁷ zɯːŋ² ɗak⁷ moŋ³ zaːk⁸laːu³、mum⁶ zaːk⁸ ʔiu³ ɗeu¹pan²."根由一条主根和许多次根、根须构成"，pjaːi¹ tɯk⁷ pjaːi¹ ɕot⁷n̥iŋ⁵ mai³, tɯk⁷ n̥iŋ⁵ niu⁵ ne³ ʔiu³ ɗeu¹ pan²."梢是树枝的最末端的部分，由细小的枝条构成"。

（3）单位：根：teu²"条"、ɗak⁷"块"；树梢：ko¹"棵"

（4）评价：根：tɕe⁵"粗"、zai²"长"；树梢：ʔi³"细，小"

（5）施成：ma⁵"生长"

（6）材料：无

（7）功用：根：从土壤中获取养分和水分供给整棵树的需求、保持树的稳定性；梢：从空气中吸收少量的水分和养分。

（8）行为：根：ma⁵"长"、ɕuːn¹"窜"；梢：ma⁵"长"、jau⁶"摇"

（9）处置：根：lok⁷"拔"、ɓaːk⁷"挖"；梢：ʔeu²"折"、ɓek⁷"掰"

（10）定位：ʔiu⁵"在"

本息 běnxī（名词，中性）是经济领域中两个重要的概念本金和利息的简称。

（1）形式：kaːi⁵ ɕan² jiːn⁵lai³ mi³ te³ jeu⁵ kɯ⁶ ɕan²kok⁷"对于原本所持有的资金称为本金"，kaːi⁵ ɗai³ taːi⁵ ɕan² jiːn⁵ lai³ mi³ te³ tau³ te³ jeu⁵ kɯ⁶ pjaːi¹."通过原有资金获取的收益称为利息"。

（2）构成：ɕan²kok⁷"本金"、pjaːi¹ni³"利息"

（3）单位：nuːi⁵"些"

（4）评价：laːi¹"多"、siːu³"少"，等等。

（5）施成：za¹"挣，赚"、tau³"产生"

（6）材料：无

（7）功用：ɕi³"消费"

（8）行为：za¹"挣，赚取"、ɗai³"获取"、tau³"产生"，等等

（9）处置：ɕaːŋ⁵"存取"、hai³"付给"、n̥aːk⁸"花，用"，等等。

（10）定位：无

在植物界，kok[7]是某种植物的根部，pja:i[1]是植物的末梢，梢是从根部生长而来的，"根"是"梢"产生的基础，无"根"便无"梢"，"根"和"梢"是植物的两个重要的构成角色。在经济领域，"本金"是经济基础，而"利息"是从"本金"中产生出来的，无"本金"，"利息"也就无从谈起，"本金"和"利息"是经济领域中的两个重要的构成角色。基于它们在构成角色上的相似关系，当"根梢"和"本息"进入到整合空间，"根"投映到经济领域就相当于"本金"，"梢"投映到经济领域中就相当于"利息"，"本金"和"利息"是经济活动中两个重要的构成角色，"本金"和"利息"与"根"和"梢"的共同特性致使语素复合后产生了语义整合，从植物领域映射到经济领域中来，产生了隐喻现象。由于构成角色的投射，具体物质"根梢"的概念映射促使我们对抽象概念"本息"的理解，从而形成了隐喻。息从本来，本是息的来源，即 N1 产生了 N2。这类词的语义结构为：义类语素义 + 义类语素义→词义（出现了词义转移现象）；语义关系：词义与语素义之间是类义关系，两个语素义之间有两种关系：一是并列关系，一是产生关系。

3. 普通名语素 1+ 普通名语素 2（N1+N2），N1、N2 同为中心语素，分别表示同一大类事物中的两种小类，词义是两个语素义的简单加合。例如：

[[po[6]]父亲 N[me[6]]母亲 N]N 父母　　[[pau[5]]丈夫 N[ja[6]]妻子 N]N 夫妻

[[po[1]]坡 N[pja[1]]石山 N]N 山坡　　[[ɓɯn[1]]天 N[ɗan[1]]P 地 N]N 天地

[[hɯn[2]]夜晚 N[van[2]]白天 N]N 日夜　　[[hat[7]]早上 N[ham[6]]夜晚 N]N 早晚

根据上述例词中的物性角色来看，语素 1 和语素 2 都是复合词的构成角色，它们词性相同，所指都为同一类事物。两个语素的地位同等重要，都是中心语素，二者缺一不可，且位置不允许调换。语义结构是：义类语素义 1＋义类语素义 2→词义；语义关系是：词义与语素义之间是类义关系，两个语素义之间是并列关系，包括相关关系、近义关系，等等。

4.普通名语素 1+ 普通名语素 2（N1+N2），N1、N2 同为中心语素，两个语素的语素义相同，是同义语素。例如：

[[pi^1]$_{年N}$[ni:n^2]$_{年N}$]$_N$ 年纪，岁月　　　　[[kok^7]$_{根N}$[za:k^8]$_{根N}$]$_N$ 根源

根据上述例词中的物性角色来看，语素 1 和语素 2 都是复合词的构成角色，它们词性和意义相同。两个语素的地位同等重要，都是中心语素，二者缺一不可，且位置不允许调换。这类词的语义结构是：义类语素义 1＝义类语素义 2＝词义，语义关系：词义和语素义以及语素义与语素义之间都是等同关系。

总之，在这类复合名词中，名语素充当修饰成分失去了很多名词的典型特征，出现了去范畴化，比如不能受量词修饰，不能指个体事物，不表指称而是作为分类依据。在普通名语素 1+ 普通名语素 2（N1+N2）中，语素在词中的地位有三种情况：一、N1 是中心语素，这是此类构词模式的主要类型；二、N2 是中心名语素，该类构词较少，我们认为这是受汉语影响的结果；三、N1、N2 同为中心名语素，该类构词数量较第二种而言要丰富一些。

当以 N1 为中心语素时，构成的名词所指称的事物是"一种 N1"，当以 N2 为中心语素时，构成的名词所指称的事物是"一种 N2"，当 N1、N2 同为中心语素时，构成的是与 N1、N2 同类的上位概念，是对 N1、N2 的概括性称谓，有的词义是两个语素义的简单加合，有的出现了词义转移，有的出现了词义倾斜。由于 N1、N2 在整个词中的功能不同，所以在"普通名语素 1＋普通名语素 2"的构词模式中既存在左中心词、又存在右中心词，甚至还有 N1、N2 同为中心词的现象，这不同于 Packard 所提出的中心词原则。由于 N1 与 N2 在词中

的地位不同，我们通过物性结构描写对这些名词各方面的属性都产生不同程度的激活，在构成、形式、功用、评价、施成、处置、行为等方面表现出明显的差异，这就便于我们对同一语义结构关系中的词所指称的对象进行准确的区分。这类名名复合词主要是对事物进行命名，其语义关系中，词义与语素义之间的关系有以下几种：

第一，上下义关系。N 与 N1 同属一类，N1 是 N 的大类。例如：[[hun^2]$_{人N}$[ha:k^7]$_{汉人N}$]$_N$"汉人"。

第二，整体与部分的关系。其中 N2 是整体，N 是部分。N1 或 N2 在词义中出现了隐喻现象。例如：[[tɕau^2]$_{N桥}$[toŋ^3]$_{N桶}$]$_N$"桶梁"，桥和梁有共同的特征，因而出现了隐喻。

第三，类义关系。有的 N 是 N1 与 N2 的概括性总称，出现了词义的转移。例如：[[pit^7]$_{鸭N}$[kai^5]$_{鸡N}$]$_N$"家禽"；有的 N 与 N1、N2 之间意义相同或相等，表示的是同一类事物的概念。例如：[[pi^1]$_{年N}$[ni:n^2]$_{年N}$]$_N$"年纪，岁月"。

两个语素义之间的关系有并列关系、等同关系和修饰关系，其中以修饰关系为主，包括以下几种：质料关系；产生关系；来源关系；处所关系；容器与容纳物之间的关系等等。

这类词的构词模式是：名语素 1+ 名语素 2，语义结构是：义类语素义（中心语素义）+ 特征语素义（修饰语素义）→词义。其中，特征语素义严格限制了义类语素的意义和范围。

总的来说，在以上两种复合名词中，构词模式均为"名语素 1+ 名语素 2"，语义结构以"义类语素义（中心语素义）+ 特征语素义（修饰语素义）→词义"的模式为主，有少量的"义类语素义 1（中心语素义）+ 义类语素义 2（中心语素义）→词义""义类语素义 1= 义类语素义 2= 词义"的模式。

4.2.2 名语素 + 形语素（N+A）与形语素 + 名语素（A+N）

一般情况下，这两类复合词的名语素表示事物的类，而形语素表示人或事物的属性特征。这里的属性特征是就事物的某一方面来说的，例如：红、黄、蓝、绿等是针对颜色来说的，美、丑、难看是就外形和容貌来说的，远、近是针对距离来说的，大、小是针对维度来说的，等等。我们将赵春利（2009）对汉语名词和形容词的语义分类引入布依语中，将其名词和形容词相应地分成了五类：第一类：主体名词和主体形容词，其中主体形容词的属性域包括：容貌、体态、体感、态度、性格、智力、情感、经济，等等；第二类：事体名词和事体形容词，其中事体形容词的属性域包括：模态、难度、急度、速度、强度、范围、深度、细度、便度、灵度、力度、动貌，等等；第三类：物体名词和物体形容词，其中物体形容词的属性域包括：颜色、形状、味道、维度、粗度、硬度、温度、湿度、密度、浓度、鲜度、亮度、清度、气味，等等；第四类：时空名词和时空形容词，其中时空形容词的属性域包括：时长、环境、情境、局势、空间、距离，等等；第五类：逻辑名词和评价形容词，其中逻辑形容词的属性域包括价值、怪异、审美、常态、隐显、名位、繁简、标准、异同、真假等，共五种类型。布依语中形容词的划分没有那么细致，描绘事物的性状也不是特别丰富，但是五大类型的形容词也都存在，布依语中形名复合词的形语素以上面所提到的几种类型的形语素为主，且大多都是性质形语素。

  在汉语中关于形名复合词与名形复合词的研究不多，相关领域的专家通常将名词与形容词的组合当作短语结构来分析。董秀芳（2011）认为形名复合名词是从形名短语（是句法上的偏正式短语状中短语）词汇化而来的，所以形名复合词与形名短语在结构规则上有一定的相似性。针对此实际情况，我们在研究布依语名语素与形语素复合构词时，对汉语形名短语研究方法和理论也将有所借鉴。从复合词角度来研究形名结构的学者并不多见，主要有张辉、范瑞萍（2008）、赵春利（2009）、宋作艳（2013）、李强（2014），等等。关于形名复合名词的研究主要有两个视角：一个是语义的，一个是结构的。我们在研究形名复合词时，从语义角度着手。

截至目前，对形名复合构词作了相关研究的学者主要有王洪君（1999）、颜红菊（2007）、宋作艳（2014）等。学界目前仍有一些问题没有找到较好的解决办法，比如一部分定中复合词的形语素在构词中充当了中心语素，凸显了其特性，学者们认为这种成分是形语素的"名化"现象。例如：王洪君（1999）指出"糖稀、韭黄、虹彩、菜干"等结构是"质料+特性物"，后字转指名性义，是"全词的心"。颜红菊（2007）也认为发生了由形语素向名语素的转化，即这类形语素已经不再表示性状，而是表示跟性状有关的事物，并进一步明确指出：处于中心语位置的形语素的性状是其转指的事物所具有的突出特征，用本体具有的突出特征来转指本体，正符合转喻的凸显原则。针对这一难题学界主要有两种观点：一种观点认为这是逆序定中结构（如周荐 1991），另一种观点认为这依然是正常的定中结构，其中的形语素变成了名语素（如项梦冰 1988、王洪君 1994、丁邦新 2000）。Packard（2000）也指出汉语双音节名词的右侧通常是名词性成分（也就是他提出的中心词原则），如果是其他词性的，也会根据需要转换成名语素。将形语素转化成名语素是主流的观点，也符合汉语中正常的定中构式。

　　布依语中也有这种"不符合常规"的构词模式，例如：tɕai⁵hen³ "蛋黄"、tɕai⁵ha:u¹ "蛋清"。按照正常的布依语词序，这类词的构式应该是：hen³tɕai⁵ "蛋黄"、ha:u¹tɕai⁵ "蛋清"，hen³ 和 ha:u¹ 才是这两个词的中心语素，究竟是形语素名化，还是其他因素导致的语素类型或意义的转换，需要我们作进一步的分析。针对汉语或布依语中的这种现象，我们可以使用 J. Pustejovsky（1991、1995 等）的生成词库理论来解释。生成词库理论的核心内容——物性结构包括了构成角色、形式角色、施成角色、功用角色等语义角色情况，我们再根据语义生成机制，将这些词按照语义结构进行重新组配。从本质上来说，"蛋黄"问题是一种语义错配现象，实际上是形容词有选择地约束名词物性结构中的某个物性角色值，是一种非事件强迫现象，J. Pustejovsky

将其称为"选择性约束"（Selective Binding）。J. Pustejovsky（2005、2006）将类型强迫（type coercion）定义为：函项要求的类型被强加到论元上，通过两种方式来实现：（ⅰ）选用（exploitation）：选择论元类型结构的一部分来满足函项的要求。（ⅱ）引入（introduction）：用函项要求的类型来包装论元。在形名复合词中，这两种方式代表了两种不同的语义生成机制，选用（exploitation）方式通过物性结构中的构成角色或形式角色，使得形名复合词中的名语素获得恰当的解读，从而更好地解决如 tɕai⁵hen³ "蛋黄"、tɕai⁵ha:u¹ "蛋清"这一类结构中的语义冲突、类型错配的现象。而引入（introduction）方式针对的是 van²ɗi¹ "吉日"这一类形名复合词结构。"吉日"也就是"好日子"，这里的"好"是评价形容词，通常是作"做某事好的一天或适合做某事的一天"这样的语义解读，在这类形名结构中就隐含着事件，我们称这类强迫为"事件强迫"。

我们根据赵春利（2009）的形名组合分类来分析布依语中形语素与名语素组合所构成的复合名词，布依语中名语素与形语素能够相互结合，构成 AN 或 NA 形式，是典型而常规的复合词模式，语义构词方式为"义类语素义（属性域）+ 特征语素义（属性值）"或"特征语素义（属性值）+ 义类语素义（属性域）"，以义类语素义（属性域）+ 特征语素义（属性值）这种模式为主。例如 [[hau¹]味道 N[hom¹]香 A]N "香味"、[[sak⁷]颜色 N[ɗiŋ¹]红 A]N "红色"。这种构词模式是生成词库理论下的语义生成机制中的纯粹类型选择模式。另外，形语素也可以和名语素组合，形成"义类语素义（属性承载体）+ 特征语素义（属性值）"或"特征语素义（属性值）+ 义类语素义（属性承载体）"的构词方式，例如：[tɕi²]旗 N[ɗiŋ¹]红 A]N "红旗"、[[kon¹]空 A[tuɪ:ŋ²]糖 N]N "蜂糖"，这类复合词在语义结构上是一种非常规形式，是语义生成机制中的类型强迫模式。我们将在下文中详细介绍。

4.2.2.1 名语素 + 形语素（N+A）

在布依语中，名形复合模式满足了修饰语后置的固有形式，是一种常见的构词模式，形语素对名语素起直接修饰作用，例如：hau¹hom¹ "香味"（hau¹ 是 "味道"，hom¹ 是 "香"）。但有的形语素修饰的并不是名语素本身，而是与名语素相关的事物。例如：ŋu²heu¹ "青蛇" 中的 heu¹ 并不直接修饰 "蛇"，而是修饰蛇的形式角色："蛇皮的颜色"。而 man²ha:u¹ "白薯" 中的 ha:u¹ 形容的是番薯的形式角色："薯肉的颜色"。J.Pustejovsky 将以上的这些现象称之为选择性约束（Selective Binding），我们可以用生成词库论中的语义生成机制来解释形名结构的语义组合，这种现象实际上是形容词有选择地约束名词物性结构中的某个物性角色值而形成的。

在形名或名形复合构词模式中，有的形语素与名语素结合所构成的词义是语义倾斜后形成的，有的缺省了部分物性角色，所构成的词的词义也不是出现或仅出现隐喻或转喻那么简单，需要作具体的语义分析。若我们仅仅按句法规则来分析形名复合结构的话，将会出现许多无法解释或解释不清的现象。为此，我们试图通过语义生成机制中的类型强迫理论来做进一步的分析。

形名复合词包括名语素和形语素两种语素类型，其中名语素又包括属性承载体[①]名语素和属性域名语素两种。若形成 "义类语素义（属性域）+ 特征语素义（属性值）→词义" 的构词模式时，属于布依语常规的语义结构；若形成 "义类语素义（属性承载体）+ 特征语素义（属性值）→词义" 的构词模式时，这是非常规的布依语语义结构。这类词中的义类语素义（属性承载体）与特征语素义（属性值）往往是通过属性域联系起来的，属性域在这里起牵线搭桥的作用，构成 "义类语素义（属性承载体）+ 义类语素义（属性域）+ 特征语素义（属性值）→词义" 的语义构词方式。因为我们在具体的语境中一定会将 "义类语素义（属性承载体）+ 特征语素义（属性值）→词义" 这种语义结构理解为 "义类语素义（属性承载体）+ 义类语素义（属性域）+ 特

---

① 属性承载体就是属性值所描述的事物。

征语素义（属性值）→词义"的结构。而在言语表达中出现的属性域的省略，就是语义冲突和类型错配的现象，即非事件强迫现象。

名形复合词的词义构成有以下两种情况：一是出现了词义转移现象；一是出现了语义倾斜现象。下文将根据词义构成方式不同来进行分类介绍。

4.2.2.1.1 词义出现倾斜，以名语素为中心，属性值直接修饰属性域。例如：

[[hau¹]味道 N[ʔu³]臭 A]N 臭味　　　[[hau¹]味道 N[hom¹]香 A]N 香味

[[sak⁷]颜色 N[diŋ¹]红 A]N 红色　　　[[sak⁷]颜色 N[lok⁸]绿 A]N 绿色

这一类是形名复合词中语素1是中心名语素，语素2是形语素，是修饰和限定中心名语素的。这类词的语义结构是：义类语素义（属性域）+特征语素义（属性值）→词义，语素义与词义之间是上下义关系，两个语素义之间是修饰关系。

4.2.2.1.2 复合词出现词义转移现象

这类复合词中的形语素出现语义错配现象，包括类型强迫的两种具体类型：即非事件强迫和事件强迫。

一　非事件强迫现象

这类词的词义表面上看是由两个语素义构成，实际上是缺省了属性域，出现了语义错配现象，这也就是 J.Pustejovsky（2005、2006）的类型强迫中的两种方式之一的选用（exploitation），即选择论元类型结构的一部分来满足函项的要求，我们在下文中详细分析。

（一）N+A 式复合名词，中心语素为名语素。

1.当形语素为物体名词中的颜色属性时，形语素作为一个属性值直接修饰了属性承载体，即构成了结构为"属性承载体（名语素）+属性值（形语素）"，而不是按"属性域（名语素）+属性值（形语素）"的常规构词结构，出现了语义错配现象。例如：

[[tɕi²]旗 N[diŋ¹]红 A]N 红旗   [[zin¹]石头 N[heu¹]青 A]N 青石

[[zin¹]石头 N[diŋ¹]红 A]N 红石   [[zin¹]石头 N[ha:u¹]白 A]N 白石

[ŋɯ²]蛇 N[heu¹]青 A]N 青蛇   [[man²]番薯 N[ha:u¹]白 A]N 白薯

[[man²]番薯 N[diŋ¹]红 A]N 红薯   [[man²]番薯 N[tɕam⁵]紫 A]N 紫薯

[[po¹]山 N[lok⁸]绿 A]N 绿山   [[zam³]水 N[lok⁸]绿 A]N 绿水

[[ʔua⁵]裤子 N[lok⁸]绿 A]N 绿裤   [[ʔin³]裙子 N[lok⁸]绿 A]N 绿裙

这类词在构词上形成"义类语素义（属性承载体）+特征语素义（属性值）→词义"的组合方式，这实际上是通过一种中介连接起来的，袁毓林（1994）称这种中介为"一价名词"[①]，即"属性域"，而"属性承载体（名语素）+属性值（形语素）"结构在语义上我们通常理解成"义类语素义（属性承载体）+义类语素义（属性域）+特征语素义（属性值）→词义"形式。也就是说我们通常会将 tɕi²diŋ¹ "红旗"理解为 tɕi²sak⁷diŋ¹ "红颜色的旗帜"，但在语言交际中直接使用 tɕi²diŋ¹ "红旗"，sak⁷ "颜色"通常省略。但是在言语理解时，diŋ¹ "红"是颜色固有属性域中的属性值，tɕi² "旗帜"不能直接满足其语义选择要求，故而出现了语义类型错配现象，因此需要引入一个符合 diŋ¹ "红"要求的语义类型，这一类型的引入是通过选用 tɕi² "旗帜"的形式角色 sak⁷ "颜色"来实现的。在这类复合名词中出现了物性角色中部分形式角色缺失的现象，导致了非事件强迫现象的产生。这类词的语义关系是：语素义与词义之间是上下义关系，两个语素义之间

[①] 一价名词是指句法和语义上有配价要求的名词，包括亲属名词（爸爸、妻子等）、属性名词（性格、颜色等）以及部件名词（如头、尾巴等）。宋作艳（2013）指出，一价名词的共同语法特点是当它们在句法组合中出现时，通常要求另一个名词与之共现。从语义上来说，这些名词所表示的事物不能独立存在，总是依附于其他事物。比如"爸爸"总是某人的爸爸，"性格"是人的一种属性，"头"是人体的一部分，要确定其所指，必须出现另一个指人的名词。一价名词的另一个特点是可以缺省，不出现在句法表层却不影响语义。

是修饰关系[①]。

2. 当形语素为物体名词中的味道、清度、湿度、温度、维度等属性时，形语素作为一个属性值直接修饰了属性承载体，即构成"属性承载体（名语素）+属性值（形语素）"，而不是按"属性域（名语素）+属性值（形语素）"的常规构词结构，出现了语义错配现象。例如：

表味道的：

[[ʔu:i³]甘蔗 N[tɯ:ŋ⁵]甜 A]N 甜蔗　　　　[[fak⁸]瓜 N[ham²]苦 A]N 苦瓜

[[pjak⁷]菜 N[ham²]苦 A]N 苦菜　　　　[[dĩ¹]胆囊 N[ham²]苦 A]N 苦胆

[[su⁶]汤 N[sa:m³]酸 A]N 酸汤　　　　[[pjak⁷]菜 N[sa:m³]酸 A]N 酸菜

[[tɕai⁵]蛋 N[hak⁷]咸 A]N 咸蛋　　　　[[ku¹]盐 N[hak⁷]咸 A]N 咸盐

表清度的：

[[ju²]油 N[sai¹]清 A]N 清油　　　　[[ɓɯn¹]天 N[sai¹]清 A]N 清天

[[zam³]水 N[sai¹]清 A]N 清水　　　　[[zam³]水 N[noŋ²]浑 A]N 浑水

表湿度的：

[[pjak⁷]菜 N[tɕai⁵]干的 A]N 干菜　　　　[[pjak⁷]菜 N[zeŋ³]干旱的 A]N 旱菜

[[na¹]草 N[hɯ⁵]干的 A]N 干草　　　　[[pɯə⁶]衣服 N[dĩk⁷]湿的 A]N 湿衣

表温度的：

[[zam³]水 N[zau³]热的 A]N 热水　　　　[[sɯ:i¹]气 N[zau³]热的 A]N 热气

[[sɯ:i¹]气 N[ɕeŋ³]冰冷的 A]N 冷气　　　　[[van²]天，日 N[ɕeŋ³]冰冷的 A]N 冷天

---

① 由于属性域与属性承载体之间是领属关系，所以属性值就间接地修饰了属性承载体。

[[ku⁵]季节 N[ɕeŋ³]冰冷的 A]N 冷季　　　　[[zam³]水 N[tɕat⁷]冰冷的 A]N 冷水

表形状与维度的：

[[zan¹]路 N[so⁶]直的 A]N 直路　　　　[[zan¹]路 N[pjaŋ⁶]平的 A]N 平路
[[zan¹]路 N[ko²]弯的 A]N 弯路　　　　[[zan¹]路 N[la:u³]大的 A]N 大路
[[ma:t⁸]袜子 N[zai²]长的 A]N 长袜　　　　[[ma:t⁸]袜子 N[tɯn³]短的 A]N 短袜

从上面的几组实例中选择表示"味道"的 ʔu:i³tɯ:ŋ⁵ "甜蔗"来进行分析：

前文我们已经介绍过，在布依语中表示属性值的形语素可以与表示属性域的名语素直接结合，形成 AN 或 NA 式的组合。但是形语素也可以修饰属性承载体，从语义上看，表示属性值的形语素并不能直接修饰表示属性承载体的名语素，也就是 tɯ:ŋ⁵ "甜"不能直接修饰 ʔu:i³ 的"甘蔗"，而是修饰"甘蔗"所领有的表示属性域的名语素 hau¹ "味道"，hau¹ "味道"是 ʔu:i³ "甘蔗"的形式角色之一。在这里 ʔu:i³tɯ:ŋ⁵ "甘蔗"的构词结构是"属性承载体（名语素）+属性值（形语素）"，但在语义上要理解为"义类语素义（属性承载体）+义类语素义（属性域）+特征语素义（属性值）"即 ʔu:i³ hau¹tɯ:ŋ⁵ 才是合理的。"义类语素义（属性承载体）+特征语素义（属性值）"的结构出现了语义错配现象，表示属性域的名语素 hau¹ "味道"被压缩到了表示属性承载体的名语素 ʔu:i³ "甘蔗"中。

上述其他属性域的形名组合都是相同的构词模式，出现了物性结构中部分形式角色缺失的现象，导致非事件强迫现象的产生。这类结构的语义关系是：语素义与词义之间是上下义关系，两个语素义之间是修饰关系。其他属性域中的范例亦然，我们这里不再一一分析。

另外，在这类结构中有的复合词除了出现类型强迫，还出现了隐喻现象，例如：

第四章 复合词词法

[[piŋ⁶ 病 N[zo² 干枯 A]N 痨病   [[ha:u⁵ 话 N[ha:u¹ 白的 A]N 故事 ①

[[ta¹ 眼睛 N[ɗiŋ¹ 红的 A]N 红眼病

在上述例子中我们选择 piŋ⁶zo² "痨病" 来进行分析，这类词的语义构词模式是："义类语素义（属性承载体）+ 特征语素义（属性值）→ 词义"，出现了语义的错配现象，因为属性值修饰的应该是属性域，而这类词的构词结构是 "义类语素义（属性承载体）+ 特征语素义（属性值）→ 词义"，其中的属性域缺失，但在语义上我们将这类成分的结构理解为 "义类语素义（属性承载体）+ 义类语素义（属性域）+ 特征语素义（属性值）"，即 piŋ⁶ɗa:ŋ¹zo² "干身体的病"，这里 zo² "干枯" 的本意是指 "草木衰亡，失去水分"。使用在人身上，出现了隐喻现象，用草木的干枯来映射人因患病而 "干枯"，于是这类词若要以形名语素结构出现，语义结构应该是 "义类语素义（属性域）+ 特征语素义（属性值）" 而不是 "义类语素义（属性承载体）+ 特征语素义（属性值）"。但是在实际的语言中却出现了 "义类语素义（属性承载体）+ 特征语素义（属性值）" 这一现象，出现了物性结构中部分构成角色或形式角色的缺失，最终表现出形语素语义错配，是非事件强迫现象。这类结构的语义关系是：语素义与词义之间是上下义关系，两个语素义之间是修饰关系。

3. 当形语素为主体名词的态度、性格、智力时，形语素作为一个属性值直接修饰属性承载体，即构成结构为 "属性承载体（名语素）+ 属性值（形语素）"，而不是按 "属性域（名语素）+ 属性值（形语素）" 的常规结构，出现了语义错配现象。例如：

[[na³ 脸 N[ɓoŋ¹ 温和 A]N 温和脸   [[hun² 人 N[ŋa:i⁶ 爽快 A]N 爽快人

[[hun² 人 N[lin³ 聪明 A]N 聪明人   [[hun² 人 N[ʔua² 傻 A]N 傻瓜

---

① 这里的 ha:u¹ 本义是指 "白色的……"，在该词中具有 "虚构、杜撰" 的意思，与汉语西南官话中 "扯白"（即撒谎，说谎）有紧密联系。

在上面这些例词中我们以 na³ɓoŋ¹ "温和脸"为例进行分析：

该词在语义上应理解为：na³ sam¹ ɓoŋ¹ "态度温和的脸"。ɓoŋ¹ "温和"是修饰sam¹ "态度"的，即"属性域（态度）+属性值（温和）"，形语素ɓoŋ¹ "温和"是主体名语素的修饰语，主要是与指人名语素结合的，应该构成的是hun²ɓoŋ¹ "温和人"这样的结构。出现"态度"与"脸"这一属性呈现体相结合，构成了 na³ɓoŋ¹ "温和脸"这一模式，是由于na³ "脸"是人的身体的重要组成部分，是身体的构成角色之一，可以用部分代替整体，用na³ "脸"指代了hun² "人"。

hun² ŋa:i⁶ "爽快人"的复合构词语义结构是"义类语素义（属性承载体）+特征语素义（属性值）→词义"，我们通常理解成"义类语素义（属性承载体）+义类语素义（属性域）+特征语素义（属性值）"即hun²sam¹ŋa:i⁶，表示属性值的形语素直接修饰的是表示属性域的名语素sam¹，形语素ŋa:i⁶出现了语义错配现象，直接构成了hun² ŋa:i⁶的形式。出现了物性结构中的形式角色sam¹的缺省。这类词的语义关系为：语素义与词义之间是上下义关系，两个语素义之间是修饰关系。

4. 当形语素为时长、距离等的属性值时，其作为属性值直接修饰属性承载体，即构成了"属性承载体（名语素）+属性值（形语素）"的结构，而不是按"属性域（名语素）+属性值（形语素）"的常规构词结构，出现了语义错配现象。例如：

[[mjau²]年 N[mo⁵]新 A]N 明年　　　　[[pɯə]衣服 N[kau⁵]旧的, 老的 A]N 旧衣服
[[ti⁶]地点 N[kau⁵]旧的, 老的 A]N 老地方　　[[za:n²]房子 N[kau⁵]旧的, 老的 A]N 老房子
[[fak⁸]瓜 N[ʔun⁵]嫩的 A]N 嫩瓜　　　[[fak⁸]瓜 N[tɕe⁵]老的 A]N 老瓜
[[pit⁷]鸭子 N[num¹]幼小的 A]N 小鸭, 嫩鸭　[[ma¹]狗 N[ʔi³]小 A]N 小狗
[[na²]田 N[tɕai¹]远的 A]N 远田　　　[[zan¹]路 N[tɕai¹]远的 A]N 远路
[[zi⁶]地 N[tɕai¹]远的 A]N 远地　　　[[zam³]水 N[tɕai¹]远的 A]N 远水

上述例子中我们选择 mjau²mo⁵ "明年"来进行类型强迫分析：

表示时间属性域名语素和时长形语素是能够直接组合成 AN 或 NA 两种形式的复合名词，这是布依语中的常规构词形式。时长形语素也可以和指时间的属性承载体名语素复合成词，它们通过时间属性域名语素连接起来，语义上构成"义类语素义（属性承载体）+ 义类语素义（属性域）+ 特征语素义（属性值）→词义"结构，即 mjau²ɕi²mo⁵ "时间是新的一年"，时间属性域名语素在其中起中介作用，将属性承载体和属性值连接在一起，而在上述例词 mjau²mo⁵ "明年"却是"义类语素义（属性承载体）+ 特征语素义（属性值）→词义"的结构，出现了物性结构中构成角色的缺省，是语义类型错配现象，也就是非事件强迫现象。时间属性域名语素直接压缩到了属性承载体中，但我们理解词义时还需将其还原出来，这样才能保证理解的充分性和完整性。这类词中语素义与词义之间是上下义关系，两个语素义之间是修饰关系。

5. 当形语素为修饰物体名语素的质量、形状、硬度等属性值时，本应该修饰物体名语素的形语素转而修饰主体名语素"人"的行为名词或身体的组成部分，同时出现了类型错配和隐喻现象。例如：

[[ɕan²]话语 N[nak⁷]重 A]N 重话　　　　[[ɕan⁶]话语 N[ko²]弯 A]N 弯绕话

[[na⁵]脸 N[6it⁷]歪 A]N 歪脸　　　　　　[ha:u⁵]话 N[ʔun⁵]软的 A]N 婉言

上述例子我们选择 ɕan²nak⁷ "重话"来进行分析：

ɕan²nak⁷ "重话"中的 nak⁷ "重"是专门用来修饰事物名语素的质量的，而在上述例子中转用事物的质量属性值来修饰"话语"，通过质量来转指人的态度，并由态度引起话语程度和语气程度，出现了隐喻现象。这类词在语义结构上应该是"义类语素义（属性域）+ 特征语素义（属性值）→词义"的结构，却出现了属性值直接修饰属性承载体的语义错配现象，缺省了物性结构中的部分形式角色，构成了"义类语素义（属性承载体）+ 特征语素义（属性值）→词义"的结构。

这类词中语素义与词义之间是上下义关系，两个语素义之间是修饰关系。

（二）当N+A式复合词中的中心语素为形语素时

在名形复合名词中，大多出现了语义类型错配现象，有的还出现了隐喻现象。例如：

[[tɕai⁵]_{蛋 N}[hen³]_{黄 A}]_N 蛋黄　　　　[[tɕai⁵]_{蛋 N}[ha:u¹]_{白 A}]_N 蛋白

[[pjak⁷]_{菜 N}[ha:u¹]_{白 A}]_N 白菜　　　[[pjak⁷]_{菜 N}[heu¹]_{青 A}]_N 青菜

在汉语复合词研究中，"蛋黄"问题一直争论不休，有两种主流的观点：一种是逆序定中结构（以周荐为代表），一种是形语素名化（以王洪君为代表）。而布依语复合词的常规词序是中心语素在前，修饰语素在后，但在 tɕai⁵hen³ "蛋黄"和 tɕai⁵ha:u¹ "蛋白"结构中却出现不符合正常词序的情况。因为我们不能将"蛋黄"理解成"黄颜色的蛋"，也不能将"蛋白"理解成"白颜色的蛋"，"蛋黄"和"蛋白"是鸡蛋的两个构成角色，它们与蛋壳共同构成了一个完整的整体"蛋"。我们认为这是类型强迫产生之后又出现了隐喻现象，最终才形成了这样的构式。如下：

在"蛋黄"和"蛋白"这两个名词中，我们根据语义的变化步骤来介绍：

第一，出现了类型强迫现象中的语义错配现象。"蛋黄"和"蛋白"的语义构词结构为"义类语素义（属性承载体）+特征语素义（属性值）"，我们内化的语言系统中应该这样理解其基本的语义："义类语素义（属性承载体）+义类语素义（属性域）+特征语素义（属性值）"，也就是 tɕai⁵sak⁷hen³ "蛋颜色黄"或 tɕai⁵sak⁷ ha:u¹ "蛋颜色白"，汉语语序是"黄颜色的蛋"或"白颜色的蛋"。但是在具体的言语表达中，形语素"黄"和"白"并不直接修饰名语素"蛋"，而是修饰我们称为"蛋黄"和"蛋白"的两个构成角色，那么"蛋（属性承载体）+黄/白（属性值）"在正常的语义上就应该理解成："蛋（属性承载体）+蛋黄/蛋白（属性域）+黄/白（属性值）"而不是理解成"蛋+颜色+黄/白"这样的结构。但这类复合词的言语释义并非如此。是什么原因导致了理解上的偏差？按上述结构，我们应该将语义理解成"黄颜色的蛋"和"白颜色的蛋"。而要将这类词的语义理解成"蛋黄"和"蛋白"，还必须经过下面这一步的变化，才得以最终形成。

第二，出现了隐喻现象。将"黄/白"的颜色属性特征映射到鸡蛋的黄色/白色特征突出的部分上来，用"黄"指代鸡蛋中黄色突出的那一部分，而用"白"指代了鸡蛋中白色突出那一部分，那么，"义类语素义（属性承载体）+特征语素义（属性值）"的结构可以理解成："蛋（属性承载体）+蛋黄/蛋白（属性域）+黄/白（属性值）"，最终形成"义类语素义（属性承载体）+特征语素义（属性值）"的结构，因此构成的复合词tɕai⁵hen³"蛋黄"和tɕai⁵ha:u¹"蛋白"就显得合理而易于接受了。在这类复合词中，词义与语素义之间既有上下义关系，也有部分与整体之间的关系，两个语素义之间是修饰关系。

二 事件强迫现象

在形名复合词中，形语素是事件性谓词，要求其所修饰的名语素必须作事件性的解读，也就是J.Pustejovsky（2005、2006）所定义的类型强迫（type coercion）的（ⅱ）引入（introduction）：用函项要求的类型来包装论元理论的体现，这就是事件强迫现象。

当形语素为评价性的属性值时直接修饰属性承载体，即构成"属性承载体（名语素）+属性值（形语素）"的结构，而不是按"属性域（名语素）+属性值"的常规构词结构，出现了语义错配现象。例如：

[[van²]天 N[dī¹]好 A]N 吉日　　　　[[hun²]人 N[va:i⁶]坏 A]N 坏人

[[fak⁸]瓜 N[va:i⁶]坏 A]N 烂瓜　　　　[[ma¹]狗 N[pa:k⁸]疯的 A]N 疯狗

我们选择上述例子中的 hun²va:i⁶ "坏人"来进行类型强迫分析：

hun²va:i⁶ "坏人"在现代汉语词典中的释义是"进行破坏活动的人"。这里的 va:i⁶ "坏"是事件性谓词，要求其所修饰的主体名词"人"必须是事件性的。在布依语中这类词的语义结构是："义类语素义（属性承载体）+ 特征语素义（属性值）"，但是我们通常理解成"义类语素义（属性承载体）+ 义类语素义（属性域）+ 特征语素义（属性值）"，其中属性域是事件性的。那么 hun²va:i⁶ "坏人"就应该理解成 hun²kɯ⁶si:n⁵va:i⁶ "做坏事的人"，在构成形名复合词的过程中出现了语义错配，事件被压缩隐含到 hun² 中去了。因而这类形名结构中就隐含着事件"做/进行/从事……的人坏"这样的结构。我们称这类强迫为"事件强迫"。这类词中语素义与词义之间是上下义关系，两个语素义之间是修饰关系。

4.2.2.2 形语素 + 名语素（A+N）

这类形名复合词的名语素是中心语素，形语素是修饰语素。例如：

[[koŋ³]拱的 ᴀ[laŋ¹]背 ɴ]ɴ 拱背　　　　[[koŋ³]拱的 ᴀ[tɕau²]桥 ɴ]ɴ 拱桥

[[kon¹]空的 ᴀ[tɯ:ŋ²]糖 ɴ]ɴ 蜂糖　　　　[[tɕep⁷]扁的 ᴀ[kui⁶]柜子 ɴ]ɴ 扁柜

当形语素为形状属性值时直接修饰属性承载体，即构成"属性值（形语素）+ 属性承载体（名语素）"的结构，虽然也出现了语义类型错配现象，但其不符合布依语"属性承载体（名语素）+ 属性值（形语素）"的结构，不是布依语中心语素在前，修饰语素在后的构词模式，故而其数量很少。我们认为，导致这一现象有两种可能：一是从布依语句法结构中凝固而来，一是布依语与汉语长期接触的结果。

当形语素和名语素复合成名词时，形语素的意义选择或激活了名词物性结构的一至三个物性角色。形语素心理空间中的意义特征与名词心理空间中的被激活的物性角色映现到整合空间中去，最终形成形名复合词的完整意义。

第四章 复合词词法

布依语中大量的"属性承载体（名语素）+属性值（形语素）"的构词结构为什么能够大量存在？一方面，我们认为主要是由于这种构词模式符合布依语名词中心成分在前，修饰成分在后的常规构词规则；另一方面就是语言使用者的惰性作祟。其实这种构词结构有两种情况：一是缺省属性域而仅提取"属性承载体（名语素）+属性值（形语素）"的结构，而我们在语义理解时将缺省的部分进行补充，也就是自动形成"义类语素义（属性承载体）+义类语素义（属性域）+特征语素义（属性值）→词义"的结构。这里的属性域与属性承载体之间通常是领属关系，属性域内的名语素作为一价名词通常被压缩到属性承载体名语素中，从而导致了"义类语素义（属性承载体）+特征语素义（属性值）→词义"的语义构词模式的最终形成，这些缺失了的属性域内的名语素是物性结构中的某一构成角色或形式角色的缺失，是生成词库论中的非事件强迫现象。

二是指一个形语素在语义上与一个动作或事件联系，其语义结构应该是"义类语素义（属性承载体）+义类语素义（属性域）+特征语素义（属性值）→词义"，但却构成了"义类语素义（属性承载体）+特征语素义（属性值）→词义"的结构，也就是在这个结构中缺失了某一事件，而原本该直接修饰事件的形语素转而修饰属性承载体，这是一种事件强迫现象。潜存于大脑中的语义知识要求我们在理解时主动补出缺失的部分，但在实际的交际过程中又可以不提及。

总的来说，布依语中形语素与名语素复合构词出现的语义结构类型有：

一　形语素直接修饰名语素，形语素就是属性域的属性值，语义结构为：义类语素义（属性域）+特征语素义（属性值）→词义。这与布依语常规的构词模式相符，在所有形名复合词中占较大的比例。

二　形语素修饰的是属性承载体所领有的属性域，然后再与属性承载体组合，构成"义类语素义（属性承载体）+义类语素义［属性域（包括事件性/非事件性，名语素］+特征语素义（属性值）→词义"的模式，这一类包括事件强迫和非事件强迫两种现象，在语言实际运用中出现了语义压缩，最终都构成了"义类语素义（属性承载体）+特征语素义（属性值）→词义"的模式，这种出现了语义压缩的构词模式在布依语形名复合名词中所占比例最大。

三、形语素修饰的是属性承载体所领有的属性域，然后再与属性承载体组合，构成"特征语素义（属性值）+ 义类语素义（属性域）+ 义类语素义（属性承载体）→词义"的模式，因语义压缩构成"特征语素义（属性值）+ 义类语素义（属性承载体）→词义"的模式。这种模式所构成的词数量少，非布依语常规构词模式，可能是受汉语影响的结果。

在形名复合名词（N+A）和名形复合名词（A+N）中，中心语素为名语素，这类词大多满足中心词原则，复合名词可以理解为："是一种N"，也有少量因类型错配而出现以形语素为中心语素的现象。

4.2.3 动语素 + 名语素（V+N）与名语素 + 动语素（N+V）

在汉语中，通常将"动语素 + 名语素"（V+N）构成的复合词称为动宾式复合词，将"名语素 + 动语素"（N+V）构成的复合词称为主谓式复合词，这是按传统的句法结构来命名的。董秀芳（2002）、李进学（2007）等指出：现代汉语里的动宾复合词主要有两个来源，一是在汉语词汇由单音词向复音词发展的大趋势下，经过词汇化，动宾短语逐渐凝固，词汇化为动宾复合词。二是随着动宾复合词数量的增长，动宾构词法逐渐成熟，语素直接进入动宾构词框架产生动宾复合词。李进学（2007）认为，大量动宾复合词的产生在"五四"以后，根据动宾构词机制产生的，而其他机制产生动宾复合词的数量非常少。布依语中动名式复合词和名动式复合词的产生亦与传统的动宾词组和主谓词组有千丝万缕的关系：早期的动名式复合词和名动式复合词都是从传统的动宾词组和主谓词组因使用频率高、范围广、满足广大语言交际者的语言习惯等因素凝固而来。这些早期产生的复合词逐步增多且具有特异性。随着时间的推移，复合词数量的增多，产生了一系列规则，新的词法规则由此产生。因此，人们除了使用从动宾词组和主谓词组词汇化而来的复合词成分，为了满足交际需求，也会不自觉地根据潜藏于交际者头脑中的词法规则创造一些新的复合词。故而，动名式复合词和名动式复合词或多或少地出现动宾词组和主谓词组的特征也就不足为奇了。

4.2.3.1 动语素 + 名语素（V+N）

布依语中的动名复合词由动词词根语素和名词词根语素复合而成，动词性词根语素在前，名词性词根语素在后，动词性词根语素对名词性词根语素起支配作用。在组合后大多出现了意义引申，指的是具有这两个词根语素所描述的特征的人、事物或情况。

在这类复合词中，通常都以名语素为中心语素，表示复合词所属的语义类。动语素与名语素之间是动宾关系。颜红菊（2007）指出，从构词的角度看，充当宾语成分的附加语素，仍然具有"次范畴化功能"，"动词的强制性附加语(宾语等论元成分)，通常已经被认为是动词的次范畴化成分"。（陆丙甫，1993：59）在复合词中，宾语成分作为行为动作的语义特征，从某一方面对行为动作进行次范畴化。从生成词库理论中的物性角色来看，动语素是复合名词指称对象的处置角色、功用角色、施成角色或行为角色，而以名语素为中心的复合名词是动语素的论元角色，一般都是域内论元，是动语素的施事主体或受事客体。我们根据语义特征将布依语动名复合词分成以下几类：

1. 主体　语义特征为行为动作的主体。有些动语素动作性强，表示具体动作。名语素的语义特征为动作的发出者，相当于动语素的施事。例如：

[[tiŋ^3]$_{顶V}$[tɕim^1]$_{针N}$]$_N$ 顶针　　　　　[[pa:ŋ^1]$_{帮V}$[hun^2]$_{人N}$]$_N$ 帮工

在这类复合名词中，动语素是名语素的功用角色和行为角色，名语素是动语素的施事主体。

这类词的语义结构为：行为动作义＋义类语素义（施事主体义）→词义。

语义关系为：语素义与整个词义之间是上下义关系，两个语素义之间是支配关系。

2. 客体　名语素的语义特征为行为动作的客体。客体是受到行为动作影响的事物，相当于动语素的受事。例如：

[[ven¹]吊 v[toŋ³]桶 N]N 吊桶　　　　[[ʔu:n⁵]提 v[ɕaŋ³]箩 N]N 提箩

[[lok⁸]拖,拉 v[lok⁷]车 N]N 拖车　　　[[tem⁶]垫 v[ɓen⁵]木板 N]N 垫板

[[za:p⁷]挑 v[ɕaŋ³]箩 N]N 挑箩　　　[[ɕi:ŋ³]抚养 v[luɯk⁸]儿子 N]N 养子

在这类复合名词中，动语素是名语素的功用角色、处置角色或行为角色，名语素是动语素的受事对象。

这类词语义结构为：行为动作义＋义类语素义（受事客体义）→词义。

语义关系为：语素义与词义之间是上下义关系，两个语素义之间是支配关系。

3. 结果　语义特征为行为动作产生的结果。例如：

[[lɯ¹]剩下 v[pjak⁷]菜 N]N 剩菜　　　[[pan²]成 v[tɕe⁶]缝隙 N]N 裂缝

[[ʔai¹]咳嗽 v[me⁵]哮喘 N]N 气管炎　　[[ɕe⁶]泡 v[pjak⁷]菜 N]N 泡菜

[[ɗoŋ¹]醋 v[no⁶]肉 N]N 醋肉　　　　[[ɗoŋ¹]醋 v[pja¹]鱼 N]N 醋鱼

在结果型复合名词中，动语素是名语素的施成角色、处置角色和行为角色。

这类词的语义结构为：行为动作义＋义类语素义（受事客体义）→词义。

语义关系为：语素义与词义之间是上下义关系，两个语素义之间

142

是支配关系。

以上这几种动名复合词的语义结构为：行为动作义+义类语素义（受事客体/施事主体义）→词义。

语义关系为：语素义与整个词义之间是上下义关系，两个语素义之间支配关系。

词义通常出现语义倾斜，有少量出现了语义转移。这类词以名语素为中心语素，满足了 Packard 的中心词原则，可以说是"一种N"。

在布依语中，动语素+名语素（V+N）复合成名词的成分不多，在复合词中所占的比例较小。

4.2.3.2 名语素+动语素（N+V）

名动复合词由一个名词性词根语素加一个动词性词根语素构成，名词性词根语素在前，是中心语素，动词性词根语素在后，对中心语素起修饰限定作用。词义有两种情况：一是语义倾斜，一是语义转移。

1. 主体　语义特征为行为动作的主体。以名语素为中心语素，词义倾向于前一语素，出现了词义倾斜现象。语义特征为动作的发出者，相当于动语素的施事。例如：

[[zam³]水 N[lai¹]流 V]N 流水　　　　[[ɕi²]糍粑 N[fu²]浮 V]N 汤圆

[[zuun²]风 N[pa:n⁵]旋转 V]N 旋风　　[[ɕa³]刀 N[ku:t⁷]刮 V]N 刨刀

[[na⁵]脸 N[ɓit⁷]扭 V]N 面瘫　　　　[[ʔin³]裙子 N[pa:i³]摆 V]N 摆裙

[[na³]脸 N[zi:u¹]笑 V]N 笑脸　　　　[[pak⁷]嘴 N[ɕai¹]犁 V]N 铧口

在这类复合词中，动语素是名语素的行为角色、功用角色、处置角色等，名语素是动语素行为动作施行的对象，是施事主体。

这类词的语义结构为：义类语素义（施事主体义）+行为动作义→词义。

语义关系为：语素义与词义之间是上下义关系，两个语素义之间是修饰关系。

2. 客体　语义特征为行为动作的客体。这类词以名语素为中心语素，词义倾向于前一语素，出现了词义倾斜现象。客体是受到行为动作影响的事物，相当于动语素的受事或与事。例如：

[[hau³]粮食 N[kɯn¹]吃 V]N 粮食　　　　[[ləu²]楼 N[ti:u⁶]碉 V]N 碉楼

[[zin¹]石头 N[pan²]磨 V]N 磨石　　　　[[sɯ¹]书 N[hua⁵]画 V]N 画书

[[taŋ⁵]凳子 N[ʔiŋ¹]靠 V]N 椅子　　　　[[ɕin³]席子 N[nin²]睡觉 V]N 睡席

[[hau³]米饭 N[naŋ³]蒸 V]N 糯米饭　　　[[ɕa:k⁸]绳子 N[keu³]抽打 V]N 鞭子

在这类复合名词中，动语素是名语素的功用角色、处置角色或行为角色，名语素是动语素的受事或与事对象。

这类词的语义结构为：义类语素义（受事/与事客体义）+行为动作义→词义。语义关系为：语素义与词义之间是上下义关系，两个语素义之间是修饰关系。

3. 处所　表示行为动作发生的场所。这类词以名语素为中心语素，词义倾向于前一语素义，出现了词义倾斜现象。例如：

[[ti⁶]地点 N[ʔiu⁵]住 V]N 住处　　　　[[ti⁶]地点 N[naŋ⁶]坐 V]N 座位

在这类复合名词中，动语素是名语素的功用角色、行为角色，名语素是行为动作发生的场所。

这类词的语义结构为：义类语素义（受事对象义）+行为动作义→词义。

语义关系为：语素义与词义之间是上下义关系，两个语素义之间是修饰关系。

从上面的几组例词中我们可以看出，布依语名动复合词中的名语素主要是行为动作的发出者或承受者，具有其他语义特征的词数量不多。

总之，动名式复合词和名动式复合词的特征如下：

从各语素间的物性角色来说，动语素必然是名语素的功用角色、行为角色或处置角色，名语素是动语素的施事主体或受事客体，亦可能是与事，都是域内论元。

名动式复合名词不是传统上的主谓式复合词，因为这类词中的动语素起修饰和限定的作用，用于修饰和限定名语素，而非主谓式复合词中用动语素来陈述或说明名语素的情况。

名动式语义结构：义类语素义（施事主体/受事/与事客体义）+行为动作义→词义。

动名式语义结构：行为动作义+义类语素义（受事客体/施事主体义）→词义。

语义关系为：语素义与词义之间是上下义关系，两个语素义之间有支配关系和修饰关系两种。

这类词以名语素为中心语素，我们可以将这类词称为"是一种N"。

4.2.4 名语素+数语素（N+NUM）与数语素+名语素（NUM+N）

4.2.4.1 名语素+数语素（N+NUM）

名数复合词中，名语素是第一语素，充当中心语成分，数语素是修饰成分，在传统的句法结构中将这种合成词称为正偏式合成词。我们根据构词成分来命名，称为名数复合词。这种构词模式多使用于时间名词，如月份、时间点等。也有表示亲属称谓排名以及身体部位名称的，但是数量少。词义大多出现了语义倾斜，也有的出现了语义转移现象。

1. 表示月份，"名语素+数语素"的形式只能出现在"二月"到"十一月"之间，数语素是排序，对名语素起修饰限定作用。例如：

[[dɯːn¹]月 N[ŋi⁶]二 NUM]N 二月　　　　[[dɯːn¹]月 N[saːm¹]三 NUM]N 三月

[[dɯːn¹]月 N[si⁵]四 NUM]N 四月　　　　[[dɯːn¹]月 N[ha³]五 NUM]N 五月

[[dɯːn¹]月 N[zok⁷]六 NUM]N 六月　　　　[[dɯːn¹]月 N[ɕat⁷]七 NUM]N 七月

[[dɯːn¹]月 N[pet⁷]八 NUM]N 八月　　　　[[dɯːn¹]月 N[ku³]九 NUM]N 九月

[[dɯːn¹]月 N[ɕip⁸]十 NUM]N 十月　　　　[[dɯːn¹]月 N[ʔit⁷]一 NUM]N 十一月

"十二月"和"一月"与此构词模式不同,"十二月"民间称为"腊月",布依语为 dɯ:n¹la:p⁸,是两个名语素复合构词,"一月"民间称为"正月",布依语为 dɯ:n¹ɕa:ŋ¹,也是两个名语素复合构词。其中第一个语素是义类语素,第二个语素是数语素,第二个语素修饰限定第一个语素。

另外布依语中的月份还有一种构词模式:"一月"、"二月"与"十二月"使用上述构词法,而"三月"直到"十一月",还可以使用"NUM+ŋu:t⁷"的构词形式,其中 ŋu:t⁷ 是"月份",是名词性语素。从物性角色来看,名语素是数语素的单位角色。

这类词的语义结构为:义类语素义+数值义→词义;

语义关系为:语素义与词义之间是上下义关系,两个语素义之间是修饰关系。

2. 表示节日,这类词是专有名词,是民族内部约定俗成的形式,其是由"名语素+数语素"构成的复合名词,其中数语素修饰限定名语素。例如:

[[ɕa:ŋ¹]节日N[sa:m¹]三 NUM]N 三月三　　　[[ɕa:ŋ¹]节日N[si⁵]四 NUM]N 四月八

[[ɕa:ŋ¹]节日N[zok⁷]六 NUM]N 六月六　　　[[ɕa:ŋ¹]节日N[ɕat⁷]七 NUM]N 七月半

从物性角色来看,名语素是数语素的单位角色。

这类词的语义结构为:义类语素义+数值义→词义,

语义关系为:语素义与词义间是上下义关系,两个语素义之间是修饰关系。

3. 非时间词,这类词的结构与上面两种词的构词模式相同。例如:

[[ȵi:ŋ⁶]手指N[si⁵]四 NUM]N 无名指　　　[[je¹]爷N[ŋi⁶]二 NUM]N 二叔

这类词的语义结构为:义类语素义+数值义→词义;

语义关系为:语素义与词义之间是上下义关系,两个语素义之间是修饰关系。

总的来说,这类词的数量不多,以时间名词为主,有少量其他名词。在物性结构描写中,名语素充当复合词的单位角色,其功能与量词的功能相当。

语义结构为:义类语素义 + 数值义→词义;

语义关系为:语素义与词义之间是上下义关系,两个语素义之间是修饰关系。

4.2.4.2 数语素 + 名语素（NUM+N）

这类复合词数量非常少,以表示方位、处所及时间名词为主,有少量的事物名词。这类词的语义有的出现了转喻现象,也就是词义转移。例如:

[[si⁵]四 NUM[hen²]边沿 N]N 周围　　　[[si⁵]四 NUM[tɕe²]地方 N]N 到处

[[si⁵]四 NUM[mi:n⁶]面 N]N 周围　　　[[si⁵]四 NUM[kak⁷]角落 N]N 四方形

[[si⁵]四 NUM[ɕɯ²]时 N]N 四季

这类词有一个共同的特点,都是通过数值 si⁵"四"来泛指我们所及的所有范围,包括时间范围和空间范围,体现了布依族独特的认知观。

有的语义出现了倾斜现象。例如:

[[pjoŋ⁶]半 NUM[hɯn²]夜晚 N]N 半夜　　　[[sa:m¹]三 NUM[hat⁷]早晨 N]N 三朝

数名复合词构词模式是布依语与汉语接触融合而产生的,不是布依语固有的构词模式。在这类复合名词中,名语素充当物性结构中的单位角色,在复合构词中有重要的作用。

语义结构是:数值义 + 义类语素义→词义。

语义关系是:语素义与词义之间是上下义关系,两个语素义之间是修饰关系。

总之,在布依语中,名数复合词和数名复合词的构词能力非常弱。

构成的词包括时间名词和处所名词，也有少量的事物名词和亲属称谓词。

名数复合词的语义结构是：义类语素义＋数值义→词义，

数名复合词的语义结构是：数值义＋义类语素义→词义。

语义关系为：两个语素义之间是修饰限制关系，而语素义与词义之间是上下义关系。其中名语素是中心语素，可以将这两种复合名词称为"是一种N"。

4.2.5 名语素＋（动语素＋名语素）[N1+（V+N2）]

三音节构词是一种普遍存在于汉语、壮侗语中的构词模式。早在1942年吕叔湘就注意到了这种成分的存在。他指出，汉语有些复杂的复合词就相当于"有起词有止词的句子"，只不过"拿起词作端语"。吕叔湘所谓的"起词"就是N1，"止词"就是N2，"端语"就是中心语素。这类复合词与句法结构联系紧密，顾阳、沈阳（2001）认为其是句法与词库的界面。合成复合词与句法结构形式S-V-O句型是相当一致的，只是合成复合词在句子中是以词的身份出现的。董秀芳（2014）给这类复合词下的定义是：包含动词及其题元成分的复合词，是以词形式出现的句子。其中"V+N2"与一般的动宾结构不同，是名词化的形式。我们赞同董秀芳的观点，合成复合词中的"V+N2"就是以一个整体成分参与构词的，我们不妨把它看成是一个词。在这类成分中，"V+N2"往往是一个整体参与构词，有人称之为形态词。其中N1和N2是V的两个论旨角色，大致相当于施事、受事、客体、工具等名词性成分。

在生成词库论中，我们把这类成分进行语义解读，其中V+N2是N1所参与或执行的事件。在物性结构中，V是N1的功能角色、处置角色或行为角色，N1、N2是V的施事主体或受事客体。我们可以根据中心语素的论旨角色N1来划分不同的小类，除了表示动词的施事以外，还可以分成工具、主体、处所、时间、方位等等不同的语义类。

1. 中心语素表示工具，N1 是中心语素，是施事主体，N2 是受事客体，在物性结构中，V 是 N1 的功用角色。例如：

[[ɕa³]刀 N[[zu:n⁵]切 V[pjak⁷]菜 N]]N 菜刀　　[[mai¹]线 N[[ti:u⁶]钓 V[pja¹]鱼 N]]N 鱼线

[[heŋ¹]砧板 N[[zu:n⁵]切 V[pjak⁷]菜 N]]N 砧板　　[[ɕa:k⁸]绳子 N[[keu⁵]抽 V[ma³]马 N]]N 马鞭

[[ɕa³]刀 N[[ka¹]杀 V[mu¹]猪 N]]N 杀猪刀　　[[6ai⁵]竹筒 N[[ɕu³]装 V[pjak⁷]菜 N]]N 菜筒

[[6in³]席子 N[[ta:k⁷]晒 V[hau³]粮食 N]]N 粮席　　[[zin¹]石头 N[[pan²]磨 V[ɕa³]刀 N]]N 磨刀石

[[ta:m⁶]饭盒 N[[ɕu³]装 V[hau³]饭 N]]N 竹饭盒

2. 中心语素表示主体。N1 是中心语素，是施事主体，N2 是受事客体或是施事主体所从事的活动。在物性结构中，V 是 N1 的行为角色、功用角色。例如：

[[kau¹]藤 N[[heu³]缠绕 V[mai³]树 N]]N 缠树藤　　[[hun²]人 N[[kɯ⁶]做 V[hoŋ¹]活路 N]]N 农民

[[hun²]人 N[[kɯ⁶]做 V[mei⁶]媒 N]]N 媒人　　[[zok⁸]鸟 N[tsua⁶]啄 V[pja¹]鱼 N]]N 捉鱼鸟

在这类词中有的词出现了隐喻或转喻现象。例如：用 hun²kɯ⁶hoŋ¹ "干活路的人" 出现了职业转指，指 "农民"。zok⁸tsua⁶pja¹ "捉鱼鸟" 则指的是某一种以捉鱼为生的鸟，而不是所有会捉鱼的鸟。

3. 中心语素表示处所和方位，N1 是中心语素，是事件发生地，N2 是受事客体。在物性结构中，V 是 N2 的行为角色、功用角色、处置角色。例如：

[[ti⁶]地点 N[[poŋ³]堆 V[tau⁶]灰 N]]N 堆灰处　　[[zuk⁸]房间 N[[nim³]染 V[paŋ²]布 N]]N 染房

[[hɯ¹]街道 N[[ka:i¹]卖 V[kuə¹]盐 N]]N 盐街　　[[hɯ¹]街道 N[[ka:i¹]卖 V[lau³]酒 N]]N 酒街

[[hɯ¹]街道 N[ka:i¹]卖 V[hau³]粮食 N]]N 粮街　　[[hɯ¹]街道 N[[ka:i¹]卖 V[paŋ²]布 N]]N 布街

[[hɯ¹]街道 N[[ka:i¹]卖 V[mu¹]猪 N]]N 猪街

4. 中心语素表示事件发生的时间，N1 是中心语素，是事件发生的时间，N2 是受事客体。在物性结构中，V 是 N2 的行为角色、处置角色。例如：

[[kuɯ⁵]季节 N[[tau³]下 V[hun¹]雨 N]]N 雨季　　[[van²]天 N[[kɯn¹]吃 V[lau³]酒 N]]N 办酒天

[[kuɯ⁵]季节 N[[ɗam¹]栽 V[tɕa³]秧苗 N]]N 栽秧季　　[[van²]天 N[[hau⁵]进 V[huɯ¹]街道 N]]N 赶集天

5.中心语素表示受事客体，N1是中心语素，N2可以是事件发生地，可以是受事参与的活动，也可以是事件的结果。在物性结构中，V是N1的行为角色、施成角色、功用角色或处置角色。例如：

[[ta:m²]歌 N[[la⁵]玩耍 V[po¹]山 N]]N 玩山歌　　[[ta:m²]歌 N[[kɯn¹]吃 V[lau³]酒 N]]N 庆婚歌

[kai⁵]鸡 N[[zoŋ⁶]下 V[li²]礼钱 N]]N 下礼钱鸡　　[[ʔin³]裙 N[[ha⁵]嫁 V[lɯk⁸]儿 N]]N 嫁妆裙

[[kai⁵]鸡 N[[tiŋ⁵]订亲 V[hun¹]婚姻 N]]N 订亲鸡　　[[na³]脸 N[[pan²]成 V[ma:t⁷]疤痕 N]]N 疤脸

[[kai⁵]鸡 N[[li⁶]立 V[pei¹]石碑 N]]N 立碑鸡　　[[kai⁵]鸡 N[[za¹]找 V[zan¹]路 N]]N 引路鸡

　　上述五类是布依语中合成复合词的主要构词模式，这类词中 N1 为中心语素，V+N2 作为一个整体是修饰语素，语素义与词义之间是上下义关系，而语素义与语素义之间是修饰限定关系。

　　这类词的构词模式为：名语素 +（动语素 + 名语素）；

　　语义结构：义类语素义（施事主体 / 受事客体）+（行为动作义 + 义类语素义）→词义。

　　其中"行为动作义 + 义类语素义"是一个完整的整体，汉语中称为动宾结构，但是布依语中的这一结构中的两个语素结合紧密，不容分割，相当于一个名词成分参与构词。同样，这类词中以前置名语素 N1 为中心语素，我们将这类词称为"是一种 N1"。

4.2.6 小结

　　构词模式上，布依语中复合名词的构词方式比较丰富，主要有：

　　名语素 1+ 名语素 2（N1+N2），下分为：大类名语素 + 小类名语素（N1+N2），普通名语素 1+ 普通名语素 2（N1+N2）；

第四章 复合词词法

名语素 + 形语素（N+A）；

形语素 + 名语素（A+N）；

动语素 + 名语素（V+N）；

名语素 + 动语素（N+V）；

名语素 + 数语素（N+NUM）；

数语素 + 名语素（NUM+N）；

名语素 +（动语素 + 名语素）[N1+（V+N2）]。

上述构词模式共有九种，且以"名语素1+名语素2（N1+N2）"这一模式的能产性最强。

与这九种构词模式对应的语义结构分别为：

义类语素义（事物大类义）+ 特征语素义（事物小类义）→词义；

义类语素义 + 特征语素义→词义 / 义类语素义1（中心语素义）+ 义类语素义2（中心语素义）→词义 / 义类语素义1= 义类语素义2= 词义；

义类语素义 + 特征语素义（属性特征义）→词义；

特征语素义（属性特征义）+ 义类语素义→词义；

行为动作义 + 义类语素义（施事主体/受事客体义）→词义；

义类语素义（施事主体/受事客体义）+ 行为动作义→词义；

义类语素义 + 数值义→词义；

数值义 + 义类语素义→词义；

义类语素义 +（行为动作义 + 义类语素义）→词义。

其中以"义类语素义+特征语素义→词义"的语义模式形式最丰富。

根据这九种构词模式我们可以看出：构词成分有名语素、动语素、形语素、数语素等。在构成的复合名词中，一定存在名语素，且至少有一个名语素。在名名复合词中，由于中心语素的位置不定，所以既有以N1为中心语素的，又有以N2为中心语素的，还有N1、N2同为中心语素的情况。这不同于Packard的中心词原则。除了名名复合名词外，其他复合名词中大多都是以某一个名语素为中心语素的。

在这类词中，词义有三种模式：

一是语义加合式，是两个语素义的简单加合；

二是语义倾斜式，即第一语素义加第二语素义形成词义，而词义的所指有的以第一语素义为中心，有的以第二语素义为中心，出现了不同程度的语义倾斜现象，并且出现了语素义的转喻、隐喻现象；

三是词义转移式，出现词义所指范围或隐含的信息量的扩大。

语义关系包括词义与语素义之间的关系以及语素义与语素义之间的关系：词义与语素义之间以上下义关系为主，另外还有整体与部分的关系、类义关系等，语素义与语素义之间以修饰关系为主，另外还有并列关系、产生关系等等。

在复合名词中，我们对物性结构的基本角色进行了不同程度的描写。重点介绍了名名复合、名形复合、形名复合名词的语义生成机制。相同事物类中名名复合名词的语义差异主要通过构成角色和形式角色的差异来体现。名形、形名复合名词中因部分构成角色和/或形式角色的缺失、谓词事件的隐含而导致了语义压缩，出现了非事件强迫及事件强迫现象，这类词在实际的语义理解中需要将被压缩、缺省的部分补出来，才能正确地理解词义。同时，也分析了动名、名动复合词、名数、数名复合词以及合成复合词中所涉及的物性角色。

4.3 复合动词词法

动词是布依语中非常重要的一种词类，复合动词是动词的重要组成部分。由于双音节词是布依语中复合词的主体部分，所以在复合动词的讨论中，也以双音节复合动词为主要研究对象。构词模式主要有以下几种类型：

（1）动语素 + 动语素（V1+V2）；

（2）名语素 + 动语素（N+V）和动语素 + 名语素（V+N）；

（3）动语素 + 形语素（V+A）。

第四章 复合词词法

在复合动词中，词义有三种构成形式：一是简单加合式；二是词义倾斜式；三是词义转移式。

4.3.1 动语素1+动语素2（V1+V2）

动动型复合动词的构词方式能产性强，在布依语复合动词中占优势地位。后一个行为动作常常用来说明前一行为动作的结果、程度、趋向、可能的状态等。这类词的构词模式均为：动语素1+动语素2，语义结构稍有差异，我们在下文中一一介绍。

在动动式复合词中，包括传统句法关系称为正偏式复合词、补充式复合词以及并列式复合词三种类型。在这类复合动词中，有的以第一语素为中心，有的以第二语素为中心，有的第一、二语素同为中心语素。因中心语素的差异导致词汇语义结构产生了差异。

一　第一语素是中心语素，第二语素是修饰语素。修饰语素说明中心语素的方式、状态等[①]。这类词出现了语义倾斜现象，倾向于第一语素。例如：

$[[pin^1]_{翻V}[6ok^7]_{搅V}]_V$ 来回翻滚　　　　$[[ta:p^8]_{叠V}[tui^5]_{对V}]_V$ 对折

这类复合动词的语义结构为：行为动作义+行为动作特征（方式/状态）义→词义。通过动语素1+动语素2后出现词义倾斜现象，主要倾向于第一语素，第二语素起说明行为动作方式或状态的作用。这类复合动词中两个语素义之间是修饰关系，词义与语素义之间是互补加合关系。

二　第二语素是中心语素，第一语素修饰限定第二语素所代表的行为动作特征。汉语中将这种构式称为动结式，主要有两种语义特征：一是表示结果，一是表示趋向。

---

① 例词来自周国炎、王伟主编的《布依语基础教程》，2014年修订版。

1. 语义特征表示行为动作的结果。例如：

[[ʔeu³]折 v[zak⁷]断 v]v 折断   [[kai³]推 v[tok⁷]落 v]v 推掉
[[lai⁶]赶 v[teu²]走 v]v 赶走   [[lok⁸]拔 v[vit⁸]甩 v]v 拔掉
[[təu¹]逗 v[zi:u¹]笑 v]v 逗笑   [[6i⁵]剥 v[ha:i¹]开 v]v 剥开
[[pi:n⁵]变 v[pan²]成 v]v 变成   [[heu⁶]叫 v[ɕin⁶]醒 v]v 叫醒
[[kɯn¹]吃 v[kui¹]亏 v]v 吃亏   [[kek⁷]打 v[ha:i¹]开 v]v 打开
[[lu:t⁷]脱 v[vit⁸]甩 v]v 脱丢

这类词的语义结构是：行为动作特征义＋行为动作（结果）义→词义。这类复合动词的语义关系为：语素义与语素义之间是修饰关系，词义与语素义之间是互补加合关系。

2. 语义特征表示行为动作的趋向。例如：

[[ta:u⁵]返转 v[pai¹]去 v]v 回去   [[ta:u⁵]返转 v[ma¹]来 v]v 回来
[[zin⁵]起身 v[ma¹]来 v]v 起来   [[kua⁵]过 v[pai¹]去 v]v 过去
[[ʔok⁷]出 v[pai¹]去 v]v 出去   [[pin³]翻 v[ʔok⁷]出 v]v 翻出
[[ta²]抽 v[ʔok⁷]出 v]v 抽出   [[ɕu:n¹]窜 v[ʔok⁷]出 v]v 窜出
[[man⁵]旋转 v[me⁵]抵 v]v 转向   [[foŋ⁶]冲 v[pai¹]去 v]v 冲锋

这类复合动词的语义结构是：行为动作特征义＋行为动作（趋向）义→词义。在动动式复合动词中，出现了语义倾斜现象：语素 2 是中心语素，在词义结构中占主导地位，语素 1 是对语素 2 的行为动作的补充和说明。这类复合动词的语义关系为：语素义与语素义之间是补充说明关系，词义与语素义之间是互补加合关系。

三 当第一、第二语素均为中心语素时，两语素之间地位平等。

在这类复合词中两个语素同为中心语素，没有主从关系。这部分词多遵从约定俗成的原则，位置不宜调换。

1. 同义、近义并用关系。这类词中的两个语素义相同或相近。例如：

第四章　复合词词法

[[sat⁷]跳 v[pu:t⁸]跳 v]v 跳跃　　　　　[[nen¹]记 v[za:i²]写 v]v 记录

[[tuɯk⁷]打 v[ti²]打 v]v 打架　　　　　[[ɕu:n²]询 v[ham⁵]问 v]v 探问

[[ta:i²]抬 v[han⁶]赞 v]v 称赞　　　　　[[pjak⁷]破 v[va:i⁶]坏 v]v 破烂

[[tau⁵]生 v[ma³]生长 v]v 生长　　　　 [[su:i³]甩 v[vit⁸]甩 v]v 扔掉

[[po⁵]吹嘘 v[ma:u²]夸大 v]v 吹牛　　　[[ɕam¹]询问 v[ham⁵]问 v]v 访问

其语义结构是：行为动作义 1= 行为动作义 2= 词义。这类复合动词的语义关系为：两个语素义之间的关系以同义并用关系为主，词义与语素义之间是等同关系。颜红菊（2007）指出，近义关系的语素复合构词时，其差异往往被忽略，突出体现的是二者之间的相同之处。所以近义关系在这类构词中几乎等于同义关系。

2. 反义关系。这类复合动词在布依语中不多。例如：

[[pai¹]去 v[ma¹]来 v]v 交往　　　　　[[hau³]进 v[ʔok⁷]出 v]v 出入

[[huɯn⁵]上 v[zoŋ²]下 v]v 升降

这类词中两个语素义融合产生了新的概括义。语义结构是：行为动作义 1+ 行为动作义 2 →词义。语义关系为：两个语素义之间是反义关系，词义与语素义之间是融合关系。

总之，在动动式复合动词中，由于语义上的差异，出现了以第一语素为中心语素的方式/状态式；以第二语素为中心的结果/趋向式以及以第一、第二语素为中心的并列式复合动词等几类。

构词模式为：动语素＋动语素（V1+V2），

语义结构有几种类型：行为动作特征（方式/状态）义＋行为动作义→词义；

　　　　　　　　　　行为动作特征义＋行为动作（结果/趋向）义→词义；

　　　　　　　　　　行为动作义 1= 行为动作义 2= 词义；

　　　　　　　　　　行为动作义 1+ 行为动作义 2 →词义。

语义关系分别为：两个语素义之间有修饰关系、因果关系、补充说明关系、同近义并用关系、反义并用关系，语素义与词义之间有互补加合关系、等同关系和融合关系。

4.3.2 名语素+动语素（N+V）和动语素+名语素（V+N）

对于布依语名动、动名式复合动词的语义结构，我们主要采用生成词库中的论元结构理论来分析其语义角色。袁毓林（2013）指出，动词的论元角色首先分为必有论元和非必有论元，必有论元是构成完整句子必不可少的成分，非必有论元主要用于扩充句子意思，从而形成较为复杂的句子。必有论元分为主体论元和客体论元两种。主体论元主要作主语，客体论元主要作宾语。主体论元细化为施事、感事、经事、致事、主事等语义角色，客体论元细化为受事、与事、结果、对象、系事等语义角色。非必有论元从语义上分为依凭论元、环境论元和关涉论元三种，它们主要作状语。其中依凭论元细化为工具、材料、方式、原因、目的等语义角色，环境论元细化为事件、处所、源点、终点、路径等语义角色，环境论元细化为量幅、范围等语义角色。布依语中动名式复合动词和名动式复合动词中已经实际存在的名语素，就是动语素语义角色的直接体现。具体情况将在下文中进行介绍。

4.3.2.1 名语素+动语素（N+V）

名动复合动词在传统的句法结构中通常称为主谓式合成词。其中名语素有的是动语素的主体论元、有的是客体论元，动语素是名语素的行为角色或功能角色。

这类复合词的词义有的出现了语义倾斜，有的出现了词义转移。

1.词义出现倾斜。这类词中的名语素是主体论元，多为行为动作的施行者。例如：

[[ta¹]眼睛 N[zan¹]看见 V]V 眼看　　　　[[hiŋ¹]声音 N[ɗaŋ¹]响 V]V 响声

[[toŋ³]肚子 N[ʔin¹]痛 V]V 腹痛　　　　[[ta¹]眼睛 N[ŋɛ.ŋ¹]张望 V]V 东张西望

2. 词义转移，多出现语义引申。这类词中的名语素包括了主体论元中的施事（sam¹ 心 tɕai² 爱 "热爱"）、客体论元中的结果（na:i² 口水 zoi¹ 流出 "羡慕"）和环境论元的处所（pak⁷ 口 ka¹ 交叉 "交叉"）。例如：

[[na:i²]口水 N[zoi¹]流出 v]v 羡慕　　　　[[sam¹]心 N[tɕai²]爱 v]v 热爱

[[ɲu⁶]尿 N[taŋ³]停止 v]v 尿阻　　　　[[pak⁷]口 N[ka¹]交叉 v]v 交叉

词的构词模式是：名语素 + 动语素，其中动语素是中心语素。这类复合词的构词能力与汉语主谓式构词能力[①]一样，都是非常弱的，语义构词也受到了极大的限制。语义结构是：行为动作特征义 + 行为动作义→词义。语义关系为：两个语素义之间是陈述与被陈述的关系，词义与语素义之间是互补加合关系。

4.3.2.2 动语素 + 名语素（V+N）

动名复合动词包括传统句法关系中的补充式复合词和谓词性正偏式复合词两类。这类复合词中的动语素是中心语素，名语素是修饰性语素，既可能是动语素的必有论元，也可能是非必有论元。

1. 趋向 / 状态式复合动词

这类复合动词的词义有表示动作的趋向的，有表示动作状态的。其中名语素是动语素的非必有论元，主要为环境论元。例如：

[[ma¹]来 v[la³]下 N]v 下来　　　　　[[ma¹]来 v[kɯn²]上 N]v 上来

[[lai⁶]追 v[laŋ¹]后 N]v 追赶　　　　　[[ma¹]来 v[laŋ¹]后 N]v 下来

这类词的构词模式为：动语素 + 名语素，其中动语素是中心语素，名语素多为方位名语素，与动语素复合构词后，表示行为动作的方式或状态。语义结构为：行为动作义 + 行为特征义（行为动作的方式或状态）→词义。语义关系为：两个语素义之间是补充关系，词义和语

---

① 张登歧（1997）认为主谓式是最不能产的一种复合词结构。

素义之间是互补加合关系。

2. 方式／状态／结果式复合动词

动名式复合词中的另一类在传统的句法结构中称为谓词性正偏式复合词，这类词中的第一语素是动语素，第二语素是名语素，中心语素是动语素，名语素是修饰语素。名语素既包括必有论元，也包括非必有论元。词义的构成有两种方式，一种是词义倾斜，一种是词义的转移。

（1）词义倾斜式，词义主要倾向于前一语素。其中以必有论元中的客体论元为主，包括了受事（ti² 打 fa² 铁 "打铁"）和与事（pa¹ 怀孕 luɯk⁷ 儿子 "怀孕"）。例如：

[[pa:i⁵]拜 v[sai¹]师 N]v 拜师　　　　[[taŋ³]停 v[foŋ²]手 N]v 住手
[[ti²]打 v[fa²]铁 N]v 打铁　　　　　[[pa¹]怀孕 v[luɯk⁷]儿子 N]v 怀孕
[[ʔok⁷]出 v[ɕo⁶]名字 N]v 扬名　　　[[kɯ⁶]做 v[ɗoŋ¹]亲家 N]v 开亲
[[nen¹]记 v[tsaŋ⁵]账 N]v 记账　　　[[poŋ³]拍 v[foŋ²]手 N]v 拍手
[[pan²]成 v[za:n²]家 N]v 成家　　　[[tam¹]舂 v[tu:i⁶]碓 N]v 舂碓

在这类复合词中，有的名语素是动语素的施事主体，有的是动语素的受事客体。构词模式为：动语素＋名语素，语义结构为：行为动作义＋行为动作特征义→词义。语义关系为：两个语素义之间是修饰关系，词义和语素义之间是上下义关系。

（2）词义转移式，即在语素义加合之后出现了隐喻现象。其中名语素有的是动语素的必有论元中的客体论元受事（tai² 守 zan¹ 路 "放哨"），有的是非必有论元中的环境论元时间（kua⁵ 过 ku⁵ 季节 "耽误"），其中以必有论元构词数量较多。例如：

[[tai²]守 v[zan¹]路 N]v 放哨　　　　[[kun¹]吃 v[tɕau³]头 N]v 剥削
[[zo³]认识 v[na¹]脸 N]v 认识　　　　[[ta:u⁵]回 v[zi²]印子 N]v 回门
[[ven¹]吊 v[fa:u²]蝙蝠 N]v 悬挂　　　[[tɯ²]带 v[ɕan²]话 N]v 相信

[[kɯ⁶] 做 ᵥ[toŋ²] 老庚 ɴ]ᵥ 结拜   [[la:i⁶] 诽谤 ᵥ[hun²] 人 ɴ]ᵥ 污蔑

[[kam¹] 握 ᵥ[tsa:ŋ¹] 章 ɴ]ᵥ 掌印   [[kua⁵] 过 ᵥ[ku⁵] 季节 ɴ]ᵥ 耽误

在这类复合词中动语素是中心语素,名语素是修饰语素。构词模式为:动语素+名语素,语义结构为:行为动作义+行为动作特征义→词义。语义关系为:两个语素义之间是修饰关系,词义和语素义之间是上下义关系。

总的来说,在名动式与动名式复合词中,名动式复合词的构词模式不是强势模式,构成的词数量较少,语义结构主要是:行为动作特征义+行为动作义→词义。动名式复合动词相对于名动式而言要丰富一些,这可能与传统句法结构中的动宾式有紧密的联系。动名式复合词的语义结构为:行为动作义+行为特征义(行为动作的方式/状态/趋向/结果)→词义。语义关系为:两个语素义之间包括补充关系、修饰关系、因果关系,词义和语素义之间是互补加合关系、上下义关系,等等。在这类复合动词中,有的名语素是必有论元,有的名语素是非必有论元,以必有论元为主体。

4.3.3 动语素+形语素(V+A)

动形复合动词中动语素是中心语素,形语素是动语素所代表的行为动作特征的结果,其词义表示的是某种具体的行为动作导致的结果或某种方式、状态。

1. 语义特征表示行为动作导致的结果。例如:

[[nau²] 说 ᵥ [miŋ²] 明 ᴀ]ᵥ 说明   [[fat⁸] 打 ᵥ [va:i⁶] 坏 ᴀ]ᵥ 毁坏

[[ɲa:u³] 搅扰 ᵥ[lu:n⁵] 乱 ᴀ]ᵥ 扰乱   [[ʔeu²] 折 ᵥ[ko²] 弯 ᴀ]ᵥ 折弯

[[su:n¹] 教 ᵥ[ku:i¹] 聪明 ᴀ]ᵥ 教育   [[ŋai⁶] 挨 ᵥ[ʔja:k⁷] 饿 ᴀ]ᵥ 挨饿

[[naŋ³] 蒸 ᵥ[ɕuk⁸] 熟 ᴀ]ᵥ 蒸熟   [[ɕɯi⁶] 洗 ᵥ[ha:u¹] 白 ᴀ]ᵥ 洗白

[[lai¹] 流 ᵥ[hɯ⁵] 干 ᴀ]ᵥ 流干   [[kam¹] 握 ᵥ[ɗat⁷] 紧 ᴀ]ᵥ 抓紧

[[tɯn⁵]淋 v[dik⁷]湿 A]v 淋湿　　　　　　[[ma³]长 v[sa:ŋ¹]高 A]v 长高

  该类复合动词的构词模式是：动语素＋形语素，其中动语素是中心语素，形语素是动语素施行后产生的结果。构词的语义结构为：行为动作义＋行为动作特征义→词义。两个语素义之间的语义关系为因果关系，词义与语素义之间是互补加合关系。

  2. 这类动形式复合动词相当于传统句法上的正偏式复合词。其中动语素为中心语素，形语素为修饰语素，形语素主要限定动语素行为动作程度达到的某种状态。例如：

[[tok⁷]落 v[pjəu⁵]空 A]v 落空　　　　[[tɕiu⁵]救 v[han¹]急 A]v 急救

[[jet⁷]休息 v[na:i⁵]累 A]v 休息　　　[[me³]到达 v[ɕai²]齐 A]v 到齐

[[ɕok⁸]凿 v[ɓau¹]轻 A]v 轻凿　　　　[[ȵam⁶]踏 v[ɓau¹]轻 A]v 轻踏

[[naŋ⁶]坐 v[ɓau¹]轻 A]v 轻坐　　　　[[ha:u⁵]骂 v[la:u³]大 A]v 大骂

[[naŋ⁶]坐 v[di¹]好 A]v 坐好　　　　　[[seu³]缝 v[ti⁶]密 A]v 细缝

  这类词的构词模式为：动语素＋形语素，语义结构为：行为动作义＋行为动作特征义→词义。语义关系为：两个语素义之间是修饰关系，词义与语素义之间是互补加合关系。

  总的来说，动形式复合动词的形类构词模式为：动语素＋形语素（V+A），语义结构主要有：行为动作义＋行为动作特征义→词义。语义关系为：两个语素义之间包括修饰关系和补充关系，词义和语素义之间有上下义关系和补充加合关系。

4.3.4 小结

总的来说，布依语复合动词的构词模式主要有：

动语素1＋动语素2（V1+V2）；

名语素＋动语素（N+V）；

动语素＋名语素（V+N）；

动语素＋形语素（V+A）等四种模式，其中以"动语素1+动语素2（V1+V2）"为最强势的构词模式。

这四种构词模式对应的语义结构为：

行为动作特征（方式/状态）义＋行为动作义→词义/行为动作特征义＋行为动作（结果/趋向）义→词义/行为动作义1=行为动作义2=词义/行为动作义1+行为动作义2→词义；

行为动作特征义＋行为动作义→词义；

行为动作义＋行为特征义→词义；

行为动作义＋行为动作特征义→词义。

其中以"行为动作特征义＋行为动作义→词义"为布依语语义构词的强势模式。

构词语素主要有名语素、动语素和形语素等，其中每一种构词模式中必有动语素，且以动语素为中心语素，名语素、形语素等主要是修饰、限定、补充、说明动语素的行为动作。

词义有三种构成形式：一是语义简单加合式；二是语义倾斜式；三是词义转移式。

语义关系：两个语素义之间有近义、反义关系、修饰关系、陈述关系、支配关系等，词义与语素义之间有等同关系、融合关系、补充加合关系等等。

我们采用论元结构理论分析了布依语中名动式、动名式复合动词中的语义角色：使用必有论元构词的数量多，使用非必有论元构词的数量较少。

4.4 复合形容词词法

布依语中的复合词以双音节结构为主，复合形容词亦如此。构词语素主要有形语素、动语素、名语素等，构词模式主要有以下几种类型：

（1）形语素＋形语素（A1+A2）；

（2）动语素＋形语素（V+A）；

（3）名语素 + 形语素（N+A）和形语素 + 名语素（A+N）；

（4）动语素 + 名语素（V+N）和名语素 + 动语素（N+V）。

在复合形容词中，词义也存在三种形式：一是简单加合式；二是语义倾斜式；三是词义转移式。

因为形容词与动词同属谓词体系，有许多相通之处。对于布依语名形、形名、名动、动名式复合形容词的语义结构，我们也采用生成词库中的论元结构理论来分析其语义角色。根据袁毓林（2013）的观点，将布依语复合形容词的各种论元进行区分，从而得出语义上的差异，最终对词进行区分。他根据意义的不同关系，将形容词的论元分成九种不同的语义角色：主事、感事、范围、与事、量幅、对象、系事、原因、目的，等等。布依语中复合形容词构词模式中带有名语素的，都是本文分析的对象。由于这类词中已经实际存在的名语素，就是动语素语义角色的直接体现。具体情况将在下文中进行介绍。

4.4.1 形语素 + 形语素（A1+A2）

在形形并列复合形容词中，两个语素之间地位平等，其中第一语素与第二语素之间在语义上有同义、近义和反义等几种关系。

1.语素之间是同义、近义并用的，两个语素互相说明、补充，使整个词义更加明确。这类词以性质形容词为主，表示某事物的一种性质。例如：

[[lap^7]黑 A[mi^3]黑 A]A 黑暗　　　　[[zoŋ^6]亮 A[ha:u^1]白 A]A 明亮

[[ɕeŋ^3]冷 A[tɕat^7]冷 A]A 冰冷　　　[[tɕe^6]吝啬 A[zai^3]吝啬 A]A 吝啬

[[zo^2]干 A[zeŋ^3]干 A]A 干旱

这类复合词的语义结构为：属性特征义1＝属性特征义2＝词义。语义关系为：两个语素义之间以及语素义与词义之间均是同义或近义关系，即等同关系。

2. 语素之间是反义、类义关系，两个语素相融合产生了新的概括意义，既包括语义的简单加合，也出现了词义的转移现象，也就是说出现了转喻现象。例如：

[[la:u³]大ₐ[ʔi³]小ₐ]ₐ 大小　　　　　[[lak⁸]深ₐ[ɓok⁷]浅ₐ]ₐ 深浅
[[nak⁷]重ₐ[ɓau¹]轻ₐ]ₐ 轻重　　　　[[tuun³]短ₐ[zai²]长ₐ]ₐ 长短
[[tɕai³]近ₐ[tɕai¹]远ₐ]ₐ 远近　　　　[[sa:ŋ⁵]高ₐ[tam⁵]矮ₐ]ₐ 高矮
[[ku:ŋ⁵]宽ₐ[ɕan²]窄ₐ]ₐ 宽窄　　　　[[ha:u¹]白ₐ[ʔun⁵]软ₐ]ₐ 细嫩
[[ʔun⁵]软ₐ[ɓu¹]松ₐ]ₐ 松软　　　　[[nak⁷]重ₐ[ʔua²]傻ₐ]ₐ 沉重

以上例词中，[[ha:u¹]白ₐ[ʔun⁵]软ₐ]ₐ "细嫩" 和 [[nak⁷]重ₐ[ʔua²]傻ₐ]ₐ "沉重" 出现了转喻现象。这类复合词的语义结构为：属性特征义1+属性特征义2→词义。语义关系为：两个语素义之间以及语素义与词义之间均是反义或类义关系，即融合关系。

以上的两组例子说明布依语中的并列式复合形容词构词特征如下：
构词模式是：形语素1+形语素2（A1+A2）。
语义结构是：属性特征义1=属性特征义2=词义；
　　　　　　属性特征义1+属性特征义2→词义。
语义关系是：语素义与语素义之间是同、近义关系或反义、类义关系，词义与语素义之间存在等同关系和融合关系[①]。

4.4.2 动语素+形语素（V+A）

动形复合词的构词成分包括动语素和形语素，其中心语素是形语素。词义的形成有两种方式：一是语义倾斜式，一是词义转移式。

1. 有的出现了语义倾斜。例如：

[[ho⁶]合ᵥ[di¹]好ₐ]ₐ 合好　　　　　[[tai²]守ᵥ[kau⁵]旧ₐ]ₐ 守旧

[①] 等同关系和融合关系概念引自颜红菊《现代汉语复合词语义结构研究》，2007年，p.107。

2.有的出现了词义转移。这类词根据动语素与形语素的语义关系，又分为以下两类：

（1）动形复合词的语义特征表示结果。例如：

[[pan²]成 v[ɗi¹]好 A]A 富裕　　　　[[pan⁶]成 v[ho³]贫穷 A]A 贫穷

[[pan²]成 v[li:ŋ¹]别 A]A 异样

这类词中形语素是中心语素，动语素是修饰语素，用于修饰形语素。词的构词模式为：动语素 + 形语素（V+A）。语义结构为：行为动作义 + 属性特征义→词义。语义关系：两个语素义之间是因果关系，语素义与词义之间是互补加合关系。

（2）词义出现引申，例如：

[[ka:ŋ⁵]讲 v[la:i¹]多 A]A 唠叨　　　[[zan¹]见 v[zoŋ⁶]亮的 A]A 透明

[[ka:ŋ⁵]讲 v[nu:i³]少 A]A 寡言　　　[[tɕau¹]活 v[zai²]长 A]A 长寿

这类复合词在传统的句法结构中通常称为正偏式复合词。其中动语素是中心语素，形语素说明动语素的方式、属性。构词模式为：动语素 + 形语素（V+N）。语义结构为：行为动作特征义 + 属性特征义→词义。语义关系为：两个语素义之间是因果关系，词义与语素义之间是互补加合关系。

动形式复合词的构词能力较低，构成的复合形容词数量较少。

这类词的构词模式是：动语素 + 形语素（V+A）。语义结构是：行为动作义 + 属性特征义→词义。语义关系为：两个语素义之间是因果关系，词义与语素义之间是互补加合关系。

4.4.3 名语素 + 形语素（N+A）和形语素 + 名语素（A+N）

4.4.3.1 名语素 + 形语素（N+A）

名形复合词在传统的句法结构中称为主谓式合成词，名语素在前，形语素在后，形语素对名语素有陈述说明事物性质的作用。名形语素复合成词后，词义不是两个语素义的简单相加，而是出现了语义倾斜和词义转移的现象。这类词的词性由后一个语素即形语素来决定，其中名语素为论元角色中的主事。例如：

[[ɕi¹]心 N[nak⁷]重 A]A 贪心　　　　　[[ho²]喉咙 N[ʔun⁵]软的 A]A 温柔

[[li³]礼金 N[nak⁷]重 A]A 贵重　　　　[[foŋ²]手 N[ɓau¹]轻 A]A 轻手

[[ho²]喉咙 N[ɗa:t⁷]热的 A]A 生气　　　[[pak⁷]嘴 N[nak⁷]重 A]A 寡言

[[ho²]喉咙 N[kɯ⁶]肿胀 A]A 生气　　　[[ta¹]眼睛 N[ʔua³]傻 A]A 傻眼

[[ɗa:ŋ¹]身体 N[ɓau¹]轻 A]A 灵便　　　[[ɕi¹]心 N[ʔun⁵]软 A]A 有耐心

[[toŋ³]肚子 N[ʔja:k⁸]恶 A]A 坏心肠　　[[ta¹]眼睛 N[sa:ŋ¹]高 A]A 高傲

[[ta:m⁵]胆 N[la:u³]大 A]A 勇敢　　　 [[sam¹]心 N[la:u³]大 A]A 贪婪

[[na⁵]脸 N[nom³]迟钝 A]A 害羞　　　 [[ho²]喉咙 N[hɯ⁵]干 A]A 口渴

[[pak⁷]嘴 N[pju:i⁵]脆 A]A 口齿伶俐　　[[tam⁵]胆 N[si:u³]少 A]A 胆怯

从上述例词中可以看出，这类词的名语素主要是指人的身体部位名称词，形语素主要描述身体部位的属性特征。

这类词的构词模式为：名语素＋形语素（N+A），语义结构是：义类语素义＋属性特征义→词义。语义关系为：两个语素义之间是支配关系，词义与语素义之间是互补加合关系。

4.4.3.2 形语素＋名语素（A+N）

形名复合形容词又称为述补式合成词，用形语素来说明名语素的程度或状态，二者之间是补充与被补充的关系、说明与被说明的关系。有的词义出现了语义转移，有的出现了语义倾斜。

1. 词义出现了语义倾斜。这类词中名语素是论元结构中的与事。例如：

[[ha:u¹]白 A[tɕai⁵]蛋 N]A 蛋白　　　　[[hen³]黄 A[tɕai⁵]蛋 N]A 蛋黄

[[ɗiŋ¹]红 A[lɯ:t⁸]血 N]A 血红

上述例子中，"蛋黄"和"蛋白"并不是指鸡蛋的组成部分，而是指像蛋黄一样的黄色和像蛋白一样的白色。"血红"指像血一样的红色。

2. 词义出现了语义转移。这类词中的名语素包括形容词论元结构主事（va:n¹ 香 tuu:ŋ² 糖 "甜"）、感事（ka:p⁷ 卡 ho² 喉咙 "哈喉"）、范围（la:i¹ 多 van² 天 "长期"），等等。例如：

[[la:i¹]多 A[van²]天 N]A 长期　　　　[[va:i⁶]坏 A[na³]脸 N]A 丢脸

[[va:n¹]香 A[tuu:ŋ²]糖 N]A 甜　　　　[[ka:p⁷]卡 A[ho²]喉咙 N]A 哈喉

形名复合形容词的构词模式为：形语素 + 名语素（A+N），其中名语素主要是对形语素属性特征进行补充描述。语义结构为：属性特征义 + 义类语素义→词义。语义关系为：两个语素义之间是补充说明关系，词义与语素义之间是补充加合关系。

总之，在形名、名形复合形容词中，形语素均为中心语素，而名语素是形语素描述的对象。其中名语素充当的语义角色主要包括主事、与事、范围等。

4.4.4 动语素 + 名语素（V+N）和名语素 + 动语素（N+V）

4.4.4.1 动语素 + 名语素（V+N）

动名复合形容词在句法分析中称为述宾式合成词，动语素支配和影响名语素，表示事物的某种性质。这类词的语义出现了词义倾斜和词义转移现象。其中名语素多为受事、与事等语义角色。例如：

[[ho⁶]合 V[sam¹]心 N]A 合心　　　　[[kɯn¹]吃 V[ta¹]眼睛 N]A 顺眼

[[lɯn⁵]闪 V[ta¹]眼睛 N]A 耀眼　　　　[[pan⁶]成 V[na³]脸 N]A 体面

[[kɯn¹]吃 V[zeŋ²]力气 N]A 费劲　　　　[[ma:i³]喜欢 V[hek³]客人 N]A 好客

[[ze¹]保护 V[sam¹]心 N]A 小心

这类词的构词语素主要是动语素和名语素，其构词结构是：动语素＋名语素（V+N），语义结构是：行为动作义＋义类语素义→词义。语义关系为：两个语素义之间是支配关系，语素义和词义之间是互补加合关系。

4.4.4.2 名语素 + 动语素（N+V）

这类词中动语素对名语素起陈述或说明的作用，名语素动语素复合后词义不是简单的语义加合，而是在原词根语素语义的基础上有所引申。这类词中的名语素充当的语义角色为主事。例如：

[[daŋ¹]鼻子 N[kɯ⁶]肿胀 V]A 骄傲　　　　[[ɕi¹]心 N[ɕam¹]下沉 V]A 灰心
[[sam¹]心 N[ha:i¹]开 V]A 开心

这类词的名语素是指人身体部位的名称，动语素是用于陈述或说明名语素的行为状态的。这类词的构词模式是：名语素 + 动语素（N+V），语义结构为：义类语素义 + 行为动作义→词义。语义关系：两个语素义之间是陈述关系，词义和语素义之间是互补加合关系。

4.4.5 小结

在布依语复合形容词中，构词语素主要有形语素、名语素、动语素，形语素不是必有的，虽然其存在于多数复合形容词中，但也有一部分词没有形语素，例如：动语素＋名语素（V+N），名语素＋动语素（N+V）。

复合形容词的构词模式主要有：

形语素 + 形语素（A1+A2）；

动语素 + 形语素（V+A）；

名语素 + 形语素（N+A）；

形语素 + 名语素（A+N）；

动语素 + 名语素（V+N）；

名语素 + 动语素（N+V）。

共有六种模式，其中以"形语素 + 形语素（A1+A2）"为复合形容词的强势模式。

与这六种构词模式相应的语义结构分别为：

属性特征义1=属性特征义2=词义／属性特征义1+属性特征义2→词义；

行为动作义+属性特征义→词义；

义类语素义+属性特征义→词义；

属性特征义+义类语素义→词义；

行为动作义+义类语素义→词义；

义类语素义+行为动作义→词义。

其中以"属性特征义1+属性特征义2→词义"为语义构词的强势模式。

这类词的词义也存在三种模式，有的是简单加合式，有的是语义倾斜式，有的是语义转移式。语素义与语素义之间有的是并列关系中的同义、近义关系，反义、类义关系，有的是修饰、因果、支配、补充说明、陈述等关系，词义与语素义之间是补充加合关系。

我们采用论元结构理论分析了布依语中名动式、动名式、名形式、形名式复合形容词中的语义角色：其中名语素为主事角色的较多，也有名语素充当与事、受事、范围等语义角色的，但构词的数量较少。

第五章　重叠词词法

　　重叠是布依语的构词方式之一。朱德熙根据汉语重叠成分的不同将重叠分成三种类型：音节的重叠、语素的重叠和词的重叠。布依语中的重叠也可以分成音节重叠、语素重叠和词重叠。因为布依语是单音节词占优势的语言，单音节词往往是由单音节语素构成的，这就出现语素和词的身份叠合的现象，而多数词法过程都以单音节语素为基本单位，重叠词构词法亦是如此，所以布依语的重叠构词除了包括音节重叠、语素重叠，还包括单音节词和一部分双音节词的重叠。李宇明（1996）将音节和语素的重叠称为非词重叠，属词法范畴，而词的重叠属于构形范畴。根据布依语中重叠的结果来看，我们这里的词法研究涵盖了构词重叠和构形重叠两种类型；根据重叠成分的不同，我们还将重叠分成词根重叠和词缀重叠；另外，根据重叠部分的完整程度又将重叠分成了完全重叠和部分重叠。音节重叠，也就是词缀重叠。例如：diŋ¹non⁶non⁶"红彤彤"、lɔk⁸ju²ju²"绿油油"等，在词基 AB 后面添加一个音节 B，在词义上体现了描述程度的进一步加深，这里的音节重叠属于词缀 B 的重叠，是部分重叠的形式。语素重叠在布依语中大部分是词的重叠，也可以称为词根重叠，在基式的基础上添加某种附加意义，如 van²van²"天天"、mjau²mjau²"年年"等重叠结构，就是在"天""年"的基础上添加了"每一"的"量"的概念或者说是附加意义后形成的重叠词，这类重叠词又叫完全重叠词。

　　在布依语中，我们把音节、语素或词重叠构成的完整单位称为重叠词。重叠是一种重要的词法手段，主要出现在名词、动词和形容词中（以重叠形容词所占比例最大），在数词、量词、副词及拟声词等词类中也存在，但重叠词不是普遍现象。前苏联语言学家莫列夫(1987)指出，台语言的重叠词是由词素[①]组合构成的，只是这种成分由两个相同的词素组成，如果这两个词素完全相符就是完全重叠词，若各组成成分大体相同，在某些部分有差别的话，那么这种重叠就是不完全的重叠或变音重叠。布依语重叠构词法中的重叠包括完全重叠和部分重叠两种主要类型，其中比较特殊的是三个相同语素重叠的情况，这种构式形成的 AAA 式重叠包括完全重叠和变音重叠，主要出现在形容词中，表达事物性质程度更深，具有"极、很、非常"之意。完全重叠，如：ɗi¹ɗi¹ɗi¹ "非常好"；变音重叠，如：la:i¹la¹la:i¹ "非常多"，这类重叠往往是第二语素的韵母发生音变形成的。

布依语重叠词方面的研究成果非常少，汉语的则十分丰富，这值得本研究借鉴和参考。在本章中，我们主要介绍布依语的重叠名词、重叠动词和重叠形容词，另外，由于大多数量词来源于名词或仍具有名词的特征，我们将这类与名词有紧密联系的重叠量词同重叠名词合在一起进行介绍。

5.1 重叠名词

在布依语中，能构成重叠名词的语素包括名语素、量语素及形语素等，以名语素为主。构成重叠名词的有 AA 式、ABCB 式、AABB 式、ABAC 式等几种类型。

5.1.1 AA 式重叠名词
AA 式重叠名词有两种形类构词模式：
一种是：N+N,

---

① 大致相当于布依语中的语素。

第五章 重叠词词法

一种是：CL+ CL。

其中 A 表示 N/CL。

由于 CL 来自于 N，所以我们将这两种构词模式汇合在一起，构成 N/CL+N/CL 的模式。

1.单音节时间名语素和能作量词用的单音节时间名语素可以重叠，重叠之前既是时间名词，又可以充当时间量词，重叠后附加了"每A、所有"①之意，具有强调量的具体化的作用。

（1）某些单音节时间名语素重叠构成名词，这类单音节的时间名语素也可以充当量词成分。例如：

[[van²]_{天 N/CL}[van²]_{天 N/CL}]_N 天天，每天　　[[mjau²]_{年 N/CL}[mjau²]_{年 N/CL}]_N 年年，每年
[[dɯ:n¹]_{月 N/CL} [dɯ:n¹]_{月 N/CL}]_N 月月，每月

单音节时间名语素重叠表示强调，时间上循环进行某一行为，表示量多。在句子中大多数充当状语成分。例如：

[van²van²][pai¹][pa:ŋ²ta⁶][ti:u⁵pja¹] .（作状语）
天天　　去　河边　　钓鱼
每天都去河边钓鱼。

[te¹]**[dɯ:n¹dɯ:n¹]** [ʔiu⁵ za:n²].（作状语）
他　月月　　在 家
他每个月都在家。

（2）某些单音节事物名语素重叠构成重叠名词，这类名语素通常可以作为单音节量词使用，重叠后也具有量的功能。例如：

[[pu³]_{人 N/CL}[pu³]_{人 N/CL}]_N 人人，每人　　[[toŋ³]_{桶 N/CL}[toŋ³]_{桶 N/CL}]_N 桶桶，每桶

---

① 这里的 A 既包括名语素，也包括了来自名词的量语素。

[[tɯ²]只 N/CL[tɯ²]只 N/CL]N 只只，每只

这种重叠具有数量词性质，表示全体中的"任何一个"，意思同"每"，表示量多。在句子中充当主语、状语等成分，不做宾语成分。例如：

[pu³pu³] [tu¹] [mi⁶][ju:n⁵][kɯ⁶hoŋ¹].（作主语）
人人　都　不　愿　做活
每一个人（个个）都不愿意干活。

[ku¹][**toŋ³ toŋ³**] [tu¹] [mi⁶] [ɕo³] [kuə¹].（作状语）
我　桶桶　都　不　放　盐
我每一桶都没有放盐。

在布依语丰富的量词中，不仅名量词能重叠，动量词也能重叠。通过上面的例子我们可以看出，名量词的重叠是直接重叠。然而动量词的重叠有些特殊：要在动词前加上动词前缀 kɯ⁶ 后再重叠，前缀 kɯ⁶- 表示对动作的强调，无词汇意义。动量词重叠后也有"每"之义。例如：动量词 ʔɯm³ "抱"不能直接重叠构成 ʔɯm³ʔɯm³，也就是"每一抱柴"要说成 kɯ¹ʔɯm³kɯ¹ʔɯm³fɯn²，而不是说成 ʔɯm³ʔɯm³fɯn²。动量词 hɯt¹ "捆"不能直接重叠构成 hɯt¹hɯt¹，也就是"每一捆稻草"要说成 kɯ¹hɯt¹kɯ¹hɯt¹fɯ:ŋ²，而不能直接说成 hɯt¹hɯt¹fɯ:ŋ²，等等。量词的重叠具有周遍性特征。

2. 在布依语中还有一部分单音节处所名语素可以重叠，重叠前既可以充当处所名词，也可以充当量词，出现了语素与词叠合的情况。作为语素成分时，重叠后附加了"每A、所有"之意，具有周遍性特征，表示强调和说明。例如：

[[lɯ:ŋ⁵]寨 N/CL[lɯ:ŋ⁵]寨 N/CL]N 寨寨，每寨　　　[[ti⁶]处 N/CL[ti⁶]处 N/CL]N 处处，每处

[[za:n²]家 N/CL[za:n²]家 N/CL]N 家家，每家

这类重叠词在句子中主要充当主语成分。例如：

[ti⁶ ti⁶] [tu¹] [mi²] [tɕim¹ŋan²].（作主语）

处处 都 有 金银

处处都有金银。

[za:n²za:n²][tu¹][ma:i³][ʔi:n¹] [no⁶ la:p⁸].（作主语）

家家 都 爱 腌 腊肉

每家都爱腌腊肉。

以上 AA 式重叠词的语义由两个相同的语素义加合形成，出现了"每一"的含义，强调到每一个具体的个体，具有周遍性特征。在词法结构上有 N/CL＋N/CL 和 N/CL＝N/CL 两种形式，是在基式 N/CL 的基础上完全重叠构成的，N/CL 是词根语素，构成的完形词是词根重叠词。在句子中主要充当主语，不能做宾语。

5.1.2 AABB 式重叠名词

AABB 式重叠名词的形类构词模式为：N1+N1+N2+N2。其中 A 表示 N1，B 表示 N2。这类名词是由双音节词 N1+N2 重叠而来，其中 N1 和 N2 表示同类事物，具有类属性特征，表示量的增加且种类繁多，具有强调、概括及增量等功能。

1. 这类重叠式名词多发生在类属相同或相近的两个单音节名语素中。例如：

[[tɯi³]碗 N[tɯi³]碗 N[tɯ²]筷子 N[tɯ²]筷子 N]N   碗碗筷筷，许多碗筷

[[zi⁶]地 N[zi⁶]地 N[na²]田 N[na²]田 N]N   田田地地，许多田地

[[van²]天 N[van²]天 N[hɯn²]夜 N[hɯn²]夜 N]N   日日夜夜，许多日夜

[[pit⁷]鸭子 N[pit⁷]鸭子 N[kai⁵]鸡 N[kai⁵]鸡 N]N   鸡鸡鸭鸭，许多鸡鸭

这类词的基式为 N1+N2，即从 N1+N2 式双音节词重叠而来，语义由 N1+N2 的语义重叠而成，表示量的增加。例如：

[ʔau¹] **[tɯi³ tɯ²]** [ni⁵] [pai¹] [za⁵] [kɯ⁶sai¹].（作状语）
把　碗筷　　这　去　洗　干净
把这副碗筷拿去洗干净。

[ʔau¹] [sam⁵] **[tɯi³tɯi³tɯ²tɯ²]** [ni⁵] [pai¹] [za⁵] [kɯ⁶sai¹].（作状语）
把　些　　碗碗 筷筷　这 去 洗　干净
把这些碗碗筷筷拿去洗干净。

[ho²te¹] **[van²van²hɯn²hɯn²]** [kɯ⁶hoŋ¹].（作状语）
他们　日日 夜夜　　干活
他们夜以继日地干活。

在上面的三个句子中，tɯi³tɯ² 与 tɯi³tɯi³ tɯ² tɯ² 的主要差别在于量的多少上，通过重叠使事物的量的增加或指称事物的范围更广，这类词在句子中除了作主语和宾语外，也可以作状语等成分。

2. 有部分方位名语素也可以构成 AABB 式重叠名词。这类名词的基式也是 N1+N2，而 N1+N2 重叠后构成的名词具有高度的概括性特征，强调所描述的范围有所扩大。例如：

[[kɯn²]上ₙ[kɯn²]上ₙ[la³]下ₙ[la³]下ₙ]ₙ　　　　　　上上下下
[[ɗai¹]里ₙ[ɗai¹]里ₙ[zok⁸]外ₙ[zok⁸]外ₙ]ₙ　　　　　里里外外
[[sɯ:i³]左ₙ[sɯ:i³]左ₙ[kua²]右ₙ[kua²]右ₙ]ₙ　　　　左左右右
[[na³]脸,面ₙ[na³]脸,面ₙ[laŋ¹]背,面ₙ[laŋ¹]背,面ₙ]ₙ　前前后后

这类重叠名词在句子中有不同于其他重叠形式的用法，例如：

[ko¹mai³][ɗan¹mak⁵][ni⁵]**[kɯn²kɯn²la³la³]**[pan²][ɗan¹mak⁵][zim⁸] [leu²].
树　果　　这　上上下下　　成　果子　　满　完

这棵果树上上下下都结满了果子。（作状语）

在上面的句子中，kɯn²kɯn²la³la³ 并不是单纯地表示上面和下面，而是表示"整棵树"都结满了果实，且所结出来的果实数量多，这类重叠词具有增量性特征，表示集合意义。

[te¹][ɗai¹ɗai¹zok⁸zok⁸][ɕi³][ɲaːŋ⁶foŋ²][ɗeu¹].（作状语）
他　里里外外　　是　手　一
他里里外外都是一把好手。

在上面的句子中，ɗai¹ɗai¹zok⁸zok⁸ 也不是单纯地表示里面和外面，而是指范围更大的空间，具有"扩大"特征，在这里出现了语义的引申，表达所陈述的对象"他"具有极强的能力，几乎"所有的"事情都能应付。

AABB 式重叠名词通过双音节名词 N1+N2 重叠构成，N1 与 N2 指称的是同一类事物。在词法结构上主要是（N1+N2）+（N1+N2），其中 N1+N2=N1+N2，属于完全重叠形式，是词根重叠。在词义上表示所指范围的扩大，具有较强的概括性特征和强调作用。在句子中能充当主语、宾语、状语等成分。

5.1.3 ABCB 式重叠名词

ABCB 式重叠名词的形类构词模式主要有以下类型：

一种是：N1+N2+N3+N2，

一种是：N1+A2+N3+A2，等等。

其中 A 表示 N1，B 表示 N2/A2，C 表示 N3。

N1 与 N3 表示同类事物，而 N2/A2 是对 N1 与 N3 的修饰和限定。这种重叠式名词出现了范围扩大化的特征，语义的概括性明显强于基式 N1+N2/A2，具有强调作用。例如：

[[me⁶]母亲 N[za:n²]家 N[po⁶]父亲 N[za:n²]家 N]N　　　家父家母，人父人母

[[kɯn⁶]上 N[za:n²]家 N[la⁵]下 N[za:n²]家 N]N　　　房前屋后

[[pi¹]年 N[ɗi¹]好 A[van²]天,日 N[ɗi¹]好 A]N　　　良辰吉日

从上面的例子中我们可以看出，双音节词 N1+N2/A2 与双音节词 N3+N2/A2 之间是并列关系，语义相近或相反，在句法结构中除了作主语、宾语等成分外，还可以作状语。例如：

[kɯn⁶za:n²la⁵za:n²] [ɗam³] [mai³] [leu⁶].（作状语）
上 房 下 房　　栽　树　完
房前屋后都栽树。

[me⁶za:n²po⁶za:n²] [mɯŋ²] [tɕa⁶nɯ³][ɗi¹kɯ⁶][ha]？（作宾语）
母 家 父 家　　你　以为　好 做　吗
你以为人父人母好当吗？

ABCB 式重叠名词在词法结构上主要是（N1+N2/A2）+（N3+N2/A2），其中 N1+N2/A2、N3+N2/A2 具有类义、近义或反义特征，属于部分重叠形式，是词根重叠中的一类。词义由 N1+N2/A2 与 N3+N2/A2 的语素义加合后出现了语义引申，有的出现了词义转移，有的出现了词义倾斜现象。最终形成的词义表示所指范围的扩大，具有较强的概括性特征，表示强调作用。这类词在句子中能充当主语、宾语、状语等句法成分。

5.1.4 ABAC 式重叠名词

ABAC 式重叠名词的形类构词模式主要有以下类型：

一种是：N1+N2+N1+N3，

一种是：CL1+N2+CL1+N3，

一种是：A1+ N2+A1+ N3，

第五章 重叠词词法

一种是：N1+V2+N1+V3（V2、V3 是等义词，声调发生变化），等等。

其中 A 表示 N1/CL1/A1，B 表示 N2/V2，C 表示 N3/V3。

布依语中这类重叠式构成的词数量多，N2/V2 与 N3/V3 指称的是同类事物，具有近义、同义或反义关系，N1/CL1/A1+N2/V2 与 N1/CL1/A1+N3/V3 是双音节的复合词，语义上以并列关系为主。这类重叠词具有强调作用，也有描述范围扩大化特征。例如：

[[za:n²]家 N[kɯn²]上 N[za:n²]家 N[la³]下 N]N　　　　　左邻右舍

[[za⁵]阵 CL[hun¹]雨 N[za⁵]阵 CL[zɯm²]风 N]N　　　　风风雨雨

[[ɗai¹]里面 N[lɯ:ŋ⁵]寨子 N[ɗai¹]里面 N[ɓa:n²]村 N]N　　村寨

[[pu³]人 N[pa:u²]担保 V[pu³]人 N[pa:u¹]担保 V]N　　　担保人

[[la²]下 N[ŋa:m⁸]泥土 N[la²]下 N[ɗan¹]地 N]N　　　　阴曹地府

[[za:n²]房子 N[tɕik⁷]砖 N[za:n²]房子 N[ŋua²]瓦 N]N　　砖瓦房

[[la:u⁶]大 A[pau⁵]丈夫，男祖宗 N[la:u⁶]大 A[ja⁶]妻子，女祖宗 N]N　祖宗

在布依语的重叠名词中，ABAC 式的构词能力最强，所占比例最大。从语义上看，这部分词通常可以分成（N1/CL1/A1+N2/V2）+（N1/CL1/A1+N3/V3）两个部分，它们之间是并列关系，意义是这两个部分的语义叠加。这类重叠词在句子中多充当主语、宾语等成分。例如：

[ɗai¹ lɯ:ŋ⁵ ɗai¹ ɓa:n²] [ni³] [la:i¹] [ta¹za:i²].（作主语）
　里　村　里　寨　这　多　真的
　　这里的村寨真多。

[za:n²] [ku¹] [ɕi¹] [za:n²tɕik⁷za:n² ŋua²].（作宾语）
　房　我　是　房砖房瓦
　　我的房是砖瓦房。

[ham⁸ sa:m⁸ɕip¹] [za:n²za:n²] [tu¹] [pa:i²] [la:u⁶pau⁵la:u⁶ja⁶].（作宾语）
　晚上　三十　家家　都　祭祀　祖宗
　　三十夜家家都祭祖宗。

177

ABAC式重叠名词在词法结构为（N1/CL1/A1+N2/V2）+（N1/CL1/A1+N3/V3），其中N1/CL1/A1+N2/V2、N1/CL1/A1+N3/V3具有类义、近义或反义特征，属于部分重叠形式。在词义上表示所指范围的扩大，具有较强的概括性特征，表示强调作用。在句子中能充当主语、宾语等句法成分。

布依语中的重叠名词构词类型少，涉及的范围比较狭窄，包括可以充当量词成分的时间名语素、处所名语素以及与人类生产生活极其密切的事物名语素，这种特点在汉藏语系语言中都分外突出，是语言共性之一。

总之，在布依语中重叠名词这一构词现象构成的词数量有限。有以下一些特点：从类型及形类构词模式来看，主要有以下几种：

AA式，形类构词模式为：N/CL+N/CL；

AABB式，形类构词模式为：N1+N1+N2+N2；

ABCB式，形类构词模式为：N1+N2+N3+N2，N1+A2+N3+A2；

ABAC式，形类构词模式为：N1+N2+N1+N3，CL1+N2+CL1+N3，A1+N2+A1+N3，N1+V2+N1+V3（V2、V3是等义词，声调发生变化）等几种。

这些构词模式都通过词根重叠形成，其中AA式、AABB式是完全重叠，ABCB式、ABAC式是部分重叠。

从音节上来看，布依语的重叠名词有单音节语素重叠和双音节语素重叠两种类型，双音节重叠词由单音节语素重叠而来，四音节重叠词由双音节语素重叠而来。

从语法功能上来看，重叠名词多表示复数的意义或集合意义，在句子中可以充当主语、宾语、状语等句子成分。

从语义上来看，语义的形成有的是简单的加合，有的出现了语义转移，有的出现了语义倾斜，并经过重叠而构成了有增量性、概括性、周遍性及具体化特征的名词，这类词有表示强调和说明的作用。

5.2 重叠动词 [1]

重叠动词是布依语的重要构词形式，包括单音节重叠词和双音节重叠词。由于重叠的类型不同，又分成 AA 式重叠动词、AABB 式重叠动词、ABAB 式重叠动词、ABAC 式重叠动词等几种。这些重叠词中包括动语素、名语素以及形语素等语素类型，其中以动语素为主。

5.2.1 AA 式重叠动词

AA 式重叠动词的形类构词模式为：V+V，其中 A 表示 V。

表示行为动作的单音节动词性语素一般既可以单独成词，也以重叠成词。重叠后表示行为动作持续的时间短或行为动作的强度减弱、动作持续反复的次数减少等，语义上表示短暂[2]。这类重叠是完全重叠，也是词根重叠。例如：

[[pja:i²]走 v[pja:i²]走 v]v 走走　　　　[[jeu³]看 v[jeu³]看 v]v 看看

[[ɕim²]尝 v[ɕim²]尝 v]v 尝尝　　　　[[nɯ²]想 v[nɯ²]想 v]v 想想

V 重叠以后可以加 pai²ɗe:u¹ "一次" 两个音节，构成 AApai²ɗe:u¹ 式，语义上表示试行或行为动作的短暂，具有强调作用，与汉语中的 "V一V" 功能一致。例如：

ɗi:p⁷ɗi:p⁷pai²ɗe:u¹ 想一想　　　　ʔjok⁷ʔjok⁷ pai²ɗe:u¹ 摸一摸

ɕɔi⁶ ɕɔi⁶ pai²ɗe:u¹ 修一修　　　　ʔjap⁷ʔjap⁷pai²ɗe:u¹ 掐一掐

lɯ⁶lɯ⁶pai²ɗe:u¹ 换一换　　　　ɓot⁷ɓot⁷pai²ɗe:u¹ 拔一拔

---

[1] 该节例词来自周国炎：《布依—汉词典》，贵州民族出版社 2011 年版。例句来自周国炎：《布依语词汇重叠及其表达功能初探》，《民族教育研究》1999(s1):pp.57—64。

[2] 朱德熙曾提出动词重叠具有短暂义。

ka:ŋ³ka:ŋ³pai²ɗe:u¹ 讲一讲   xoŋ²xoŋ²pai²ɗe:u¹ 唱一唱
ʔum⁴ʔum⁴pai²ɗe:u¹ 抱一抱   xau¹xau¹pai²ɗe:u¹ 闻一闻

AA式重叠动词在句子中多作谓语，也可以作状语使用。该类重叠动词蕴涵行为动作短暂、具有尝试性意义，多表示强调。例如：

[pjak⁷][ŋuan¹][mi²][ŋuan¹],**[ɕim²ɕim²]**[ɕi³][zo⁴]．（作状语）
菜　香　不　香　尝尝　　就　知
菜香与不香，尝（一）尝就知道。

[te¹][ti⁶ni⁵]**[pja:i²pja:i²]**，[ti⁶te¹][jeu³jeu³]．（作谓语）
他　这里　　走走　　那里　看看
他这里走走，那里看看。

5.2.2 ABAB式重叠动词

ABAB式重叠动词的形类构词模式主要有以下几种：

一种是：V1+V2+V1+V2，

一种是：V1+A2+V1+A2，

一种是：V1+S2+V1+S2，等等。

其中A表示V1，B表示V2/A2/S2等。

这类重叠动词的基式为V1+V2/A2/S2，其中音节V1的声韵调均相同，音节V2/A2/S2的声调有的相同，有的发生了变化，有的韵母和声调都发生了变化，但是意义都是一样的，音节（V1+V2/A2/S2）重叠后表示动作的持续或反复进行，强度比V1+V2/A2/S2大。语义上由双音节词（V1+V2/A2/S2）的词义决定，有的出现了词义的倾斜，有的出现了词义的转移。这类重叠是完全重叠，包括词根重叠，也包括词缀重叠。例如：

[[ʔɔt⁸]摇 v[ʔwa⁵]让开 v[ʔɔt⁸]摇 v[ʔwa⁵]让开 v]v　　　　　　摇摇晃晃

[[kaŋ³]讲 V[zeu¹]笑 V[kaŋ³]讲 V[zeu¹]笑 V]V　　　　说说笑笑

[[xɔt⁸]瞎扯 V[wa:ŋ²]精 A[xɔt⁸]瞎扯 V[wa:ŋ⁶]精 A]V　　胡言乱语

[[tai³]哭 V[jum²]s [tai³]哭 V[jum⁸]s]V　　　　哭哭泣泣

[[ɕit⁷]窜 V[pai¹]去 V[ɕit⁷]窜 V[pai¹]去 V]V　　　　不停地往前窜

[[wet⁷]交叉、纠缠 V[wa:ŋ¹]s [wet⁷]交叉、纠缠 V[wa:ŋ⁶]s]V　互相交叉，互相缠绕

[[ɗi:ŋ⁵]颠簸 V[ɗiu⁶]s[ɗi:ŋ⁵]颠簸 V[ɗeu⁴]s]V　　颠簸不停

[[tam⁸]踩 V[te⁶]s[tam⁸]踩 V[te⁶]s]V　　　　踏步

在这类重叠式动词中，有的V1+V2/A2各自有其实际意义，例如：ɕit⁷pai¹ɕit⁷pai¹ "不停地往前窜"中ɕit⁷ "窜"，pai¹ "去"。而S2是词缀语素，例如：tam⁸te⁶ tam⁸te⁶ "踏步"中的te⁶没有词汇意义，同tam⁸结合在一起时，表示"踏"。（V1+V2/A2/S2）+（V1+V2/A2/S2）结构是同义并列关系，具有强烈性、持续性和循环重复的特征，表示强调作用，在句子充当谓语、状语等成分。例如：

[ɗan¹ɕe¹][pja:i³][te:u² zan¹] [ni⁴]**[ɗi:ŋ⁵ɗiu⁶ɗi:ŋ⁵ɗeu⁴]**.（作谓语）

汽车　走　路　这　颠簸　颠簸

汽车走这条路颠簸不停。

[ho³te¹]**[kaŋ³zeu¹kaŋ³zeu¹]** [pai¹] [tɕa:ŋ¹xɯ¹].（作状语）

他们　说说笑笑　　去　集市

他们说说笑笑去赶集。

5.2.3 ABAC式重叠动词

ABAC式重叠动词的形类构词模式主要有以下几种：

一种是：V1+V2+V1+V3，

一种是：V1+N2+V1+N3，。

其中A表示V1，B表示V2/N2，C表示V3/N3。

在ABAC式重叠动词中，V2/N2和V3/N3表示同类事物，具有同义、近义、反义、类义等语义关系，表示动作反复进行或杂乱无章

地进行。这类词的词义由（V1+V2/N2）和（V1+V3/N3）共同决定，有的是两个重叠成分加合后出现了词义倾斜现象，有的是两个重叠成分加合后出现了词义的引申，最后导致词义转移现象。这类重叠是部分重叠，也是词根重叠。例如：

[ɕu:n¹]钻 v[pai¹]去 v[ɕu:n¹]钻 v[ta:u⁵]回 v]v　　　　钻去钻回

[ku⁵]滚 v[pai⁶]去 v[ku⁵]滚 v[ta:u⁵]回 v]v　　　　滚来滚去

[pja:i⁵]走 v[pai⁶]去 v[pja:i⁵]走 v[ma⁶]来 v]v　　　走去走来

[ʔu:k⁸]扒 v[ma⁶]来 v[ʔu:k⁸]扒 v[pai⁶]去 v]v　　　扒来扒去

[zo⁵]知道 v[ɕe⁵]借 v[zo⁵]知道 v[pu:i³]还 v]v　　　有借有还

[ʔen⁴]挺 v[tuŋ⁴]肚子 N[ʔen⁴]挺 v[tɕau³]头 N]v　　挺胸抬头

[ɓe⁴]随便摆放 v[kɯn²]上边 N[ɓe⁴]随便摆放 v[tiə³]底部 N]v　到处乱扔

[ʔa⁴]张开 v[pak⁷]上边 N[ʔa⁴]张开 v[ɗaŋ¹]鼻子 N]v　张口仰脸

[ʔjap⁷]闪 v[tin¹]脚 N[ʔjap⁷]闪 v[fɯŋ²]手 N]v　　手舞足蹈

[[ɕəŋ⁵]装扮 v[ɗa:ŋ⁶]身体 N[ɕəŋ⁵]装扮 v[tɕau⁵]头 N]v　梳头打扮

ABAC式重叠是重叠动词的强势模式。表示行为动作的反复进行或杂乱无章地进行。

这类词中（V1+V2/N2）+（V1+V3/N3）之间是并列关系。词义上，可是两个部分的意义叠加，可是两个部分的意义引申，其中以意义引申为主。构成的重叠式动词在句子中可以充当宾语、补语、谓语等句子成分。例如：

[pu⁴ku:n¹] [lau³sʐ¹][mai⁵] **[ʔen⁴tuŋ⁴²ʔen⁴tɕau³]**.（作宾语）

军人　　老是　喜欢　挺肚子挺头

军人总是喜欢抬头挺胸。

[te¹][ʔa:ŋ⁵][ɗai³] **[ʔjap⁷ tin¹ ʔjap⁷fɯŋ³]**.（作补语）

他　高兴　得　闪　脚　闪　手

他高兴得手舞足蹈。

182

[te¹] [mi³][kɯ⁶hoŋ¹],[le:u⁶ van³][ɕəŋ⁵ɗa:ŋ¹ɕəŋ⁵tɕau⁵].（作谓语）
她 不 干活 整 天 装扮 身体 装扮 头

她不干活，整天梳妆打扮。

5.2.4 AABB 式重叠动词

AABB 式重叠动词的形类构词模式为：V1+V1+V2+V2，其中 A 表示 V1，B 表示 V2。

AABB 式重叠动词较少，构词语素均为动语素，V1 与 V2 之间存在反义、近义等关系，表示行为动作反复进行，多表强调。词义由 V1+V2 决定，V1 与 V2 之间是并列关系，两者地位平等。这类重叠是完全重叠，也是词根重叠。例如：

[pai¹]_去ᵥ[pai¹]_去ᵥ[ma¹]_来ᵥ[ma¹]_来ᵥ]ᵥ   来来去去

[pai¹]_去ᵥ[pai¹]_去ᵥ[ta:u⁵]_回ᵥ[ta:u⁵]_回ᵥ]ᵥ   来来往往

[pja:i⁵]_走ᵥ[pja:i⁵]_走ᵥ[taŋ³]_停ᵥ[taŋ³]_停ᵥ]ᵥ   走走停停

V1+V1+V2+V2 式重叠动词通过（V1+V2）重叠构成，在句子中可以充当谓语、状语等成分。例如：

[ɗan¹ɓu⁶] [te¹] [pi¹pɯ:ŋ⁵] **[pai¹ pai¹ta:u⁵ta:u⁵]**.（作状语）
葫芦 那 摇摆 来来回回

那个葫芦来来回回地摇摆。

[te¹]**[pja:i⁵pja:i⁵taŋ³taŋ³]**, [van²][tu¹] [pja:i⁵] [mi²] [taŋ² za:n²].（作谓语）
他 走走停停 天 都 走 不 到家

他走走停停，一天都走不到家。

总的来说，布依语中重叠动词从类型及形类构词模式上看，主要有以下几种：

AA 式，形类构词模式为：V+V；

ABAB 式，形类构词模式为：V1+V2+V1+V2，V1+A2+V1+A2，V1+S2+V1+S2，等；

ABAC 式，形类构词模式为：V1+V2+V1+V3，V1+N2+V1+N3，等。

AABB 式，形类构词模式为：V1+V1+V2+V2。

以上四种重叠以词根重叠为主，有少量词根+词缀的重叠。其中 AA 式、AABB 式、ABAB 式是完全重叠式，而 ABAC 式是部分重叠式。另外，AA 式、ABAC 式和 ABAB 式是布依语动词重叠的主要模式。

词法意义上，AA 式表示行为动作持续的时间短或动作的强度减弱，具有尝试意义。AA 重叠以后可以加 pai²ɕe:u¹，表示试行或行为动作的短暂。AABB 式、ABAB 式及 ABAC 式表示行为动作具有强烈性、持续性、重复性特征，有的表示行为动作的交替进行。重叠动词在句子中主要做谓语、状语、补语等成分。另外，AABB 式重叠多发生在按结构是双音节的，按含义是单词素的一些词中。

5.3 重叠形容词

与重叠名词、重叠动词相比，重叠形容词类型丰富，数量多。

按重叠的类型来分，主要有 AA 式、AAA 式、ABB 式、AABB 式、ABAB 式、ABAC 式、ABCC 式等几种。其中单音节语素 A、B、C 的语素有名语素、动语素、形语素、数语素、量语素、词缀语素等，其中形语素数量最多，其构成的重叠式类型最为丰富。

5.3.1 AA 式重叠形容词

AA 式重叠形容词的形类构词模式为：A+A。

布依语中的单音节形容词一般都可以重叠，其中同语素重叠构词有两叠和三叠两种类型，主要表示指称事物性质程度的逐渐加深，有加重语气的意味。其中 A+A+A 式的大多数第二音节的韵母都会产生弱化现象，重叠后使形容词更加形象和生动。这类重叠是词根重叠式，也可以称为是复合重叠，是完全重叠中的一种。

AA 式重叠形容词重叠后有加重语气的意味。例如：

词项	词义
[[ɗi¹]_好 A[ɗi¹]_好 A]_A	好好的，很好
[[la:i¹]_多 A[la:i¹]_多 A]_A	多多的，很多
[[la:u⁴]_大 A[la:u⁴]_大 A]_A	大大的，很大
[[tam⁷]_矮 A[tam⁷]_矮 A]_A	矮矮的，很矮
[[xen³]_黄 A[xen³]_黄 A]_A	黄黄的，很黄
[[jeu¹]_青 A[jeu¹]_青 A]_A	青青的，很青
[[fon⁴]_黑 A[fon⁴]_黑 A]_A	黑黑的，很黑
[[na:i⁶]_慢 A[na:i⁶]_慢 A]_A	慢慢的，很慢

在句子中，这类重叠词可以做定语、谓语、状语、补语等多种成分。例如：

[puɯ²sɯ¹][ni²][tuk⁸] [puɯ²] **[ɗi¹ ɗi¹]**[ɗe:u¹].（作定语）
  书   这 是 本 好好 一

这是一本很好的书。

[luɯk⁸man³]**[xen³xen³]**.（作谓语）
 李子   黄黄的

李子黄黄的。

[ɗi¹ ɗi¹][to² ɕe¹][muɯŋ²].（作状语）
 好好的 感谢 你

好好的感谢你。

[ɗan¹za:n²][ɗa¹][ɗai⁴]**[tam⁵ tam⁵]**[ni⁰].（作补语）
  房子 建 得 矮矮 的

房子建得矮矮的。

5.3.2 AAA 式重叠形容词

AAA 式重叠形容词的形类构词模式为：A+A+A。

在这类词中，往往第一、三音节不变，第二音节在语音上稍有变化：只保留了声母和主要元音，但均以第一语素为基式重叠而成。在词义上表示所形容事物的性质状态达到了一种极致。这类重叠是词根重叠式，也可以称为是复合重叠，是完全重叠中的一种。例如：

词项	词义
[[di¹]_{好A}[di¹]_{好A}[di¹]_{好A}]_A	非常好
[[la:i¹]_{多A}[la ¹]_{多A}[la:i¹]_{多A}]_A	非常多
[[la:u⁴]_{大A}[la⁴]_{大A}[la:u⁴]_{大A}]_A	非常大
[[tam⁵]_{矮A}[ta⁵]_{矮A}[tam⁵]_{矮A}]_A	非常矮
[[xen²]_{黄A}[xe²]_{黄A}[xen²]_{黄A}]_A	非常黄
[[jeu¹]_{青A}[je¹]_{青A}[jeu¹]_{青A}]_A	非常青
[[fon⁴]_{黑A}[fo⁴]_{黑A}[fon⁴]_{黑A}]_A	非常黑
[[na:i⁶]_{慢A}[na⁶]_{慢A}[na:i⁶]_{慢A}]_A	非常慢

在日常交谈中，这类重叠词使用广泛，通常是说话者主观的情感表达。例如：

[ka:i⁵] [ne⁴] **[la:i¹ la¹ la:i¹]** [za:i²][pai⁰].（作谓语）

个 这 多 多 多 确实 MP

这种事情真的太多太多！

5.3.3 ABB 式重叠形容词

ABB 式重叠形容词的形类构词模式为：（A1+S2）+S2，其中 A 表示 A1，B 表示 S2。

这类重叠词由词根语素 A1 与 S2 构成 A1+S2 结构，其中 A1+S2

是能够单用的成分。例如：ɗoŋ⁴kaŋ⁴ "硬邦"、mo⁵ɗoŋ⁵ "崭新"，等等。S2 重叠后，表示 A1+S2 的程度更深，体现了说话者主观情感更深层次的表达。这类词的第一音节是形容词性、名词性或动词性词根语素，第二音节和第三音节重叠，表示事物所体现出的某种性质状态的程度加深，构成状态形容词。这类重叠是词缀重叠式，我们也可以称为是派生重叠，是部分重叠中的一种。例如：

词项	意义
[[ɗoŋ⁴]硬ₐ[kaŋ⁴]ₛ[kaŋ⁴]ₛ]ₐ	硬邦邦
[[ɓau¹]轻ₐ[jeŋ⁵]ₛ[jeŋ⁵]ₛ]ₐ	轻飘飘
[[zoŋ⁶]亮ₐ[toŋ³]ₛ[toŋ³]ₛ]ₐ	亮堂堂
[[mo⁵]新ₐ[ɗoŋ⁵]ₛ[ɗoŋ⁵]ₛ]ₐ	新崭崭
[[ma:n⁶]辣ₐ[za:t⁶]ₛ[za:t⁶]ₛ]ₐ	辣乎乎
[[moŋ¹]灰ₐ[ɗup⁷]ₛ ɗup⁷]ₛ]ₐ	灰扑扑
[[zeu¹]笑ᵥ[ȵum⁴]ₛ ȵum⁴]ₛ]ₐ	笑嘻嘻

这类重叠式在句子中的语法意义比基式的语法意义所表达的程度要深（或浅），主要根据词根语素的意义来决定。在句子中可以作谓语、定语、补语等成分。例如：

[za:n²][te¹][hau⁴ɕi²]**[ɗoŋ⁴ kaŋ⁴kaŋ⁴]**.（作谓语）
家　他　糍粑　硬邦邦
他家的糍粑硬邦邦的。

[puɯn¹][zok⁸]**[ɓau¹jeŋ⁵jeŋ⁵]**.（作谓语）
毛　鸟　轻飘飘
鸟毛轻飘飘的。

[puɯə⁶] **[mo⁵ɗoŋ⁵ɗoŋ⁵]** [ɗi¹][tɕai²] [tɕa:i⁴].（作定语）
衣服　新崭崭　好 疼爱　真,很
新崭崭的衣服真漂亮。

187

[ʔɔt⁸] [çoŋ²] **[zoŋ⁶toŋ³ toŋ³]**.（作补语）

擦　桌子　亮堂堂

桌子擦得亮堂堂的。

[tɕa:ŋ¹zɔn¹] **[mo³tup⁸tup⁸]** [le:n⁶] [mi²] [se:u⁵].（作状语）

路上　　雾茫茫　　看　不　清楚

路上雾茫茫的看不清。

在布依语重叠形容词中这类词的数量丰富，占重要的地位。有一部分名语素通过与词缀结合，构成了形容词。这种结构的基本模式是（N1+S2）+S2式，S2无词汇意义。例如：

词项	意义
[[pɯn¹]₍毛 N₎[ɳop⁷]ₛ [ɳop⁷]ₛ]₍A₎	毛茸茸
[[ju²]₍油 N₎[ju:m⁸]ₛ [ju:m⁸]ₛ]₍A₎	油汪汪
[[zam⁴]₍水 N₎[ʔja:p⁷]ₛ [ʔja:p⁷]ₛ]₍A₎	水汪汪
[[mo³]₍雾 N₎[tup⁸]ₛ [tup⁸]ₛ]₍A₎	雾茫茫

这类形容词是状态形容词，与以形语素为中心的形容词的句法功能一致，此不赘述。

5.3.4 AABB式重叠形容词

AABB式重叠形容词的形类构词模式为：

一种是：N1+N1+N2+N2，

一种是：A1+A1+A2+A2，

一种是：A1+A1+S2+S2，等。

其中A表示A1/N1，B表示A2/N2/S2。

这类重叠形容词以A1/N1+A2/N2/S2式双音节词为基式。根据语素功能的不同分为两种类型：一是A1/N1为词根语素，S2为词缀语素；二是A1/N1和A2/N2都是词根性语素。A1/N1+A2/N2/S2式重叠后具有增强语义表达的功能，表示被形容事物的性质的程度更深。词义由 A1/N1+A2/N2/S2 的意义决定，其中有的是语义的简单加合，有的出现词义倾斜，有的出现词义转移。其中以词义转移这种词义类型最丰富。这类重叠式既包括了词根重叠，也包括了词根+词缀的重叠，是完全重叠中的两种不同小类。例如：

siŋ³siŋ³ɕa⁶ɕa⁶　　[siŋ³ɕa⁶]清楚 A　　　　　　整整齐齐

zɔi⁴zɔi⁴zeŋ⁵zeŋ⁵　[zɔi⁴zeŋ⁵]破烂 A　　　　　　破破烂烂

na¹na¹fɔk⁸fɔk⁸　　[na¹fɔk⁸]厚实 A　　　　　　厚厚实实

pjak⁸pjak⁸zik⁸zik⁸　[pjak⁸zik⁸]安静 A　　　　　安安静静

[[wa¹]花 N[wa¹]花 N[we⁶]花纹 N[we⁶]花纹 N]A　　花花绿绿

[[xa:u¹]白 A[xa:u¹]白 A[po⁵]亮 A[po⁵]亮 A]A　　雪白雪白

[[la:u³¹]大 A[la:u⁴]大 A[sa:ŋ¹]高[sa:ŋ¹]高 A]A　　高高大大

[[lɔk⁸]绿 A[lɔk⁸]绿 A[jeu⁶]青 A[jeu⁶]青 A]A　　郁郁葱葱

[[saɯ¹]干净 A[saɯ¹]干净 A[seu⁵]清洁[seu⁵]清洁 A]A　　干干净净

这类形容词通过 A1/N1+A2/N2/S2 音节重叠来表示程度的加深，具有强调的语法意义。在这类词中，有的音节有词汇意义，有的音节没有词汇意义。在 A1/N1+A2/N2/S2 式中 S2 没有词汇意义的，例如：zɔi⁴zeŋ⁵ "破烂" 中的 zeŋ⁵，na¹fɔk⁸ "厚实" 中的 fɔk⁸，等等。总之，重叠词中的 A2/N2/S2 无论是词根语素 A2/N2 还是词缀语素 S2，在构成 A1/N1+A2/N2/S2 式后其功能都是一致的，这类词在语法上能够充当谓语、定语、状语、补语等成分。例如：

[pa:ŋ⁴po¹pa:ŋ⁴pa⁵] **[lɔk⁸lɔk⁸jeu⁶jeu⁶]**.（作谓语）
　山坡　山岗　绿　绿　青　青
满山遍野，郁郁葱葱。

[sam⁵] [tuə²jeu⁶] **[wa¹wa¹we⁶we⁶][te¹]**.（作定语）
　些　风筝　　花花　绿绿　那
那些花花绿绿的风筝。

[ɕi²li:n⁴][naŋ⁶][ʔju⁵][pa:i⁶na⁵]**[pjak⁸pjak⁸zik⁸zik⁸]**.（作状语）

阿炼　坐　在　前面　　安安静静

阿炼安安静静地坐在前面。

[van²ni⁴] [te¹] [tan³] [kɯ⁶] **[saɯ¹saɯ¹ seu⁵ seu⁵]**.（作补语）

今天　　他　穿　做　干净　干净　清洁　清洁

他穿得干干净净的。

5.3.5 ABAB 式重叠形容词

ABAB 式重叠形容词的形类构词模式有：

一种是：A1+V2+A1+V2，

一种是：A1+S2+A1+S2，

一种是：V1+S2+V1+S2，等。

其中 A 表示 A1/ V1，B 表示 V2/S2。

这类词由双音节 A1/V1+V2/S2 式重叠而成，重叠后表示形容词所体现的性质程度加深。根据语素功能的不同分为两种类型：一是 A 为词根语素，B 为词缀语素；二是 A 和 B 都是词根语素。A1/V1+V2/S2 式重叠后具有增强语义表达的功能。词义由 A1/V1+V2/S2 决定，其中这类重叠式既包括了词根重叠，也包括了词根＋词缀的重叠，是完全重叠中的两种不同小类。例如：

[[ɲuŋ⁵]乱 A[ɲa:u⁴]吵闹 v[ɲuŋ⁵]乱 A[ɲa:u⁶]吵闹 v]A	乱七八糟
[[wa:n¹]甜 A[ʔjam⁴]s[wa:n¹]甜 A[ʔjam⁶]s]A	甜滋滋
[[ŋu:i⁴]黑 A[dɯ⁴]s[ŋu:i⁴]黑 A[dɯ̆⁴]s]A	黑不溜秋
[[wa:ŋ¹]横 A[weŋ²]s[wa:ŋ¹]横 A[weŋ⁶]s]A	横七竖八
[[pa²]慌，乱 A[lu²] s [pa²]慌，乱 A[li²] s]A	慌慌张张
[[wa¹]花哨 A[ɕa⁴] s [wa¹]花哨 A[ɕa⁶] s]A	花里胡哨
[[zak⁶]偷 v[zem⁴] s[zak⁶]偷 v[zem⁶] s]A	偷偷摸摸
[[ʔa:ŋ⁵]高兴 A[ja:ŋ²] s[ʔa:ŋ⁵]高兴 A[ja:ŋ⁶] s]A	高高兴兴
[[ko²]弯曲 A[ŋeu⁴] s[ko²]弯曲 A[ŋeu⁶] s]A	弯弯曲曲
[[la:u⁴]大 A[pa²] s[la:u⁴]大 A[pa²] s]A	硕大，粗大

在这类重叠词中，A1/V1+V2/S2 式是基式，其中第四个音节往往会产生变调现象：多为 2 调和 4 调，当 2 调和 4 调都变成 6 调时，2、4 音节的韵母相同，例如：wa¹ɕa⁴wa¹ɕa⁶ "花里胡哨"，ta:ŋ⁵ja:ŋ²ta:ŋ⁵ja:ŋ⁶ "各种各样"。当 2 调和 4 调不变时，第 4 音节的韵母都由 /u/ 变成 /i/，例如：pa²lu²pa²li² "慌慌张张"，ŋu:i⁴ɗu⁴ŋu:i⁴ɗi⁴ "黑不溜秋"。音节 A1/V1+ 音节 V2/S2 多是双声、叠韵或谐韵的关系。双声，例如：zak⁶zem⁴ "偷偷"。叠韵，例如：ʔa:ŋ⁵ja:ŋ² "高兴"。谐韵，例如：wa:ŋ¹weŋ² "横"，S2 音节没有词汇意义。这类形容词在句子中可以充当谓语、定语等句子成分。例如：

[tuɔ²ŋɯ²][ʔju⁵][pa:ŋ⁴fa¹],[ɗa:ŋ¹][**wa¹ɕa⁴wa¹ɕa⁶**]. （作谓语）
老蛇　在　板壁　身　花哨
板壁上的老蛇，全身花里花拉（谜面）。
[te¹] [kɯn¹] [kɯ³ma²][to³][**wa:n¹ʔjam⁴wa:n¹ʔjam⁶**]. （作补语）
他　吃　什么　都　甜滋滋的
他吃什么都甜滋滋的。

这类重叠式在语音上，主要是在声调上产生了变化。

5.3.6 ABAC 式重叠形容词

ABAC 式重叠形容词的形类构词模式比较丰富，有以下几种：
一种是：V1+N2+V1+N3，
一种是：A1+A2+A1+A3，
一种是：A1+N2+A1+N3，
一种是：N1+NUM2+N1+A3，
一种是：N1+N2+N1+A3，
一种是：A1+V2+A1+V3，
一种是：V1+NUM2+V1+NUM3，

一种是：NUM1+CL2+NUM1+V3,

一种是：V1+A2+V1+A3,

一种是：A1+S2+A1+S3，等等。

其中 A 表示 V1/A1/N1/NUM1，B 表示 N2/V2/A2/NUM2/CL2/S2，C 表示 N3/A3/V3/NUM3/S3。

ABAC 式重叠词的 A 音节出现重叠 B、C 音节不重叠，但有双声叠韵或谐韵的特点，有的没有双声叠韵谐韵特点，但存在语义关联，多表示同类事物，具有同义、近义、反义、类义等关系。这类重叠式是词根重叠，是部分重叠中的一种。例如：

词项	意义
[[zɔt⁷]缩 ᵥ[tin¹]脚 ɴ[zɔt⁷]缩 ᵥ[fɯŋ²]手 ɴ]ₐ	缩手缩脚
[[ze¹]注意 ᵥ[laŋ¹]后 ɴ[ze¹]注意 ᵥ[na³]前 ɴ]ₐ	瞻前顾后
[[zeŋ²]干旱 ₐ[la:u⁴]大 ₐ[zeŋ²]干旱 ₐ[ɕai²]齐 ₐ]ₐ	大旱特旱
[[zim¹]满 ₐ[ɕɯ¹]心 ɴ[zim¹]满 ₐ[xo²]喉咙 ɴ]ₐ	心满意足
[[sam¹]心 ɴ[ɗeu¹]一 ɴᵤₘ[sam¹]心 ɴ[to⁶]单独 ₐ]ₐ	一心一意
[[sam¹]心 ɴ[ɗi¹]好 ₐ[sam¹]心 ɴ[so⁶]直 ₐ]ₐ	好心好意
[[seu³]少 ᵥ[kɯn¹]吃 ᵥ[seu³]少 ᵥ[juŋ⁵]用 ᵥ]ₐ	省吃俭用
[[si¹]争 ᵥ[pa⁵]嘴 ɴ[si¹]争 ᵥ[ɗaŋ¹]鼻子 ɴ]ₐ	争嘴，贪吃
[[so³]数 ᵥ[ʔit⁷]一 ɴᵤₘ[so³]数 ᵥ[ŋi⁶]二 ɴᵤₘ]ₐ	数一数二
[[pa⁵]百 ɴᵤₘ[pai²]次 ᴄʟ[pa⁵]百 ɴᵤₘ[teŋ¹]打中 ᵥ]ₐ	百发百中
[[pan²]成 ᵥ[ʔja⁵]凶恶 ₐ[pan²]成 ᵥ[ʔjan¹]怨恨 ₐ]ₐ	结仇成怨
[[ŋam⁴]傻傻的 ₐ[ŋa⁵]ₛ[ŋam⁴]傻傻的 ₐ[ŋwi¹]ₛ]ₐ	傻里傻气
[[zeŋ²]干旱 ₐ[kaŋ¹]ₛ[zeŋ²]干旱 ₐ[ka⁵]ₛ]ₐ	极度干旱
[[ɲin⁶]脏 ₐ[tɔŋ³][ɲin⁶]脏 ₐ[ta:ŋ³]ₐ [tɔn³ta:ŋ³]ɴ 零散东西	又脏又破

这类重叠形容词多由（A+B）+（A+C）两部分并列而成，有的由双音节词编插而成，有的由A1+S2扩展而来，构成A1+S2+A1+S3模式，其中 S2 和 S3 无词汇意义，是词缀，有的是由布依语固有词与汉语借词共同组合而成。由（A1+S2）+（A1+S3）两部分并列而成的，例如：

zeŋ²kaŋ¹zeŋ²ka⁵ "极度干旱"中 zeŋ²kaŋ¹ "干旱"和 zeŋ²ka⁵ "干旱"，两组双音节同义词构成的重叠词表示程度的增强。由双音节词编插而成，例如：ȵin⁶tɔŋ³ȵin⁶ta:ŋ³ "又脏又破"中的 tɔŋ³ 和 ta:ŋ³ 分开后 tɔŋ³ 表示"桶"，ta:ŋ³ 表示"挺"，与"又脏又破"的意义相去甚远，只有将 tɔŋ³ta:ŋ³ 结合在一起，才表示"零散东西"，才与"又脏又破"的意义有所关联，ȵin⁶tɔŋ³ȵin⁶ta:ŋ³ 就是由 tɔŋ³ta:ŋ³ 与 ȵin⁶ 编插而成的。由 A+B 扩展而来无词汇意义的词缀，例如：ŋam⁴ŋa⁵ŋam⁴ŋwi¹ "傻里傻气"中的 ŋa⁵、ŋwi¹ 就是无词汇意义的。由布依语固有词与汉语借词共同组合而成的，例如：pan²ʔja⁵ pan²ʔjan¹ "结仇成怨"中的 ʔjan¹ 即借自汉语"怨"。

构词的语素有名语素、动语素、形语素、数语素、无词汇意义的词缀等，构成的重叠形容词与双音节形容词相比有程度的加深和表示强调的语法意义。在句子中可以充当谓语、状语等句子成分。例如：

[wɯn²] **[si¹pa⁵si¹ɗaŋ¹]** [zo⁴] [ma³][ʔon⁵]（作谓语）

人　争嘴争鼻子　会　长　胖

人贪吃会长胖。

[pɯə⁶] [te⁶] **[ȵin⁶tɔŋ³ȵin⁶ta:ŋ³]**,[mi²][pu⁴laɯ²] [kuan³].（作状语）

衣服　他　又脏又破　没　谁　管

他的衣服又脏又破没人管。

[pau⁵ja⁶]**[sam¹ɗeu¹sam¹ to⁶]** [kan⁴] [kɯ⁶hoŋ¹za:n²].（作状语）

夫妻　心一心独　勤　做活家

夫妻同心勤持家。

5.3.7 ABCC 式重叠形容词

ABCC 式重叠形容词的形类构词模式有以下几种：

一种是：N1+V2+S3+S3，

一种是：V1+N2+S3+S3，

一种是：N1+ A2+S3+S3，等。

其中，A 表示 N1/V1，B 表示 V2/N2/A2，C 表示 S3。

在此类重叠形容词中 S3 附加在词根语素 N1/V1+V2/N2/A2 之后，表达的是词义所呈现出来的状态，是主观情感的表达。这类重叠式属于词缀重叠，是部分重叠中的一种。例如：

[[ta¹]眼睛 N[ŋa:ŋ¹]张望 V[pa:ŋ³] S[pa:ŋ³] S]A　　东张西望

[[xap⁶]咬 V[fan²]牙 N[tɕa:t⁶] S[tɕa:t⁶] S]A　　咬牙切齿

[[na³]脸 N[za:i²]长 A[ɗum¹] S[ɗum¹] S]A　　羞羞答答

[[na³]脸 N[xɯ⁵]干 A[fɯt⁶] S[fɯt⁶] S]A　　板脸，绷着脸

[[ta¹]眼 N[lu:ŋ²]睛 A[ku:ŋ⁴] S[ku:ŋ⁴] S]A　　两眼无神

ABCC式重叠形容词的语义决定于N1/V1+V2/N2/A2两个音节，往往出现词义引申，S3+S3多描写N1/V1+V2/N2/A2音节的状貌，具有增强语义和表达强调的作用。在句子中充当谓语、补语等成分。例如：

[te¹] [zi:ŋ²] [pu⁴lau²] [ka:ŋ³ha:u⁵][to³] **[na³za:i²ɗum¹ɗum¹]** [ti⁶].（作谓语）
她　跟　谁　讲话　都　羞羞答答　的
她跟谁讲话都羞羞答答的。

[pja:i³] [zan¹] [mjau³] [kuə²] **[ta¹ŋa:ŋ¹pa:ŋ³pa:ŋ³]**.（作谓语）
走　路　不要让　眼　张望张望状
走路不要东张西望。

[ŋon²taŋ²lap⁷][zan¹] [te¹][to³][**na³xɯ⁵fɯt⁶fɯt⁶**.（作补语）
一天到晚　见　他　都　板着脸
一天到晚都见他板着脸。

布依语中形容词的重叠类型比较丰富，主要有 AA 式、AAA 式、

ABB 式、AABB 式、ABAB 式、ABAC 式、ABCC 式等几种类型，其中 AA 式、AAA 式是完全重叠，是词根重叠；而 AABB 式、ABAB 式是完全重叠，既有词根重叠也有词缀重叠；ABAC 式是词根重叠，部分重叠；ABCC 式是词缀重叠，是部分重叠。根据音节多少来看，包括双音节、三音节和四音节三种类型。语义上，形容词重叠后都表示程度的加深。在句子中可以充当谓语、定语、补语、状语等句子成分。

5.4 小结

在布依语中，重叠构词主要分布在名词、动词和形容词中，有少数分布在具有明显名词特征的量词中。各种词类的重叠模式又有多种不同类型，既有词根重叠，也有词缀重叠；既有完全重叠，也有部分重叠。词缀重叠大多分布在重叠形容词中。量词只有 AA 式重叠，是因为量词几乎都是单音节形式。名词、动词、量词都是单音节重叠或双音节重叠，形容词的重叠具有多样性，有三音节重叠类型。

与一般词类不同的是重叠词往往具有加深或减弱语义的功能。多表示周遍、逐指、程度加强、程度减弱、行为动作的循环往复、尝试、短时少量等意义。具体如下：

名词的重叠类型和形类构词模式：

AA 式，形类构词模式为：N/CL+N/CL；

AABB 式，形类构词模式为：N1+N1+N2+N2；

ABCB 式，形类构词模式为：N1+N2+N3+N2，N1+A2+N3+A2；

ABAC 式，形类构词模式为：N1+N2+N1+N3，CL1+N2+CL1+N3，A1+ N2+A1+ N3，N1+V2+N1 +V3（V2、V3 是等义词，声调发生变化）等几种。

这些构词模式都通过词根重叠形成，其中 AA 式、AABB 式是完全重叠，ABCB 式、ABAC 式是部分重叠。这些重叠词在语义上具有周遍性、逐指性、概括性等特征。

动词的重叠类型和形类构词模式：

AA 式，形类构词模式为：V+V；

ABAB 式，形类构词模式为：V1+V2+V1+V2，V1+A2+V1+A2，V1+S2+V1+S2，等；

ABAC 式，形类构词模式为：V1+V2+V1+V3，V1+N2+V1+N3，等。

AABB 式，形类构词模式为：V1+V1+V2+V2

以上四种重叠以词根重叠为主，有少量词根＋词缀的重叠。其中AA 式、AABB 式、ABAB 式是完全重叠式，而 ABAC 式是部分重叠式。另外，AA 式、ABAC 式和 ABAB 式是布依语动词重叠的主要模式。

重叠动词因类型不同而略有差异：AA 式表示行为动作的尝试状态。AA 重叠以后可以加 $pai^2de:u^1$，表示试行或行为动作的短时少量。AABB 式、ABAB 式和 ABAC 式表示行为动作的重复进行。

形容词的重叠类型和构词模式：

AA 式，形类构词模式为：A+A。

AAA 式，形类构词模式为：A+A+A。

ABB 式，形类构词模式为：（A1+S2）+S2。

AABB 式，形类构词模式为：N1+N1+N2+N2，A1+A1+A2+A2，A1+A1+S2+S2。

ABAB 式，形类构词模式为：A1+V2+A1+V2，A1+S2+A1+S2，V1+S2+V1+S2。

ABCC 式，形类构词模式为：N1+V2+S3+S3，V1+N2+S3+S3，N1+A2+S3+S3。

ABAC 式，形类构词模式为：V1+N2+V1+N3，A1+A2+A1+A3，A1+N2+A1+N3，N1+NUM2+N1+A3，N1+N2+N1+A3，A1+V2+A1+V3，V1+NUM2+V1+NUM3，NUM1+CL2+NUM1+V3，V1+A2+V1+A3，A1+S2+A1+S3，等等。

其中 AA 式、AAA 式是完全重叠，是词根重叠；而 AABB 式、ABAB 式是完全重叠，既有词根重叠也有词缀重叠；ABAC 式是词根重叠，是部分重叠；ABCC 式是词缀重叠，是部分重叠。

语义上，因重叠类型不同而表示程度的增强或减弱。

重叠形容词与重叠名词和重叠动词构成成分上存在差别，主要是重叠形容词中有一定数量的词缀性语素存在，这增强了重叠形容词的生动性和形象性。

布依语重叠词形式的存在，大大丰富了布依语的语言表达，在特定语境中使用重叠词，可以增强语言的表达效果，使话语显得生动形象具有感染力，给人留下深刻的印象，从而达到语言交际的目的。

第六章 借词词法

我国是一个多民族融合的大家庭，各相邻民族之间相处融洽，交往密切，这就促使各民族在语言、文化、政治、经济等诸多方面都相互影响，呈现多元文化一体的局面。布依族是贵州的土著民族，鉴于历史上出现过多次移民及战争等因素的影响，导致布依族与汉族、苗族等其他民族长期共处一地，在各个方面都产生了深层次的接触。尤以汉族先进的政治、经济、文化等因素对周边各族的影响最为深刻，所以无论是有文字的民族还是没有文字的民族都或多或少地表现出受汉族文化影响的痕迹。有文字记载的民族通过文献材料记录民族之间相互影响的情况，而没有文字的民族则通过一系列口头材料保留受影响的痕迹。布依族是一个没有文字的民族，汉族、苗族对布依族的影响在当地的语言中得到了很好的体现，最为直接而又突出的一点，就是大量借词的使用。基本上所有与汉民族产生接触的民族都会或多或少地吸收汉语词来丰富自己的语言表达体系。因布依族与汉族长期接触，而汉族的经济、文化又比当地布依族的经济文化发达，所以当地布依族为满足生活需求而与汉族的交流更为频繁，汉语中大量新词术语被布依语吸收借用，导致大量汉语借词的产生。

根据借入时间的先后，我们把汉语借词分成早期汉语借词和现代汉语借词两类，早期汉语借词以单音节词形式的借入为主。在长期的使用过程中，汉语借词成分本身也随着时间的发展而不断变化，如若不仔细辨认，早期汉语借词和布依语固有词的识别还存在一定难度。因借入时间较长，汉语借词与布依语固有词之间日渐变得相似。比如：

语音改造、词序改造、句法位置的改造等等，使得早期借入的汉语借词"布依语化"。现代汉语借词却非常明显，易于辨认。但在词法结构上也或多或少体现出两种语言具有的特征，这是布依语词汇中非常重要的组成部分之一，也是我们词法研究不可或缺的组成部分。我们从早期汉语借词和现代汉语借词着手，研究布依语中汉语借词的构成规则，以及其与布依语本族词之间的差异，从而总结出布依语中汉借词的词法构成规律。

6.1 早期汉语借词中的双音节词

在布依语中，有大量的早期汉语借词成分。这些成分在进入布依语系统以后，经过与布依语声韵调系统的融合，产生了来自汉语，但是又"貌似"布依语的词汇成分。它们在历史发展过程中渐渐融入了布依语的语言系统，并参与构词，产生大量布依语新词，构词类型以派生和复合两类为主。

6.1.1 派生词

布依语中的派生借词有两种类型：一类是固有词缀语素＋汉借词词根语素／汉借词词缀语素＋固有词根语素（固有 P+ 汉借 R →完形词／汉借 P+ 固有 R →完形词），一类是汉借词缀语素＋汉借词词根语素（汉借 P+ 汉借 R →完形词）。下面我们分别介绍。

6.1.1.1 固有 P+ 汉借 R →完形词／汉借 P+ 固有 R →完形词[①]

这类借词非常丰富，主要分布在名词和动词中，其中名词的数量最多。构词模式为：词缀语素+名词性词根语素（P+N）；词缀语素+动词性词根语素（P+V）。例如：

---

① 这类词又叫合璧词，"是一种微观的语言融合，是指两种不同语言的成分构成一个新的语言单位——词或较定的词组，在其中的一种语言中使用。"游汝杰、邹嘉彦：《社会语言学教程》，复旦大学出版社 2004 年 9 月第 1 版，第 223—224 页。

固有词词缀语素			借词词根语素			新词		
词项	意义	形类	词项	意义	形类	词项	意义	形类
ɗan¹	柱状物	P	toŋ²	桶	N	ɗan¹toŋ²	桶	N
ɗan¹	柱状物	P	po¹	坡	N	ɗan¹po¹	山坡	N
ɗan¹	柱状物	P	tam¹	池塘	N	ɗan¹tam¹	池塘	N
pu³	族，人	P	hek⁷	客人	N	pu³hek⁷	客人	N
pu³	族，人	P	si:n¹	仙	N	pu³si:n¹	仙女	N
pu³	族，人	P	ha:k⁷	汉族	N	pu³ha:k⁷	汉族	N
luɯk⁸	细长类	P	tɕoi²	芭蕉	N	luɯk⁸tɕoi²	芭蕉	N
luɯk⁸	小而圆类	P	ta:u²	桃	N	luɯk⁸ta:u²	桃子	N
luɯk⁸	小而圆类	P	sa⁵	砂子	N	luɯk⁸sa⁵	铁砂子	N
toŋ²	互动态	P	siŋ¹	争	V	toŋ²siŋ¹	相争	V
toŋ²	互动态	P	soŋ⁵	送	V	toŋ²soŋ⁵	相送	V
kuɯ⁶	无实义	P	taŋ³	停	V	kuɯ⁶taŋ³	停止	V

这是"固有 P+ 汉借 R"的情况，此类派生词与布依语固有派生词的区别在于其词根语素使用汉语借词，且以名词性词根语素和动词性词根语素为主，而词缀语素使用布依语固有词。此类借词在声韵调上受布依语固有词的影响较深，经过改造后融入到布依语中，多不能单独使用，其句法功能也与布依语固有派生词的功能相一致，名词可以充当主语、宾语和定语等成分。动词作谓语，其后不能带宾语和补语。例如：

[pu³hek⁷] [taŋ²] [ho³zuɯ¹] [tu³] [mi²][pai¹] [na:i¹] [ma⁶]？（作主语）
客人 到 你们 都 不 去 问候 吗
客人到了你们都不去问候一下吗？

[ku¹] [za⁵][tuɯi³], [muɯŋ²] [pai¹] [pa:n³] **[pu³hek⁷]**.（作宾语）
我 洗 碗 你 去 陪 客人
我洗碗，你去陪客人。

[mi⁶] [ka:ŋ³] **[pu³hek⁷]** [ɕan²] [va:i⁶].（作定语）

不　讲　　客人　　　话　坏

不讲客人的坏话。

[su¹] [soŋ⁵]][pu³] [mi²] **[toŋ²siŋ¹]**.（作谓语）

你们　两　个　不　相争

你俩不要争。

还有一类是"汉借 P+ 固有 R → 完形词"，这类派生词数量与前一类相比较少，因为布依语中固有词演化成的前缀较多，而汉语中借入的成分较少，只有 ko¹-、teu²-、puan² 等几个。其构词模式为：汉借词缀语素 + 固有词词根名语素（汉借 P+ 固有 N）。例如下表所示：

借词的词缀语素			固有词词根语素			新词		
词项	意义	形类	词项	意义	形类	词项	意义	形类
ko¹	棵状物	P	mai³	树木	N	ko¹mai³	树	N
ko¹	棵状物	P	pjak⁷	菜	N	ko¹pjak⁷	菜秧	N
ko¹	棵状物	P	ɗa:i³	麻—种植物	N	ko¹ɗa:i³	麻—种植物	N
teu²	条状物	P	ta⁶	河	N	teu²ta⁶	河	N
teu²	条状物	P	kau¹	藤	N	teu²kau¹	藤蔓	N
teu²	条状物	P	ha:n²	扁担	N	teu⁶ha:n²	扁担	N
puan²	册状物	P	sɯ¹	书	N	puan²sɯ¹	书	N

这类名词与布依语中的派生名词的词序、功能一致，在句子中充当主语、宾语、定语、状语等成分，我们不再一一举例。

6.1.1.2 汉借 P+ 汉借 R → 完形词

词缀语素与词根语素都是早期汉语借词语素。这类派生词的构词语素有数词性词根语素、名词性词根语素等。包括两种构词模式：一为汉借词缀语素 + 汉借数语素→完形数词 / 完形名词（汉借 P+ 汉借 NUM），一为借词词缀语素 + 借词词根名语素（汉借 P+ 汉借 N）。

例如：

借词词缀语素			借词词根语素			新词		
词项	意义	形类	词项	意义	形类	词项	意义	形类
ta:i⁶	第	P	ʔit³	一	NUM	ta:i⁶ʔit³	第一	NUM
ta:i⁶	第	P	ŋi⁶	二	NUM	ta:i⁶ŋi⁶	第二	NUM
ta:i⁶	第	P	sa:m¹	三	NUM	ta:i⁶sa:m¹	第三	NUM
ça:u³	初	P	si⁵	四	NUM	ça:u³si⁵	初四	N
ça:u³	初	P	ha³	五	NUM	ça:u³ha³	初五	N
ça:u³	初	P	çip¹	十	NUM	ça:u³çip¹	初十	N
ko¹	棵状物	P	li²	梨树	N	ko¹li²	梨树	N
ko¹	棵状物	P	tçəu¹	楸	N	ko¹tçəu¹	楸树	N
ko¹	棵状物	P	ta:u²	桃	N	ko¹ta:u²	桃树	N
teu²	条状物	P	pja:n¹	鞭	N	teu²pja:n¹	鞭子	N

这类词在布依语中所占比例较大，两个词根语素的借入时间有的相同，有的不同。其中前缀ta:i⁶是域词缀，只能使用于基数词之前。前缀ça:u³也是域词缀，只能附加于数词"一"到"十"之前，构成表示农历月份的前十天的时间名词。前缀ko¹是义词缀，附加于具有"棵状"特征的植株型植物名语素前。

6.1.2 复合词

在复合词中也有两种重要复合类型：一是固有词根语素＋汉借词根语素/汉借词根语素＋固有词根语素（固有R+汉借R或汉借R+固有R），一是汉借词根语素＋汉借词根语素（汉借R+汉借R）。下文分类介绍。

6.1.2.1 固有R+汉借R→复合词或汉借R+固有R→复合词

"固有词根语素＋汉借词根语素"这种复合模式主要分布于名词、动词和形容词中。语素有名语素、动语素、形语素等，构词模式有：固有词根名语素＋汉借词根名语素（固有N+汉借N）；固有词根动语素+汉借词根形/名语素（固有V+汉借A/N）；固有词根动语素+汉借词根动/形语素（固有V+汉借V/A），等等。例如：

固有词词根语素			借词词根语素			新词		
词项	意义	形类	词项	意义	形类	词项	意义	形类
ta:i⁵	屁股	N	toŋ³	桶	N	ta:i⁵toŋ³	桶底	N
pa⁵	破	V	va:i⁶	坏	A	pa⁵va:i⁶	破烂	A
ma:i³	喜欢	V	hek⁷	客人	N	ma:i³hek⁷	好客	A
zu¹	护	V	sam¹	心	N	zu¹sam¹	小心	A
pjok⁷	弄醒	V	ɕin⁶	醒	V	pjok⁷ɕin⁶	提醒	V
nau²	说	V	miŋ¹	明	A	nau²miŋ¹	说明	V

"汉借R+固有R"这种复合类型主要分布于名词、动词和形容词中。构词语素有名语素、动语素、形语素等，构词模式有：汉借词根名/动语素+固有词根名/形语素(汉借N/V+固有N/A)；汉借词根形/名语素+固有词根形语素(汉借A/N+固有A)；汉借词根动语素+固有词根动语素(汉借V+固有V)，等等。例如：

借词词根语素			固有词词根语素			新词		
词项	意义	形类	词项	意义	形类	词项	意义	形类
ɕaŋ²	墙	N	tin¹	脚	N	tin¹ɕaŋ²	墙脚	N
tui⁵	对	V	sa¹	纸	N	sa¹tui⁵	对联	N
mak⁸	墨	N	ha:u¹	白	A	mak⁸ha:u¹	粉笔	N
ku:i¹	聪明	A	lin³	机灵	A	ku:i¹lin³	机智	A
ku:ŋ⁵	广	A	la:ŋ⁶	宽	A	ku:ŋ⁵la:ŋ⁶	宽阔	A
tɯ:ŋ⁶	糖	N	va:n¹	甜	A	va:n¹tɯ:ŋ⁶	甜	A
ta:i²	抬	V	han⁶	赞	V	ta:i²han⁶	称赞	V
ɕun²	寻	V	ham⁵	问	V	ɕun²ham⁵	询问	V
tau⁵	倒转	V	ma¹	来	V	ta:u⁵ma¹	回来	V

在"固有 R+ 汉借 R→ 复合词"或"汉借 R+ 固有 R→ 复合词"这两种构词模式中，词序不同：有的按布依语词序构词，例如 tin¹ɕaŋ² "墙脚"、sa¹tui⁵ "对联"；有的按汉语词序构词，例如：ɕun²ham⁵ "询问"、ta:u⁵ma¹ "回来"。语义上，有的出现了语义倾斜，例如：ma:i³hek⁷ "好客"、nau²miŋ¹ "说明"；有的出现了语义转移，出现了引申、隐喻、转喻等现象。例如：mak⁸ha:u¹ "粉笔"、ta:i²han⁶ "称赞"，等等。这些复合词与布依语固有词构成的复合词功能一致，在布依语中使用广泛。

6.1.2.2 汉借 R+ 汉借 R → 复合词

"汉借词根语素＋汉借词根语素"所构成的这类借词主要分布于名词、动词和形容词中，构词语素有名语素、动语素、形语素等，构词模式为：汉借词根名语素＋汉借词根名语素（汉借 N+ 汉借 N）；汉借词根动语素＋汉借词根动语素/名语素(汉借 V+ 汉借 V/N)；汉借词根动语素＋汉借词根名语素/形语素(汉借 V+ 汉借 N/A)，等等。例如：

借词词根语素			借词词根语素			新词		
词项	意义	形类	词项	意义	形类	词项	意义	形类
toŋ²	桶	N	tie³	底部	N	toŋ²tie³	桶底	N
ɕɯ²	时辰	N	zu⁶	酉	N	ɕɯ²zu³	酉时	N
ʔa:n¹	鞍	N	ma³	马	N	ʔa:n¹ma³	马鞍	N
soŋ⁵	送	V	la:i⁶	礼金	N	soŋ⁵la:i⁶	送礼	V
ka:ŋ³	讲	V	tɕi⁵	记	V	ka:ŋ³tɕi⁵	记着	V
ɕa:ŋ¹	称	V	ɕa⁶	茶叶	N	ɕa:ŋ¹ɕa⁶	称茶叶	V
pa:i⁵	拜	V	sai¹	师	N	pa:i⁵sai¹	拜师	V
ka:ŋ³	讲	V	la:i⁶	礼	A	ka:ŋ³la:i⁶	客气	A
ho⁶	合	V	sam¹	心	N	ho⁶sam¹	满意	A

从上面的例子可以看出，在布依语中融入了数量较多的汉语词，

这些词进入布依语词汇系统的时间较早，在词序和语义上都有一定的变化。词序上，有的按布依语词序结合产生新词，例如：ɕu²zu³"酉时"、ʔa:n¹ma³"马鞍"；有的按汉语词序结合产生新词，例如：toŋ²tie³"桶底"、ɕa:ŋ¹ɕa⁶"称茶叶"；语义上，有的出现了语义倾斜，例如：soŋ⁵la:i⁶"送礼"、pa:i⁵sai¹"拜师"；有的出现了语义转移，例如：ka:ŋ³la:i⁶按西南官话直译为"讲礼"，引申为"客气"；ho⁶sam¹"合心"，引申为"满意"。随着时间的推移，有的汉语借词基本上已经完全融入布依语中，不易辨识。这些被借入的词汇经过改造进入了布依语词汇系统，能跟布依语中的其他的音节结合产生新词，增加了布依语词汇的数量，丰富了布依语的语言表达系统。在布依语固有词词根语素与汉语借词词根语素结合产生新词的过程中，复合构词法仍是构词的主要手段，派生构词法为次要构词手段。

6.2 现代汉语借词[①]

现代汉语借词在布依语中扮演着重要角色，其内容主要涉及现代社会政治、经济、科学技术、文化教育等方面。与早期汉语借词相比，现代汉语借词多由两个或两个以上音节构成，这些词汉语特征明显、容易识别。根据布依语中汉语借词的结构方式，可以将借词分成音义全借词、义借词和音借＋义借词三种类型。

6.2.1 音义全借词

这一类直接来源于汉语西南官话，词的读音与当地汉语现代读音相同或相近，词义一致，所指称的对象一般都是现代新事物、新现象。这类借词以双音节为主，有一定数量的三音节、四音节等多音节词，音节与音节之间构成不可分割的固定结构，是汉语借词的主要形式。

---

① 例词引自周国炎主编：《布依—汉词典》，贵州民族出版社2014年版。

6.2.1.1 双音节音义全借词

这是汉语借词的主要形式，在布依语中使用范围广，借入成分多，几乎所有不能用布依语表达的形式都使用汉语借词来弥补。这类借词中各个音节的形类与汉语中的形类呈一一对应的关系。例如：

布依语借词	汉义	布依语借词	汉义	布依语借词	汉义
[jau¹je¹]$_N$	幺叔	[kua⁴xau⁴]$_V$	挂号	[luɯ³tan⁴]$_A$	冷淡
[tsʰɿ³luɯ²]$_N$	齿轮	[kuan¹tsau⁴]$_V$	关照	[lo²xəu⁴]$_A$	落后
[tsɿ⁴ŋan¹]$_N$	治安	[ta²xo³]$_V$	搭伙	[man³ji⁴]$_A$	满意
[tsu³zən⁴]$_N$	主任	[suŋ¹tsʰan³]$_V$	生产	[li⁴xai⁴]$_A$	利害
[suŋ¹ɕaŋ¹]$_N$	松香	[pʰe²pan³]$_V$	拍板	[pi⁴tuŋ⁴]$_A$	被动

在布依语中借入了大量的双音节汉语词汇，包括名词、动词、形容词、数词、副词、连词、感叹词等等。借词在句子中的功能与汉语中的功能一致。

6.2.1.2 三音节音义全借词

这类词在布依语中使用比较广泛，是语音和语义直接对应于汉语借词的一组三音节形式，其形类也呈一一对应关系，我们可以根据汉语中各语素的形类来与布依语中的这类借词对应。例如：

布依语借词	汉义
[səu³tien⁴tʰuŋ²]$_N$	手电筒
[səu¹jin¹tɕi¹]$_N$	收音机
[pʰu³tʰuŋ¹xua¹]$_N$	普通话
[saŋ¹pʰin³niaŋ²]$_N$	商品粮
[kʰai¹wan²ɕau⁴]$_V$	开玩笑
[lau¹jəu²sui³]$_V$	捞油水
[ta³kuan⁴sɿ¹]$_V$	打官司
[kui³xo³tsʰo²]$_A$	鬼火撮（方言：生气）
[man²ke⁴ke⁴]$_A$	野蛮，粗野

6.2.1.3 四音节音义全借

这类词中四个音节的语音和语义都与汉语一一对应，形类亦是如此，我们不再区分介绍。例如：

布依语借词	汉义
[zɯn²tsʰau⁴wui⁴ɕin¹]ₙ	人造卫星
[wɯn²faŋ² sɿ⁴pau³]ₙ	文房四宝
[tsɿ⁴tuŋ⁴ pu⁴tɕaŋ¹]ₙ	自动步枪
[ta³tʰui⁴tʰaŋ²ku³]ₐ	打退堂鼓
[tsən⁴ɚ⁴ pa²tɕin¹]ₐ	正儿八经（严肃，认真）
[pʰin²tɕʰi³pʰin²tso⁴]ₐ	平起平坐
[tɕʰin¹xuŋ² tsau⁴pe²]ₐ	青红皂白

在上述音义全借词中，双音节词是主体，三音节、四音节词等多音节词所占比例不大。在句子中的功能与汉语的功能大致相当。

6.2.2 义借词

在布依语中，义借词是使用布依语语音和语法手段，根据汉语词的结构来对译的一类词，这类词以名词为主。这是布依语中现代构词的一种重要手段，构词语素有名词性词根语素、动词性词根语素、形容词性词根语素、词缀语素等，其构词模式有：名词性词根语素+名词性词根语素，即N+N；词缀语素+（词缀语素+动词性词根语素），即P+（P+V）；名词性词根语素+动词性词根语素+形容词性词根语素，即N+V+A；名词性词根语素+动词性词根语素，即N+V；名词性词根语素+形容词性词根语素，即N+A，等来构成名词。例如：

词项	汉义
[[fa²]铁ₙ[zan¹]路ₙ]ₙ	铁路
[[fa²]铁ₙ[vai²]牛ₙ]ₙ\[[ma³]马ₙ[fa²]铁ₙ]ₙ	摩托

[[lok⁷]车N[fi²]火N]N　　　　　　　　火车

[[ɗan¹]P [kuə¹]P [sak⁸]洗V]N　　　洗衣机

[[ɕaŋ¹]箱子N[nai¹]冰N]N　　　　　冰箱

[[tɕaŋ³]镜子N[ta¹]眼N]N　　　　　眼镜

[[tɕaŋ³]镜N[ɕim¹]望V[tɕai¹]远A]N　望远镜

[[tɕaŋ³]镜N[ɕuaŋ³]放V[la:u²]大A]N　放大镜

[[tɕaŋ³]镜N[ne:n¹]看V[ʔi³]小A]N　显微镜

[[zok⁸]鸟N[fa²]铁N]N　　　　　　飞机

[[pja¹]鱼N[fa²]铁N]N　　　　　　潜艇

[[zuə²]船N[ɗam¹]潜水V]N　　　　潜艇

[[kon¹]官兵N[ɗiŋ¹]红A]N　　　　红军

　　这类词是采用布依语的固有词序和固有词义来对应和翻译汉语词，有的词义出现了倾斜，有的出现了语义转移。

6.2.3 音借+义借（该类词又称为合璧词）

　　这种类型的借词在布依语中具有较强的能产性，其构词方式是在现代汉语借词前面加一个布依语固有词或早期汉语借词的注释成分。其中音借词是单音节固有词名词性词根语素或早期汉语借词的名词性词根语素，义借词是单音节或双音节的汉语借词，以双音节为主。构词模式为：单音节固有词/早期汉借词词根名语素+现代汉语双音节名词性词根语素/单音节形容词性词根语素→名词（固有/早期汉借N+现代汉借N/A）；单音节固有词/早期汉借词词根名语素+现代汉语借用动词性词根语素→双音节动词（固有/早期汉借N+现代汉借V），等等。例如：

固有词或早期汉借词			汉借词			新词		形类
词项	意义	形类	词项	意义	形类	词项	汉义	形类
pjak⁷	菜	N	po¹tsʰai⁴	菠菜	N	pjak⁷po¹tsʰai⁴	菠菜	N

续表

| 固有词或早期汉借词 ||| 汉借词 ||| 新词 | 汉义 | 形类 |
词项	意义	形类	词项	意义	形类	词项		
mai¹	线	N	tiɛn⁴ɕan⁴	电线	N	mai¹tiɛn⁴ɕan⁴	电线	N
pɯə¹	衣	N	ta³ji¹	大衣	N	pɯə¹ta³ji¹	大衣	N
na²	脸	N	mi:n¹	面	N	na²mi:n¹	脸面	N
tɕau¹	油桐	N	ju²	油	N	ju²tɕau¹	油桐	N
xa:i²	鞋	N	tɕau¹xa:i²	胶鞋	N	xa:i²tɕau¹xa:i²	胶鞋	N
za:n²	房子	N	mjeu²	庙	N	za:n²mjeu²	寺庙	N
taŋ³	凳子	N	to²tuun⁴	独凳	N	taŋ³to²tuun⁴	独凳	N
li:ŋ³	伞	N	jaŋ²san³	洋伞	N	li:ŋ³jaŋ²san³	洋伞	N
mu¹	猪	N	je³	野	A	mu¹je³	野猪	N
zam³	水	N	ta:u⁴	倒	V	ta:u⁴zam³	倒水	V
za:n²	家	N	pan¹	搬	V	pan¹za:n²	迁移	V

从上述例子可以看出，借入的词主要是名词，有少量动词。从音节上看，以双音节为主，兼有一定数量的多音节词。现代汉语借词中，有一部分词虽然经过改造，在一定程度上适应了布依语的构词规则，但是始终不会像也不可能像早期汉语借词那样能够达到以"假（借词）"乱"真（固有词）"的程度了。

6.3 小结

在布依语中，早期的汉语借词大多都是关于生产生活习俗的常用词，以单音节语素词为主。这些单音节词进入布依语以后，为适应布依语固有的语音结构进行了一定的调整，于是这些汉语借词经过布依语固有规则的调整进入了布依语系统，有的语音成分也随之进入布依语的语音系统，大大丰富了布依语。尤其是经过语音调整以后，汉语借词渐渐融入布依语中，与布依语固有词结合，产生了大量的新词，具有一定的构词能力：早期汉语借词词根语素与布依语前缀结合，产生派生词；早期汉语借词词根语素与布依语中的词根语素结合，产生了复合词。这些词在布依语交际中发挥了不可替代的作用。

现代汉语借词多以双音节词为主，也有一定数量的多音节词和少量单音节词。在现代汉语借词中，有三种结构类型：音义全借、义借及音借+义借，其中以义借、音借+义借两种类型最有特点。义借词根据汉语词词义，创造出符合布依语构词规则的一些词汇成分，通过汉语词一一对应翻译成布依语词，然后再根据布依语的构词规则重新组合在一起，这些词具有一定的适用性，是现在布依语造词的一种新方式。音借+义借也是一种非常重要的构词方式。广大的布依族同胞在借用汉语词时，对一些常用成分使用加注的形式，满足布依语固有的构词规则，从而使借入的汉语词更加自然、地道。

总之，大量的汉语借词在布依族的交际中产生了重要的作用，大大丰富了布依语的词汇系统。

第七章 结语

7.1 研究的主要结论

本文通过对布依语派生词、复合词、重叠词以及借词中的名词、动词、形容词进行词法研究,得出如下结论:

一 布依语构词语素分为词根语素和词缀语素。词根语素包括自由词根语素和粘着词根语素,词缀语素包括前缀和后缀,其中前缀包括有限域词缀(简称域词缀)和义类词缀(简称义词缀)。

二 派生词词法规律:

1.布依语派生词以派生名词为主,词缀几乎为前缀,构词模式为:义词缀/域词缀+名语素/动语素/形语素/数语素/少量短语(P+N/V/A/NUM/PH)。词缀来源于名词,具有使动词、形容词名词化的功能、区分事物类别的功能及语用功能。根据Beard的派生构词分类,我们得出了派生名词有特征值转换派生、功能性派生、转类派生、表达性派生四种类型,其中以表达性派生类型最丰富。派生名词在句子中的功能与普通名词的功能大致相当,主要充当主语、宾语等句子成分。

2.派生动词的词缀包括前缀和后缀,前缀是构词前缀,从动词或副词虚化而来,后缀是构形后缀。构词模式为:义词缀+动语素(P+V);动语素+构形后缀(根据后缀的单双音节差异,又分为以下几种模式:V+S,((V+S1)+S1'),((V+S1)+S2)。构词前缀使得有的词的词性发生了改变,由及物动词变成不及物动词;词义由具体变为概括,语义范围扩大;语法特征发生变化,不能重叠,不能带宾语，不能带补语，等等。构形后缀有单音节后缀和双音节后缀两种类型，其中单音节后缀与词根语素在语音上有密切的关系：有的是双声、有的是叠韵，有的是双声叠韵均具备；双音节后缀中，往往是两个音节之间直接重叠；不是重叠结构的，大多数两个词缀音节之间是双声或叠韵的关系，也有一些无规则的形式存在。在句子中主要充当宾语、谓语、定语等句子成分。

3. 与动词后缀的特点一样，形容词后缀大多没有词汇意义，附着在词根语素后表示一种状态，主要是描绘性的。构词模式主要有：动语素/形语素/名语素+构形后缀(根据后缀的单双音节差异，又分为以下几种模式：A/V+S、（A/V/N+S1）+S1'、（A/V/N+S1）+S2。从后缀的音节多少来看，包括单音节和双音节两种。从语音形式上看，单音节后缀与词根语素有双声或叠韵的关系。双音节后缀绝大部分是重叠形式，非重叠形式的词缀在语音上多为双声、叠韵或双声兼叠韵的关系。

-S1S1'式派生形容词的后缀声母多与词根音节的声母是同部位音，或者是相邻部位的音。声调方面，A/V/N与S1的声调要么是单数调，要么是双数调，有少量单数调和双数调搭配的情况。另外，也有相当一部分词中的词干与词缀的声调完全相同。-S1S1'型派生形容词在布依语三音节派生形容词中所占比例最大。可见，布依语派生形容词词根语素与词缀语素在语音上有紧密的联系，体现了语音韵律和谐的特点。在句子中主要充当定语、谓语、状语、补语等成分。

三　复合词词法规律

布依语中复合构词是最主要的构词方式，具有极强的能产性，在布依语词汇中占最主要的地位。构词语素主要有名语素、动语素、形语素、数语素、量语素、代语素等等。

1. 布依语中复合名词的构词模式比较丰富，主要有：

大类名语素+小类名语素（N1+N2），

普通名语素1+普通名语素2（N1+N2）；

第七章 结语

名语素+形语素（N+A）；

形语素+名语素（A+N）；

动语素+名语素（V+N）；

名语素+动语素（N+V）；

名语素+数语素（N+NUM）；

数语素+名语素（NUM+N）；

名语素+（动语素+名语素）（N1+（V+N2））等九种，且以"名语素1+名语素2（N1+N2）"这一模式的能产性最强。

与这九种构词模式对应的语义结构分别为：

义类语素义+特征语素义→词义；

义类语素义+特征语素义→词义/义类语素义1+义类语素义2→词义/义类语素义1=义类语素义2=词义；

属性特征义+义类语素义→词义；

行为动作义+义类语素（施事主体/受事客体）义→词义；

义类语素（施事主体/受事客体）义+行为动作义→词义；

义类语素义+数值义→词义；

数值义+义类语素义→词义；

义类语素义1+（行为动作义+义类语素义2）→词义。

其中以"义类语素义+属性特征义→词义"的语义模式最丰富。

根据这九种构词模式我们可以看出：构词成分有名语素、动语素、形语素、数语素等。在构成的复合名词中，一定存在名语素，且至少有一个名语素。在名名复合词中，由于中心语素的位置不定，所以既有以N1为中心语素的，又有以N2为中心语素的，还有N1、N2同为中心语素的情况。这不同于Packard的中心词原则。

在这类词中，词义有三种模式：一是语义加合式，是两个语素义的简单加合；二是语义倾斜式，即第一语素义加第二语素义形成一个词义，而词义的所指有的以第一语素义为中心，有的以第二语素义为中心，出现了不同程度的语义倾斜现象，并且出现了语素义的转喻、隐喻现象；三是词义转移式，在第一语素义加第二语素义后出现词义所指范围的扩大。出现的语义关系主要包括词义与语素义的关系以及语素义与语素义之间的关系：词义与语素义之间以上下义关系为主，另外还有整体与部分的关系、类义关系等，语素义与语素义之间以修饰关系为主，另外还有并列关系、产生关系等等。

另外，我们对物性结构的基本角色进行了不同程度的描写。重点介绍了名名复合、名形复合、形名复合名词的语义生成机制。相同事物类中名名复合名词的语义差异主要通过构成角色和形式角色的差异来体现。名形、形名复合名词中因部分构成角色和/或形式角色的缺失、谓词事件的隐含而导致了语义压缩，出现了非事件强迫及事件强迫现象，这类词在实际的语义理解中需要将被压缩、缺省的部分补出来，才能正确的理解词义。同时，也分析了动名、名动复合词、名数、数名复合词以及合成复合词中所涉及的物性角色。

2. 在布依语的复合动词中的构词模式主要有：

动语素1+动语素2（V1+V2）；

名语素+动语素（N+V）；

动语素+名语素（V+N）；

动语素+形语素（V+A）等四种模式，且以"动语素1+动语素2（V1+V2）"为强势模式。

这四种构词模式对应的语义结构为：

行为动作特征义+行为动作义→词义/行为动作特征义+行为动作义→词义/行为动作义1=行为动作义2=词义/行为动作义1+行为动作义2→词义；

行为动作特征义+行为动作义→词义；

行为动作义+行为特征义→词义；

行为动作义+行为动作特征义→词义。

其中以"行为动作特征义+行为动作义→词义"为布依语复合动词的语义强势模式。

构词语素主要有名语素、动语素和形语素等，其中每一种构词模式中必有动语素，且以动语素为中心语素，名语素、形语素等修饰、限定、补充、说明动语素的行为动作。

词义有三种构成形式：一是语义简单加合式；二是语义倾斜式；三是词义转移式。

语义关系：两个语素义之间有近义、反义关系、修饰关系、陈述关系、支配关系等，词义与语素义之间有等同关系、融合关系、补充加合关系等等。

我们采用论元结构理论分析布依语中名动式、动名式复合动词中的语义角色：使用必有论元构词的数量多，使用非必有论元构词的数量较少。

3. 在布依语复合形容词中，构词语素主要有形语素、名语素、动语素，形语素不是必有语素。这类词的构词模式主要有：

形语素 1+ 形语素 2（A1+A2）；

动语素＋形语素（V+A）；

名语素 + 形语素（N+A）；

形语素 + 名语素（A+N）；

动语素 + 名语素（V+N）；

名语素 + 动语素（N+V），等六种模式，其中以"形语素 1+ 形语素 2（A1+A2）为复合形容词的强势模式。

与这六种构词模式相应的语义结构分别为：

属性特征义 1= 属性特征义 2= 词义 / 属性特征义 1+ 属性特征义 2→词义；

行为动作义 + 属性特征义→词义；

义类语素义 + 属性特征义→词义；

属性特征义 + 义类语素义→词义；

行为动作义 + 义类语素义→词义；

义类语素义 + 行为动作义→词义。

其中以"属性特征义+属性特征义→词义"的语义模式为强势模式。

这类词的词义存在三种模式：简单加合式，语义倾斜式，词义转移式。语素义与语素义之间有的是并列关系中的同义、近义关系，反义、类义关系，有的是修饰关系。

我们采用论元结构理论分析了布依语中名动式、动名式、名形式、形名式复合形容词中的语义角色：其中名语素为主事这一语义角色的较多，也有名语素充当与事、受事、范围等语义角色的，但构词的数量较少。

在复合词构词模式中，"名语素+名语素"是复合名词的强势模式，"动语素+动语素"是复合动词的强势模式，"形语素+形语素"是复合形容词的强势模式。

四 重叠词词法规律

在布依语中，重叠构词主要分布在名词、动词和形容词，有少数分布在具有明显名词特征的量词中。各种词类的重叠模式又有多种不同类型，既有词根重叠，也有词缀重叠；既有完全重叠，也有部分重叠。词缀重叠大多分布在重叠形容词中。量词只有 AA 式重叠，是因为量词几乎都是单音节形式。名词、动词、量词都是单音节重叠或双音节重叠，形容词的重叠具有多样性，有三音节重叠类型。不同词类的重叠模式介绍如下：

名词的重叠类型和形类构词模式：

AA 式，形类构词模式为：N/CL+N/CL；

AABB 式，形类构词模式为：N1+N1+N2+N2；

ABCB 式，形类构词模式为：N1+N2+N3+N2，N1+A2+N3+A2；

ABAC 式，形类构词模式为：N1+N2+N1+N3，CL1+N2+CL1+N3，A1+N2+A1+N3，N1+V2+N1+V3（V2、V3是等义词，声调发生变化）等几种。

这些构词模式都通过词根重叠形成，其中 AA 式、AABB 式是完全重叠，ABCB 式、ABAC 式是部分重叠。这些重叠词在语义上具有周遍性、逐指性、概括性等特征。

动词的重叠类型和形类构词模式：

AA 式，形类构词模式为：V+V；

AABB 式，形类构词模式为：V1+V1+V2+V2；

ABAC 式，形类构词模式为：V1+V2+V1+V3，V1+N2+V1+N3，等；

ABAB 式，形类构词模式为：V1+V2+V1+V2，V1+A2+V1+A2，V1+S2+V1+S2，等；

以上四种重叠以词根重叠为主，有少量"词根＋词缀"的重叠形式。其中 AA 式、AABB 式、ABAB 式是完全重叠式，而 ABAC 式是部分重叠式。另外，AA 式、ABAC 式和 ABAB 式是布依语动词重叠的主要模式。

重叠动词因类型不同而略有差异：AA 式表示行为动作的尝试状态。AA 重叠以后可以加 pai²de:u¹，表示试行或行为动作的短时少量。AABB 式、ABAB 式和 ABAC 式表示行为动作的重复进行。

形容词的重叠类型和构词模式：

AA 式，形类构词模式为：A+A；

AAA 式，形类构词模式为：A+A+A；

ABB 式，形类构词模式为：（A1+S2）+S2；

AABB 式，形类构词模式为：N1+N1+N2+N2，A1+A1+A2+A2，A1+A1+S2+S2；

ABAB 式，形类构词模式为：A1+V2+A1+V2，A1+S2+A1+S2，V1+S2+V1+S2；

ABCC 式，形类构词模式为：N1+V2+S3+S3，V1+N2+S3+S3，N1+A2+S3+S3；

ABAC 式，形类构词模式为：V1+N2+V1+N3，A1+A2+A1+A3，A1+N2+A1+N3，N1+NUM2+N1+A3，N1+N2+N1+A3，A1+V2+A1+V3，V1+NUM2+V1+NUM3，NUM1+CL2+NUM1+V3，

V1+A2+V1+A3，A1+S2+A1+S3，等等。

其中 AA 式、AAA 式是完全重叠，是词根重叠；而 AABB 式、ABAB 式是完全重叠，既有词根重叠也有词缀重叠；ABAC 式是词根重叠，部分重叠；ABCC 式是词缀重叠，是部分重叠。

语义上，因重叠类型不同而表示程度的增强或减弱的特征。

重叠形容词与重叠名词和重叠动词构成成分上存在差别，主要是重叠形容词中有一定数量的词缀性语素的存在，这增强了重叠形容词的生动性和形象性。

布依语重叠词形式的存在，大大丰富了布依语的语言表达，在特定语境中使用重叠词，可以增强语言的表达效果，使话语显得生动形象具有感染力，给人留下深刻的印象，从而达到语言交际的目的。

五　借词词法规律

与布依语固有词类型一致，早期布依语借词中主要包括派生词和复合词。

派生构词模式为：

固有词缀语素＋汉借词根语素→完形词（固有 P+ 汉借 R→完形词），

汉借词缀语素＋固有词根语素→完形词（汉借 P+ 固有 R→完形词）；

汉借词缀语素＋汉借词根语素→完形词（汉借 P+ 汉借 R→完形词）。

复合词构词模式为：

固有词根语素＋汉借词根语素→复合词（固有 R+ 汉借 R→复合词），

汉借词根语素＋固有词根语素→复合词（汉借 R+ 固有 R→复合词），

汉借词根语素＋汉借词根语素→复合词（汉借 R+ 汉借 R→复合词）。

现代汉语借词多以双音节词为主，也有一定数量的三音节词和四音节词。在现代汉语借词中，有三种结构类型：音义全借、义借及音借＋义借。其中以义借、音借＋义借两种类型最有特点。义借词根据汉语词词义，创造出符合布依语构词规则的一些词汇成分，通过汉语词一一对应翻译成布依语词，然后再根据布依语的构词规则重新组合在一起，这些词具有一定的适用性，是现在布依语造词的一种新方式。音借＋义借是另一种非常重要的构词方式。广大的布依族同胞在借用汉语词时，对一些常用成分使用加注的形式，满足布依语固有的构词规则，从而使借入的汉语词更加自然、地道。

7.2 研究的不足及今后深入研究的方向

本研究从派生、复合和重叠等方面研究了布依语的词法，虽然比较全面，但仍有一定的不足。这些不足，将是我们今后需要深入研究的方向：

布依语音节的轻重与词法的关系。双音节词语音的轻重可能与布依语的构词法存在密切的关系，但我们没有深挖，留待以后再进行详细的研究。

布依语四音格词与语音节律的研究，这部分内容在文章中没有涉及，四音格词与语音节律间有非常重要的关系，需要我们作进一步的研究。

词法与句法关系的研究。文章以词法研究为主体，对句法的研究较少，词法和句法都是语法的重要组成部分，因此，词法与句法关系的研究也是非常重要的，对于我们更好认识和了解词法、句法之间的关系有重要的意义。

总之，文章还有诸多不足，我们将会继续进行深入的研究，以弥补文章中的不足之处。

参考文献

一　中文文献：

［美］爱德华·萨丕尔著：《语言论》，陆卓元译，商务印书馆1982年版。

班弨：《壮语描写词汇学》，民族出版社2010年版。

贝罗贝：《上古、中古汉语量词的历史发展》，《语言学论丛》第二十一辑，商务印书馆1998年版。

布龙菲尔德：《语言论》，袁家骅、赵世开、甘世福译，商务印书馆1980年版。

朝克、李云兵等：《中国民族语言文字研究史论第二卷·南方卷下》，中国社会科学出版社2013年版。

陈保亚：《论语言接触与语言联盟》，语文出版社1996年版。

陈娥：《布依语副词语序类型学研究》，《中央民族大学学报》（哲学社会科学版）2015年第1期。

陈光伟：《壮语重迭词的英译》，《广西师范学院学报》1998年第3期。

陈其光：《语言调查》，中央民族大学出版社1998年版。

陈淑梅：《湖北英山方言形容词的重叠式》，《方言》1994年第1期。

陈雪妮：《壮语柳江话构词法分析》，《温州职业技术学院学报》2015年。

陈亚川、郑懿德：《福州话形容词重叠式的音变方式及其类型》，《中国语文》1990年第5期。

陈瑶：《现代汉语复合词结构研究述评》，《暨南学报》（哲学社会科学）2000年第5期。

参考文献

戴庆厦、顾阳主编：《现代语言学理论与中国少数民族语言研究》，民族出版社 2003 年版。

戴庆厦：《汉语与少数民族语言关系概论》，中央民族学院出版社 1992 年版。

戴庆厦主编：《中国濒危语言个案研究》，民族出版社 2004 年版。

戴庆厦主编：《中国少数民族语言使用现状及其演变研究》，民族出版社 2009 年版。

戴庆厦主编：《中国少数民族语言研究 60 年》，中央民族大学出版社 2009 年版。

戴昭铭：《现代汉语合成词的内部结构与外部功能的关系》，《语文研究》1988 年第 4 期。

戴昭铭：《一种特殊结构的名词》，《复旦学报》（社会科学版）1982 年第 6 期。

丁声树等：《现代汉语语法讲话》，商务印书馆 1999 年版。

丁勇：《汉语动宾型离合词的语用分析》，《语言研究》2002 特刊。

董秀芳：《词汇化:汉语双音词的衍生和发展》，商务印书馆 2011 年版。

董秀芳：《汉语词缀的性质与汉语词法特点》，《汉语学习》2005 年第 6 期。

董秀芳：《汉语的词库与词法》，北京大学出版社 2005 年版。

董秀芳：《语义演变的规律性及语义演变中保留义素的选择》，《汉语史学报》2005 年第五辑。

方清明：《现代汉语名名复合词的认知语义研究》，科学出版社 2015 年版。

冯胜利：《汉语的韵律、词法与句法》，北京大学出版社 1997 年版。

冯胜利：《汉语韵律句法学》，上海教育出版社 2000 年版。

符淮青：《构词法研究的一些问题》，李如龙等编：《词汇学理论与实践》，商务印书馆 2001 年版。

符淮青：《汉语词汇学》，安徽教育出版社 1996 年版。

符淮青：《现代汉语词汇》，北京大学出版社1985年版。

高翠雨：《逻辑转喻的认知机制探析》，《外语学刊》2012年第6期。

高欢：《诶话与汉语、壮语构词法比较研究》，《贵州民族研究》2014年第5期。

高名凯：《汉语语法论》，商务印书馆1986年版。

高鲜菊：《现代壮语地名构词法分析》，《广西民族大学学报》（哲学社会科学版）2008年。

高月丽：《述宾式复合词变异用法探析》，《唐都学刊》2006年第6期。

葛本仪：《现代汉语词汇学》，山东人民出版社2001年版。

顾阳：《论元结构理论介绍》，《国外语言学》1994第1期。

顾阳：《生成语法及词库中动词的一些特征》，《国外语言学》1996年第3期。

顾阳、沈阳：《汉语合成复合词的构造过程》，《中国语文》2001年第2期。

贵阳市志编纂委员会编：《贵阳市志·民族志》，贵州人民出版社1999年版。

贵州省民族语文指导委员会研究室编：《布依语语法概要》，贵州民族出版社1959年版。

郭继懋：《谈动宾语义关系分类的性质问题》，《南开学报》1998年第6期。

郭堂亮：《布依族语言与文字》，贵州民族出版社2009年版。

胡爱萍、吴静：《英汉语中N＋N复合名词的图式解读》，《语言教学与研究》2006年第2期。

黄伯荣、廖序东：《现代汉语：上下册》，高等教育出版社1991年版。

黄洁：《名名复合词内部语义关系多样性的认知理据》，《语言教学与研究》2008年第6期。

黄月圆：《复合词研究》，《国外语言学》1995年第2期。

［美］霍凯特：《现代语言学教程》，索振羽、叶蜚声译，北京大学

出版社 2002 年版。

江荻:《藏语动词的历史形态研究》,《民族研究文汇－民族语文篇》1991 年第 1 期。

江荻:《藏语语音史研究》,民族出版社 2002 年版。

江荻:《东亚语言人称代词涉数形态分析》,徐丹主编:《量与复数的研究—中国境内语言的跨时空考察》,商务印书馆 2010 年版。

江荻:《汉藏语言演化的历史音变模型》,社会科学文献出版社 2007 年版。

江荻:《现代藏语派生名词的构词方法》,《语言暨语言学专刊外编之六》,台北:中研院语言所 2006 年版。

江荻译、国际语音学会编著:《国际语音学会手册》,上海教育出版社 2008 年版。

金立鑫:《什么是语言类型学》,上海外语教育出版社 2012 年版。

兰宾汉:《汉语语法分析的理论与实践》,中国社会科学出版社 2002 年版。

蓝纯:《认知语言学与隐喻研究》,外语教学与研究出版社 2005 年版。

蓝利国:《壮语武鸣话分类词研究》,博士学位论文,上海师范大学,2013 年。

黎良军:《汉语词汇语义学论稿》,广西师范大学出版社 1995 年版。

李强:《汉语形名组合的语义分析与识解——基于物性结构的探讨》,《汉语学习》2014 年第 5 期。

李强:《基于物性结构和概念整合的名词隐喻现象分析》,《语言教学与研究》2014 年第 6 期。

李行健:《汉语构词法研究中的一个问题——关于"养病""救火""打抱不平"等词语的结构》,《语文研究》1982 年第 2 期。

李倩倩:《布依语四音格研究》,硕士学位论文,中央民族大学,2012 年。

李旭练:《都安壮语形态变化研究》,民族出版社 2011 年版。

李宇明:《动词重叠的若干句法问题》,《中国语文》1998 年第 2 期。

李宇明：《论词语重叠的意义》，《世界汉语教学》1996 年第 1 期。

李云兵：《中国南方民族语言语序类型研究》，北京大学出版社 2008 年版。

李宗江：《关于语法化机制研究的几点看法》，吴福祥、崔希亮主编：《语法化与语法研究（四）》，商务印书馆 2009 年版。

李宗江：《语法化的逆过程：汉语量词的实义化》，沈家煊、吴福祥、马贝加主编：《语法化与语法研究（二）》，商务印书馆 2005 年版。

梁敏、张均如：《侗台语族概论》，中国社会科学出版社 1996 年版。

廖庶谦：《口语文法》，生活·读书·新知三联书店 1946 年版。

刘朝华：《"形名"组合与"形的名"组合》，《楚雄师范学院学报》2006 年第 5 期。

刘丹青：《汉语量词的宏观分析》，《汉语学习》1988 年第 4 期。

刘丹青：《形名同现及形容词的向》，《南京师大学报》（社会科学版）1987 年第 3 期。

刘丹青：《重新分析的无标化解释》，吴福祥、崔希亮主编：《语法化与语法研究四》，商务印书馆 2009 年版。

刘叔新：《词的结构问题》，《语文学习》1993 年第 2 期。

刘叔新：《复合词结构的词汇属性—兼论语法学、词汇学同构词法的关系》，《中国语文》1990 年第 4 期。

刘玉杰：《动宾式动词与所带宾语之间的语义关系》，《汉语学习》1993 年。

刘正光：《论转喻与隐喻的连续体关系》，《现代外语》2002 年第 1 期。

龙海燕：《布依语名量词的产生和发展》，《贵州民族研究》2010 年第 5 期。

龙海燕：《贵阳市郊布依语汉语接触研究》，电子科技大学出版社 2012 年版。

龙琳：《汉语复合词构词法研究述评》，《励耘学刊（语言卷）》2012 年第 2 期。

卢红君:《语义关系概述》,《浙江工程学院学报》2003年第3期。

陆志韦等:《汉语的构词法》,科学出版社1957年版。

路云:《现代汉语双音节"形名"组合复合词构词法研究》,《语言文字应用》2009年第1期。

罗聿言:《论巴马壮语词缀 ku:k^{10} 的形成》,《广西师范学院学报》(哲学社会科学版)2014年第4期。

马辉、江荻:《彝语派生名词构词法研究》,《民族语文》2012年第3期。

马辉:《彝语词法研究》,上海师范大学2012年。

马建忠:《马氏文通》,商务印书馆1998年版。

马庆株:《语法研究入门》,商务印书馆1999年版。

毛修敬:《动词重叠的语法性质语法意义和造句功能》,《语文研究》1985年第2期。

蒙元耀:《壮汉语同源词研究》,民族出版社2010年版。

莫列夫著:《台语言中的重叠法》,许浩福译,中国社会科学院民族研究所语言室编:《民族语文研究情报资料集第九集》,1986年。

倪大白:《侗台语概论》,中央民族学院出版社1990年版。

潘文国、叶步青、韩洋:《汉语的构词法研究》,华东师范大学出版社2004年版。

任学良:《汉语造词法》,社会科学出版社1981年版。

沈阳:《现代汉语复合词的动态类型——谈语言教学中的一种词汇语法单位范畴》,《语言教学与研究》1997年第2期。

沈家煊:《不对称和标记论》,江西教育出版社1999年版。

沈家煊:《语言研究中的认知观》,《国外语言学》1991年第4期。

沈家煊:《再论有界与无界》,《语言学论丛》第三十辑,商务印书馆2004年版。

沈家煊:《转指和转喻》,《当代语言学》1999年第1期。

沈阳等主编:《现代汉语配价语法研究》,北京大学出版社1995年版。

施茂枝：《述宾复合词的语法特点》，《语言教学与研究》1999年第1期。

石林、黄勇：《侗语的形态学特征》，《民族语文》2005年第4期。

石锓：《汉语形容词重叠形式的历史发展》，商务印书馆2010年版。

石毓智：《论汉语的构词法与句法之关系》，《汉语学报》2004年第1期。

石毓智：《语法化的动因和机制》，北京大学出版社2006年版。

束定芳：《隐喻学研究》，上海外语教育出版社2000年版。

宋春阳：《从字到字组的语义解释模型》，《中国会议》2005年第8期。

宋作艳：《定中复合名词中的构式强迫》，《世界汉语教学》2014年第4期。

宋作艳：《生成词库理论的最新发展》，《语言学论丛》第四十四辑，商务印书馆2011年版。

宋作艳：《生成词库理论与汉语事件强迫现象研究》，北京大学出版社2015年版。

宋作艳：《形名搭配中一价名词的隐含》，《励耘学刊（语言卷）》2013年第1期。

苏宝荣：《汉语复合词结构义对构词语素意义的影响》，《语文研究》2013年第1期。

孙常叙：《汉语词汇》，吉林人民出版社1956年版。

覃国生：《柳江壮语调查研究》，广西民族出版社2013年版。

覃国生：《壮语柳江话动词、形容词的后附成分》，《民族语文》1981年第4期。

覃晓航：《从壮—印关系动词看壮语动词词头的来源及其原始双音节动词的演变》，《中央民族大学学报》（社会科学版）1998年第6期。

覃晓航：《侗台语语源探索》，民族出版社2009年版。

覃晓航：《壮侗语"数量名"结构的源流》，《现代语言学理论与中国少数民族语言研究》民族出版社 2003 年版。

覃晓航：《壮语量词来源的主渠道》，《语言研究》2008 年第 1 期。

汤廷池、张淑敏：《论旨网络、原参语法与机器翻译》，《中国语文》1996 年第 4 期。

万献初：《汉语构词论》，湖北人民出版社 2004 年版。

王洪君：《汉语常用的两种语音构词法——从平定儿化和太原嵌 1 词说起》，《语言研究》1994 年第 1 期。

王洪君：《基于单字的现代汉语词法研究》，商务印书馆 2011 年版。

王洪君：《逆序定中辨析》，《汉语学习》1999 年第 2 期。

王伟、吴启禄等：《布依汉词典》，民族出版社 2002 年版。

王文斌：《什么是形态学》，上海外语教育出版社 2014 年版。

王文艺：《布依语与汉语量词比较》，《布依学研究》之七，贵州民族出版社 2004 年版。

王兴才：《汉语语法和语法化研究》，电子科技大学出版社 2009 年版。

韦达：《壮语动词的前冠后附构词法》，《民族语文》1997 年第 4 期。

韦景云、覃晓航：《壮语通论》，中央民族大学出版社 2006 年版。

韦景云：《试论壮语动词的形态》，《民族教育研究》1999 年。

韦庆稳：《论壮语的量词》，民族语文编辑组编：《民族语文研究文集》，青海人民出版社 1982 年版。

吴福祥：《汉语语法化研究》，商务印书馆 2005 年版。

吴福祥：《魏晋南北朝时期汉语名量词范畴的语法化程度》，沈家煊等编：《语法化与语法研究（三）》，商务印书馆 2007 年版。

吴启禄、吴定川：《大学布依文课本（内刊）》2000 年。

吴启禄：《布依语量词概略》，《贵州民族研究》1983 年第 3 期。

吴启禄：《布依语数词"一"研究》，《贵州民族研究》1984 年第 3 期。

鲜红林：《罗平布依语词汇研究》，博士学位论文，中央民族大学，2011 年。

项梦冰：《试论汉语方言复合词的异序现象》，《语言研究》1988 年第 2 期。

邢福义：《现代汉语语法修辞专题》，高等教育出版社 2002 年版。

邢公畹：《汉台语比较手册》，商务印书馆 1999 年版。

徐烈炯、沈阳：《题元理论与汉语配价问题》，《当代语言学》1998 年第 3 期。

徐通锵、叶蜚声著：《语言学纲要》，北京大学出版社 2008 年版。

徐通锵：《历史语言学》，商务印书馆 2001 年版。

许雁：《大新三湖壮语四音格词研究》，硕士学位论文，中央民族大学，2011 年。

颜红菊：《现代汉语复合词语义结构研究》，博士学位论文，首都师范大学，2007 年。

杨亦鸣、曹明、沈兴安：《国外大脑词库研究概观》，《当代语言学》2001 年第 2 期。

杨亦鸣、方环海、张姗姗：《中文大脑词库中语言单位存储和提取方式初探》，《语言学及应用语言学研究》第 1 卷第 1 辑，学林出版社 2001 年版。

杨亦鸣、余光武：《〈汉语词法：语言学和认知的研究〉评述》，《当代语言学》2003 年第 1 期。

叶文曦：《汉语单字格局的语义构造》，《语言学论丛》第二十二辑，商务印书馆 1999 年版。

叶文曦：《汉语字组的语义结构》，博士学位论文，北京大学，1996 年。

游汝杰：《中国南方语言里的鸟虫类名词词头及相关问题》，王士元主编：《汉语的祖先》，中华书局 2005 年版。

喻翠容：《布依语简志》，民族出版社 1980 年版。

喻世长：《布依语调查报告》，科学出版社 1959 年版。

喻世长：《布依语语法研究》，科学出版社 1956 年版。

袁毓林：《汉语动词的配价研究》，江西教育出版社 1998 年版。

袁毓林：《汉语名词物性结构的描写体系和运用案例》，《当代语言学》

2014 年第 1 期。

袁毓林：《论元角色的层级关系和语义特征》，《世界汉语教学》2002 年第 3 期。

袁毓林：《论元角色的层级关系和语义特征》，《世界汉语教学》2002 年第 3 期。

袁毓林：《语言的认知研究和计算分析》，北京大学出版社 1998 年版。

占勇：《汉语构词法研究述评》，《兰州学刊》2006 年第 9 期。

张和平主编：《贵州民族语文调研文集》，贵州民族出版社 2004 年版。

张辉、范瑞萍：《形名组合的意义建构：概念整合和物性结构的杂合分析模式》，《外国语》2008 年第 4 期。

张景媚：《布依语植物名词研究》，博士学位论文，中央民族大学，2013 年。

张敏：《从类型学和认知语法的角度看汉语重叠现象》，《国外语言学》1997 年第 2 期。

张寿康：《构词法和构形法》，湖北人民出版社 1981 年版。

张寿康：《构词法说略》，北京语言学会编：《现代汉语讲座》，知识出版社 1983 年版。

张寿康：《略论汉语构词法》，《中国语文》1957 年第 6 期。

张万起：《试论现代汉语复合量词》，中国语文杂志社主编：《语法研究和探索（六）》语文出版社 1992 年版。

张先亮：《试论重叠式动词的语法功能》，《语言研究》1994 年第 1 期。

张秀松、张爱玲：《生成词库论简介》，《当代语言学》2009 年第 3 期。

张永言：《词汇学简论》，华中工学院出版社 1982 年版。

张元生、覃小航：《现代壮汉语比较语法》，中央民族学院出版社 1993 年版。

张志公：《现代汉语（中）》，人民教育出版社 1982 年版。

张志公主编：《语法和语法教学》，人民教育出版社 1956 年版。

张登歧：《汉语合成动词的结构特点》，《中国语文》1997 年第 5 期。

赵春利、石定栩：《形容词与名词的语义组合研究》，《中文信息学报》2009 年第 5 期。

赵元任：《中国话的文法》，香港中文大学出版社 1980 年版。

郑厚尧：《ABB 式叠词的内部结构分析》，《湖北师范学院学报》（哲学社会科学版）2005 年第 3 期。

中央民族学院少数民族语言研究所：《壮侗语族语言文学资料集》，四川民族出版社 1983 年版。

周荐：《复合词词素间的意义结构关系》，《语言研究论丛》第六辑，天津教育出版社 1991 年版。

周荐：《几种特殊结构类型的复合词》，《世界汉语教学》1992 年第 2 期。

周荐：《语素逆序的现代汉语复合词》，《逻辑与语言学习》1991 年第 2 期。

周国炎、王伟：《布依语基础教程》，中央民族大学出版社 2005 年版。

周国炎、周国茂：《布依族文化史》，李德洙主编：《中国少数民族文化史》，辽宁人民出版社 1994 年版。

周国炎：《布依语动词重叠及其表达功能初探》，《民族教育研究》1999 年第 A1 期。

周国炎：《布依语处置式的来源及发展》，《中央民族大学学报》1999 年第 3 期。

周国炎：《布依语长篇话语材料集》，中央民族大学出版社 2010 年版。

周国炎：《布依族语言使用现状及其演变》，商务印书馆 2009 年版。

周国炎：《新编布依——汉词典》，贵州民族出版社 2010 年版。

朱德熙：《语法答问》，商务印书馆 1982 年版。

朱德熙：《语法讲义》，商务印书馆 1982 年版。

朱景松：《动词重叠式的语法意义》，《中国语文》1998 年第 5 期。

朱彦：《汉语复合词语义构词法研究》，博士学位论文，华东师范大学，2003 年。

邹嘉彦、游汝杰：《语言接触论集》，上海教育出版社2004年版。

郑厚尧:《汉语双音复合词的词义与语素义关系研究》，博士学位论文，华中师范大学，2006年。

占升平：《镇宁布依语语音研究》，博士学位论文，南开大学，2009年。

左岩：《〈汉语构词的新研究：现代和古代汉语的词法、音系和词库〉评介》，《当代语言学》2000年第4期。

二 外文文献：

Yi, Po-Ching. *The Chinese Lexicon: A Comprehensive Survey.* London: Routledge. 2000.

Packard, Jerome L.*The morphology of Chinese: A Linguistic and Cognitive Approach.* Beijing: Foreign Language Teaching and Research Press & Cambridge University Press. 2000.

Andrew Spencer and Arnold M. Zwichy(ed.), *The Handbook of Morphology,* Blackwell Publishers Ltd.. 1998.

Matthews, P.H. *Morphology.* Beijing: Foreign Language Teaching and Research Press & Cambridge University Press. 2000.

Jiang, D. *Types and Constructions of Exocentric Adjectives in Tibetan.* In: M. Sun et al. (Eds.): Chinese Computational Linguistics and Natural Language Processing Based on Naturally Annotated Big Data. Springer International Publishing Switzerland, 2015.

Fabb, N. Compounding. *The Handbook of Morphology.* Spencer, A. & Zwicky, A. (eds.). Oxford, 1998.

Pustejovsky, J., Pierrette Bouillon, Hitoshi Isahara, Kyoko Kanzaki, Chungmin Lee. 2013. *Advances in Generative Lexicon Theory.* Springer.

Pustejovsky, James and Amber Stubbs. *Natural Language Annotation and Machine Learning.* O'Reilly Publishers, 2012.

Guthrie, L., J. Pustejovsky, Y. Wilks, and B. Slator. *"The Role of Lexicons in Natural Language Processing,"* Communications of the ACM, 39:1. 1996.

Givón, T. *Historical Syntax and Synchronic Morphology: an Archaeologist's Field Trip.* Chicago Linguistic Society. 1971.

附录：布依语语素表

编号	语素	词性	词义
1	pja:t^8	v	滑
2	pja:i^3	v	走
3	pja:i^1	n	稍，顶
4	mja:i^5	v	喂
5	pjeu^1	n	罪
6	pja^1	n	鱼；山崖
7	pja^3	n	雷
8	pja^5	v	突出
9	mja^2	adj	稀
10	pjəu^5	adj	空（多指容器）；空，无
11	pjan^3	v	劈
12	pjaŋ^5	n;v	超度
13	pjaŋ^6	n;adj;cl	广场，场地；平，平坦；平地，平坝
14	pjak^7	n	菜
15	hoŋ^6	n	院子
16	pjau^3	n	丑
17	pjau^1	v	飙
18	mjau^2	n	年
19	mjau^6	n	寺庙
20	pju:i^5	adj	干脆
21	pim^2	adj	阴暗，阴凉
22	pit^7	n	鸭

续表

编号	语素	词性	词义
23	pit^8	n	蝉
24	pin^1	v;n	攀，爬；兵
25	pin^3	v	立即返；翻，翻出；回
26	pet^7	num	八
27	pa:n^6	v	爬，爬行
28	men^2	n	苗族
29	ma:t^8	v;n	擦，抹；袜子
30	ma:n^6	adj	辣
31	ma:n^1	v;n	钻；棉絮；床单
32	piŋ^6	n	瓶（借汉）；蜻蜓；病
33	piŋ^1	n	水蛭
34	pa:ŋ^6	adj	大
35	pa:ŋ^1	cl	群
36	pa:ŋ^5	n;adj	话语；胖
37	miŋ^6	n	命
38	pik^7	adj;n	蓝；蓝色
39	pa:k^8	adj;v	疯；扒，扑；耙
40	pei^1	n	碑
41	pei^5	n	背
42	pa:i^6	n;cl;adv;adj	边；伙，一起
43	pa:i^2	cl;v	排；指派，差遣
44	pa:i^1	adj	（脚）跛
45	mei^6	v;n	媒（借汉）；煤
46	ma:i^5	adj	鳏，寡
47	ma:i^1	n	痣
48	peu^3	v	收拾
49	pa:u^5	v;n	报；包
50	pa:u^3	n;v	财宝；保护；堡
51	meu^3	n	猫

附录：布依语语素表

续表

编号	语素	词性	词义
52	ma:u³	n	大话
53	pi:n⁵	v	避开；变
54	mi:n⁶	adj;n	慢；面；拖延
55	pi³	n	兄，姐
56	pi²	n;adj;v	壁；肥；扇子；扇
57	pi⁵	v	铺（床）
58	pi⁶	n	豌豆
59	pe⁶	v;n	摆谈；伯父
60	pe⁵	v	找，翻找
61	pe¹	n	房梁
62	pe³	v	劝说
63	pa¹	v	怀孕；挨着
64	pa⁶	v	破
65	pa³	v;n	披；背；比父母亲年龄大的女性长辈
66	pa⁵	mood	吧
67	mi³	adj;n	黑；黑色
68	mi²	adv;neg;mood;v	有；不；吗；生（儿女）
69	me³	v;n	来，走；到达；米豆
70	me⁶	adj;n	母；雌；母亲
71	me²	n	青苔
72	ma¹	n;v	妈（借汉）；狗；来
73	ma⁵	v	长；发
74	ma³	v;n;cl	扩大，瞥；胀，涨；马；（一）吊（十斤）
75	ma⁶	n;mood	木马；吗
76	pum⁶	v	摸
77	mum⁶	n	胡须
78	pam⁵	v	伏
79	pop⁷	n	疱；（起）泡
80	pom⁵	n	包

续表

编号	语素	词性	词义
81	puɯt^7	n	肺
82	puɯn^6	n	粉末；肥料，粪
83	puɯn^1	n	毛，发
84	puɯn^2	n;cl	壶；（一）张，块，片
85	puɯn^3	adv;cl	本（事）；（一）本（书）
86	muɯn^2	n	灯芯
87	pat^7	v	扫；拍；敲打
88	pan^2	v;n	成；生，磨；发；板
89	pan^6	n;v;cl; prep	盘；拉（肚子），腹泻；前置词无实义
90	pan^1	n;v	圈；搬迁；分
91	pan^3	v	搓
92	pan^5	v;adj	旋转；办，拌；拉拢
93	mat^8	n	蚂蚁
94	man^3	n;v	李子；冲
95	man^5	v;n	转，转动；发旋
96	man^2	n	番薯
97	puɯŋ^6	v	闯
98	muɯŋ^2	pron	你
99	muɯŋ^5	n	英雄
100	paŋ^6	n	木叉
101	paŋ^2	n	布；线
102	mak^8	n	墨汁
103	mak^7	n	果实；酒药
104	poŋ^3	v;cl;n	拍；堆；（石）包
105	poŋ^5	n;cl	灌肠；大岩石；众，群
106	poŋ^2	adj	泥泞，烂泥
107	moŋ^1	v	蒙，捂
108	puk^8	n	柚子
109	puk^7	cl	本

续表

编号	语素	词性	词义
110	pok⁷	v	翻动
111	mok⁸	n;v	被子；鼻涕；捂
112	mok⁷	n;v	雾；盖
113	pai¹	v	去
114	pai²	n	媳妇；疮；扑克
115	pai³	v	摆
116	mo¹	n;v	摩经，经书，法术；超度
117	toŋ²	n;cl	老庚，同嬢，亲密朋友；（一）杆（烟），（一）袋（烟）
118	mau³	n;cl	山丘；（一）块（石头），（一）座（小山）
119	pu:t⁸	v	跳
120	mu:t⁸	n;adj	豆豉虫；最小，最末
121	pɯ:ŋ¹	n	板壁
122	pɯ:ŋ²	n	地区
123	pɯ:ŋ³	adj	茂盛
124	mɯ:ŋ¹	adj	恶；勇敢
125	pu:i²	v	还；赔偿
126	pɯə¹	v	端，搬，捧
127	pɯ⁶	onom	赶牛声
128	pu³	n;cl	人；族；个
129	po¹	n	山（坡）
130	po⁶	n	父；雄；男性；外婆（借汉）
131	po³	cl	块，团
132	po⁵	v	吹
133	mu¹	n	猪
134	mu³	adj;cl;v;n	肥胖；蓬；钻孔；刺，扎；刺梨
135	mo³	n	锅；坡
136	mo⁵	adj	新
137	mo¹	v;neg	（祭祀时）念咒，叨念；没，未

续表

编号	语素	词性	词义
138	mo^6	n	坟墓
139	$mu^6ma:i^6$	v	（硬物）化散
140	mu^3man^5	n	粉末，灰尘
141	mu^5	n	木耳
142	pi^5	v	吐
143	fin^3	v	掀起
144	fet^7	v	冲；喷
145	$fa:t^8$	v	打
146	$fa:t^7$	v	发酵
147	vit^7	adj	粘
148	vit^8	v	丢，甩
149	vet^7	v	交叉；侧着
150	ven^1	v	悬挂，吊
151	$va:t^8$	v	招（手）
152	$va:n^6$	num	万
153	$fa:ŋ^2$	n	鬼，鬼魂；粽
154	$fa:k^8$	cl; n;v	把；藤果；劈
155	$va:i^2$	n	水牛
156	$va:i^6$	adj;n	坏；折耳根
157	$va:i^5$	n;adj	棉花；棉；棉的
158	vai^1	n	拦水坝；坝子
159	fiu^2	v	飘
160	$fa:u^2$	n	蝙蝠
161	fi^6	adv	尚未
162	fi^2	n;adj	火；醉
163	fa^2	n;v	铁；发；罚（借汉）
164	vi^3	n	沟，涧
165	vi^5	v	簸
166	vi^6	neg	未

续表

编号	语素	词性	词义
167	ve²	v	捞
168	va²	v	抓
169	fuɯt⁸	n	翅膀
170	fun²	n	柴；粉（借汉）
171	fun³	adj	黑的
172	fun¹	cl	（一）分（钱）
173	fat⁸	v; n	摔跤；未（十二地支）
174	fan⁶	adj;cl	嘈杂；份
175	fan²	n	牙齿
176	van²	n	天，日
177	van⁵	v	握
178	van¹	n	种子，魂魄；斧子
179	vuɯŋ¹	onom	嗡
180	fak⁸	adj;n;v	饱满；耙子，瓜；孵
181	foŋ²	n;cl	手；（一）手
182	foŋ⁶	adv;v	使劲；往上窜，冲
183	fuk⁸	n	泡沫
184	vai⁵	v	修理
185	fuː:t⁸	adj	紫
186	fuː:ŋ⁶	cl	瓣
187	fuː:ŋ²	n;num	稻草；半
188	vɯ³	n	云
189	fu⁶	n	壶（借汉）
190	fu³	postp;cl	后加无实义；顿
191	fu²	v	浮（起来），漂浮
192	vu¹	v	饲养
193	fu¹fuɯt⁷	v	揉，搓
194	tsaŋ¹	n	印章（借汉）
195	tse¹	n	车（借汉）

续表

编号	语素	词性	词义
196	tsa^5	v	炸（借汉）
197	tsəu^1	n	州（借汉）
198	tsun^2	v	准（借汉）
199	tsɯŋ^6	cl	层（借汉）
200	tsaŋ^5	n	账；胀（借汉）
201	tsu:n^3	v	锵，铲（借汉）
202	tso^6	v	撮
203	tɕip^7	v	拾余
204	tɕim^1	adj;n	金的；金；针
205	tɕep^7	cl;n;adj	片；扁形的
206	tɕem^3	v	亏损，减产
207	tɕa:m^3	v	帮助，扶持，支持
208	tɕa:m^5	v;prep	为，替
209	tɕin^3	conj	一边
210	tɕin^1	adv;n	经受；金
211	tɕa:n^1	n;adj	肩；奸
212	tɕa:n^6	n	槽子
213	tɕa:n^5	n	剑；（打脱粒用的）双节棍
214	tɕin^5	prep	无实际意义，粘着语素
215	tɕiŋ^5	v	敬（借汉）
216	tɕa:ŋ^5	n;adj	陀螺；拗，犟
217	tɕa:ŋ^2	n	三脚
218	tɕik^7	adj	懒
219	tɕek^7	v	划；隔，拦；
220	ta:i^6	n	柿子
221	tɕa:i^3	v	解除
222	tɕiu^5	v	救
223	tɕiu^2	onom	速度快的声音
224	tɕeu^2	n	剪子；荞子（借汉）

续表

编号	语素	词性	词义
225	tɕeu³	v	嚼
226	tɕi²	n	旗帜
227	tɕi⁶	n	棋子
228	tɕi⁵	v;n	（生）气；季；忌；气
229	tɕi³	num; v	几；挤
230	tɕe⁵	adj;v	老；粗；清点
231	tɕe²	n;aux	姐；贪图；想要
232	tɕe⁶	n;adj	壁缝；吝啬
233	tɕa³	n	庄稼；秧苗
234	tɕa⁶	v	磨
235	tɕa¹	v;n	增加；芒（笋壳上的绒毛）
236	tɕəu⁵	n;adv	舅；就
237	tɕəu⁶	n;v	球；求
238	tɕəu¹	n	秋树
239	tɕam³	v	靠（着）
240	tɕam⁵	adj;n	紫的；紫色
241	tɕan²	cl;n	（一）拳；拳头
242	tɕaŋ¹	v	关
243	tɕaŋ⁶	n	浆
244	tɕaŋ⁵	n	镜子
245	tɕoŋ⁵	cl	件；层
246	tɕoŋ¹	n	鼓
247	tɕoŋ²	n	竹笼
248	tɕoŋ³	cl	群
249	tɕai¹	adj	远
250	tɕai³	adj	近；亲（人）
251	tɕoi⁶	v	挪，移
252	tɕau³	n	头领；头，头顶，顶端
253	tɕau²	v;n	拌，搅；轿子；桥

续表

编号	语素	词性	词义
254	tɕau^1	adj;v	胶的；活；活的；愁
255	tɕu:i^3	n	芭蕉
256	tɕo^1	v	靠
257	tɕo^5	n	火子（炭火粒）
258	tɕo^6	n	（喉）结
259	tim^2	v	添；填；配
260	tem^6	v	卡；垫
261	tem^3	v	点，播
262	tem^1	adv;v	再；舂，捣（碎）
263	ta:p^8	n	木板
264	ta:m^6	v;n	泡（汤）；饭盒
265	ta:m^5	n	胆子，胆量
266	zip^8	v;n	收；收拾；招，招收；指甲，蹄儿，爪子；（竹编的）床笆折（床板）
267	zim^1	adj	满
268	zem^3	adj;v	（烧）糊，（烧）焦；燃烧
269	za:p^7	cl;v	挑（担子）
270	za:m^1	v	抬
271	za:m^6	v	重复
272	la:p^7	adj	黑
273	la:p^8	n;v	腊（月）；腌，踢
274	la:m^1	v	输
275	nen^5	v	取
276	na:n^2	adj	难
277	sin^2	v	（水或火花向四周）飞溅
278	set^7	v	失明
279	sa:n^1	n;v	编
280	zin^1	num;n	千；石头
281	zin^5	v	起身，起床

续表

编号	语素	词性	词义
282	za:n^2	n	家；房子
283	lit^8	v	拆
284	lin^2	v	瞄准
285	siŋ^1	cl;n	升
286	sa:ŋ^1	adj;n	高；伤
287	ziŋ^3	n	碗柜
288	ziŋ^1	n;num	尾；千
289	zeŋ^2	n	力气；力量；能力
290	zeŋ^3	adj	旱，干旱；晴，晴朗
291	za:ŋ^1	adj;v	胀（形容生气）；炒
292	za:ŋ^2	n	竹笋
293	liŋ^5	v	凝结
294	liŋ^2	n	猴子
295	tek^7	v	破，裂
296	ta:k^7	v	晒；供；鲍
297	ta:k^8	v	量
298	sik^8	v	剥，揉
299	zik^8	n	溪，水沟
300	zek^8	adj	细，干
301	zek^7	n	旁边，侧边
302	za:k^8	n	根
303	sa:u^1	n	姑娘；情人
304	tie^3	n	底端
305	tie^6	v	背
306	ta:i^1	v	死
307	ta:i^5	v	敬供，祭祀
308	na:i^5	adj;n	疲倦，病样
309	na:i^2	n	口水
310	sia^2	n	撮箕；簸箕

续表

编号	语素	词性	词义
311	sei^2	n	沙
312	sei^5	n	气味
313	sa:i^5	v;n	扒；（火）焰，（火）苗
314	sa:i^1	n	带子
315	za:i^2	n;v	条纹；露珠；写
316	za:i^5	n	毛栗，板栗
317	za:i^3	v;adv	腾空（将容器清空以作他用）；真的，的确
318	la:i^6	v	污蔑，污陷
319	teu^2	v;adv;cl	避开，逃；透；条
320	ta:u^5	v	回
321	tau^2	n	桃子
322	ta:u^3	v	倒
323	neu^1	adj	漂亮；好看；可爱；优美
324	seu^3	v;adj	绣，裁；干净，清秀，秀丽
325	sa:u^2	v	漓（干）
326	zeu^6	n;adj	年轻人；形容力气大、能力强
327	za:u^1	v	（测）量
328	leu^3	adj	完全，穷尽
329	la:u^3	adj	大；老
330	la:u^1	v	怕
331	zi:p^7	n	蚊帐
332	li:m^2	n	镰刀
333	si:t^7	v	破
334	si:n^1	n	菜园；神仙
335	li:n^6	cl	串
336	ti:ŋ^1	n	瓜（总称）；黄瓜
337	ti:ŋ^2	n	亭子
338	zi:ŋ^1	v	烤，烙
339	li:ŋ^2	n	（房）梁；粮

续表

编号	语素	词性	词义
340	ti:u^2	v	走，离开
341	ti:u^3	v	抽，挽
342	ti:u^1	v	雕刻；喘
343	ti:u^5	v;n	钓；曲调
344	si:u^1	v	收；罚
345	si:u^5	n	钻
346	si:u^3	adj	少
347	zi:u^1	v	笑
348	zi:u^2	adj	快
349	li:u^6	v	逛
350	ti^5	v	搭；砌，堆，码；建，筑
351	ti^6	v;n;adj	钉；提起；地点，位子；土地；急；密集，多
352	ti^1	v;n	剔（借汉，相当于砍，修树枝）；坟
353	te^1	pron;v	那；他；是
354	te^2	v	使用
355	ta^1	n;v;prep	眼；抽；字；前置词无实义
356	ta^6	v;n	驮；搭；河
357	ta^3	v	打；砸
358	ta^2	v	拖；抽
359	ta^1	v	是
360	ni^3	pron;n	这；债
361	ni^1	mood;n	呢；豆荚
362	ne^5	n	季，季节
363	na^2	n	田
364	na^1	adj	厚
365	na^3	n;prep	前；脸
366	na^5	n	刺猬
367	si^5	num	四
368	si^1	n	丝；果实；蚕

续表

编号	语素	词性	词义
369	si^2	n	豹
370	se^5	v	（照）射
371	sa^2	v; n	烧；筏
372	sa^5	n	汁
373	sa^3	n	午
374	sa^1	n	沙；纸；杉（树）
375	zi^6	n	地
376	zi^2	n	细条痕迹
377	zi^1	n	指甲
378	za^1	v	找
379	za^5	v	洗
380	za^2	n	食麻籽类
381	li^2	n;v	梨；立
382	li^1	par;v;adj	的；逃走；离开；错
383	li^3	n	礼，礼节，礼金
384	le^6	v	选；勒
385	le^2	n;v	唢呐；划开，破开
386	le^1	v	换
387	la^2	n;adj	钗钹；模糊
388	la^5	v	玩耍
389	la^3	n; par	下；下面，底；了
390	la^1	v;neg	装；不，别
391	li^{2}sa:n^1	n	石榴
392	ta^{1}za^1	neg	不要，别
393	ta^{1}lo^5	n	兔子
394	zaŋ^2	n	尾巴
395	zaŋ^1	n	穗
396	təu^5	adj;v	透；供；抖；装
397	təu^1	v	逗；开玩笑

附录：布依语语素表

续表

编号	语素	词性	词义
398	təu³	adj;v;cl,n	陡；抖动；斗
399	ləu²	n	楼
400	tum⁶	n	野草莓
401	tum³	adj;v	短；淹没
402	tum⁵	v	淹
403	nuɯ⁷	v	缩
404	zuɯ⁷	v	抚摸，抹
405	zum²	n	风
406	zum⁵	cl	（整）团
407	lum⁵	v;n	像；样子
408	lum²	v	忘记
409	tɕai⁵	adj	干
410	lum³	adj	光滑
411	tɕai³	adj	近
412	tap⁷	v;n	砌，堆；叠；肝
413	tɕai⁵	n	蛋
414	tap⁸	v	对折
415	tɕau²	n	桥
416	tam³	v;adv	织；稍微
417	tam⁵	adj;v	低，矮；织
418	tɕau⁵	n	桐子
419	tam¹	v	舂
420	tɕu:i³	n	香蕉
421	tam⁶	cl	苋
422	nap⁷	v	压迫，欺压
423	sam³	n	眼屎
424	sam¹	n;cl	心；哌（双肩平伸左右指尖间的长度）
425	sam⁶	v	踏
426	zap⁷	n	鸡棕

续表

编号	语素	词性	词义
427	zam³	n;v	水；谷糠；砍
428	zam¹	n	卵子
429	zam²	n	糠
430	zam⁶	n	鹰
431	lap⁷	adj;v	黑；眨（眼）
432	lam⁵	v	垮，塌，陷
433	tom⁵	n	鸡毛毽
434	nom³	adj	害羞
435	zom⁶	adj	早
436	tuɯn⁶	v;cl	淋，生（火）；块（田）
437	tuɯn²	n	蜜蜂
438	luɯn⁶	n	轮
439	luɯn⁵	v	摘，伸，拿高远处之物
440	luɯn³	v	闪光
441	tan³	v	穿
442	nat⁷	n;adj	粒；实（心）
443	sat⁷	v;n	跳；戌（十二地支）
444	san³	cl;n	条；只；较粗条状物，棵；枝
445	san¹	n;v	申（十二地支）；淋，浇
446	san⁶	v	加
447	zat⁷	n	菌类
448	zat⁸	n;v	金竹；剪
449	zan¹	v;n	见；路
450	zan³	v	染
451	lam⁶	v	倒伏
452	lan²	v	搓
453	lan³	n	重孙
454	tuɯŋ³	n;v	棍子；竖
455	luɯŋ⁵	n	伞

248

附录：布依语语素表

续表

编号	语素	词性	词义
456	tuk⁸	cl;n; adj	蓬；丛；便宜
457	tuk⁷	v;prep;n	下；赌；打（枪），射；打；前置词无实义；蛆
458	nuk⁸	adj	腻
459	luk⁸	n;cl;prep	儿，子；子辈（总称）；细长类；籽（颗粒物）；前置词无实义
460	taŋ³	v	停止；竖；等，等待；竖，翘；抬（头）
461	taŋ²	v;adv	到；够；完整，整体；全
462	taŋ¹	v;adj;n	防，守；灯；当，做
463	taŋ⁵	n;v	凳子；建；院
464	naŋ¹	n	皮
465	naŋ³	n;v	甑；蒸
466	naŋ⁶	v	坐，管理
467	zaŋ¹	n;v	筛子；筛
468	laŋ¹	n	后；靠背；背
469	laŋ²	n	郎
470	laŋ³	adj	阴凉
471	laŋ⁵	adv	刚
472	laŋ⁶	adv;adj	才，再；陡
473	tak⁷	n	蚂蚱
474	tak⁸	adj	公；雄
475	nak⁷	adj	重
476	sak⁸	v	洗
477	zak⁷	v	断；偷
478	lak⁸	adj	深
479	toŋ⁶	n	铜；小孩夹片
480	toŋ⁵	n;adj	桶；冻；青
481	toŋ²	v;n;adv;conj;prep	一起，共同；肚子；取（名）；同；亲密朋友
482	toŋ³	n;v;adj	懂；桶；青

续表

编号	语素	词性	词义
483	toŋ^1	v;n	堵，瞥，凸；塞；冬天
484	noŋ^1	n	脓
485	noŋ^2	adj	浑浊
486	soŋ^2	n	壳
487	soŋ^1	num	二
488	soŋ^6	n	麦
489	soŋ^5	v	送
490	zoŋ^5	v	训斥
491	zoŋ^1	v	煮
492	zoŋ^2	n;v	窝；下；笼
493	zoŋ^6	v;n;adj;cl	下；纹路，条纹；亮；（一）件（事情）
494	zoŋ^3	v	责怪，责骂；下（崽），生（小孩）
495	loŋ^3	n	锁；笼子
496	loŋ^5	n	笼嘴
497	loŋ^6	adj	礼
498	tuk^8	n	篾条
499	tuk^7	n	竹席
500	tok^7	v	落，掉，丢失；脱；脱落
501	tok^8	V; adj	读；孤独；单独
502	tok^7	n;v;adj	麻子；刺激；刺
503	sok^8	n	泡桐
504	zuk^8	n	房间
505	zok^8	n;v	鸟；外面；重提
506	zok^7	n;v	纺纱杆；纺织
507	lok^8	v;n;adj	拉，拖，运；搭；绷；扯；拔；绿色；绿的
508	lok^7	n;v	纺；纺车；水车
509	tak^7	n	蝗虫
510	zoŋ^6	n	光亮，亮
511	tek^7	v	溅

附录：布依语语素表

续表

编号	语素	词性	词义
512	taŋ²ti⁶	v	拒绝
513	taŋ²to⁶	adv	全部（变音为 toŋ²to⁶）
514	tok⁸tɯ²	n	动物，牲畜
515	tok⁷to⁶	adv	唯独
516	taŋ²n̠a¹	adv	空，白白
517	toŋ²ɕaŋ⁶	adv	照样
518	tɯi³	n	碗
519	sɯi⁵	v	洗
520	sɯi²	n	枕头
521	sɯi³	n	左
522	tai⁵	n;adv;prep;v	玉米专称；太；经过，从
523	nai¹	n	雪，霜；奶奶
524	nai⁵	n	獭；老鼠
525	sai⁶	adj;n	清楚，明白；道理；檩条；礼，礼节，礼金；事
526	sai¹	adj;n	干净，清，明；老师；螺；瓷；气；鳃
527	sa:i⁵	n	官；轴
528	sai³	n	肠子
529	zai⁵	n	栗子
530	zai²	adj; adv	长；真的
531	zai³	adj	吝啬
532	lai²	pron	何，哪
533	lai³	n	麻雀；眼珠；（讲）礼
534	lai¹	adj;v;n	多；流；梯子
535	lai⁶	v	赶
536	lai⁵	adj	赖皮
537	tai⁵	n	蝈蝈
538	tau³	v	开；落，下，降；撑住，抵；拉，厮；出现，生，起；吐

251

续表

编号	语素	词性	词义
539	tau^6	adj;n;v	模糊；柴火灰；忧虑；憔；舀；灰色
540	tau^5	v	生；拉
541	tau^1	v	疏导
542	nau^2	v;n	说；报告；笛，箫
543	nau^6	v;adj	腐烂，发霉
544	nau^5	v	闹
545	sau^1	v;n	烤；柱；嫂子
546	sau^5	adj;n;v	调皮；灶；样子；撒
547	sau^3	n	竹竿
548	sau^6	v	战斗
549	zau^1	n;v	虱子；量
550	zau^3	adj	温暖；热
551	zau^5	idph;v	无实义；狗吠
552	zau^2	pron	我们
553	lau^3	n	酒；猎物
554	lau^2	n	牢笼
555	tɯ:t^8	v	踹，踢
556	lɯ:t^8	n	血
557	tu:t^8	v	脱
558	tu:n^1	v	阉割
559	tu:n^3	v	阻挡，拦截
560	nu:n^1	n	虫
561	nu:n^3	v	钻
562	su:t^7	v	啄
563	su:n^1	v	教
564	su:n^5	v	算
565	zu:n^5	v	切
566	zu:n^3	adj	果实结得多
567	lu:t^7	v;adj;adv	脱落；迟，晚；尽，完全

续表

编号	语素	词性	词义
568	lu:n⁶	n	槽
569	lu:n⁵	adj	随便，乱
570	lu:n³	v	擦破（皮肤），（疮）溃烂
571	tɯ:ŋ²	n	糖
572	tɯ:ŋ⁵	cl	（一）首（歌）
573	nɯ:ŋ³	n	弟，妹
574	zɯ:ŋ²	v	跟随
575	zɯ:ŋ¹	n	（谷）穗
576	zɯ:ŋ³	v	涮
577	lɯ:ŋ⁵	n	村
578	lɯ:ŋ²	n	铜；龙
579	lɯ:ŋ⁶	n	外天
580	su:ŋ¹	num	双，二
581	sɯ:i¹	n	气
582	tu:i⁶	n	碓窝
583	tu:i¹	v	装
584	tu:i²	adj	恶
585	nu:i⁵	v	捶
586	nu:i⁶	v	搓
587	nu:i³	adj	少
588	nu:i²	par	着
589	su:i⁵	n	头饰（新娘上门时的一种，将头帕扎成动物双耳形）
590	su:i¹	v	挑
591	su:i³	v ;adj	猛；甩
592	zu:i¹	v;n	篦；梳
593	zu:i³	v	串
594	tu⁶	n;prep	黄豆，豆腐；指小；蛔虫
595	tu²	n;cl;v	筷子；只；牲畜；带；服侍，哺育；扶持

续表

编号	语素	词性	词义
596	tɯ³	v	对打
597	tɯ¹	cl	节
598	nɯ⁶	v	想，盼
599	sɯ¹	n	书；字
600	sɯ³	n	巳（十二地支）
601	zɯ¹	v;pron	学句，重复别人的话；你们
602	zɯ²	n	后天；船；耳；筒，装把洞
603	zɯ⁵	n	挞斗；竹筲箕
604	lɯ¹	v	剩
605	lɯ⁶	v	替代
606	tu¹	n	门
607	tu⁶	adj	毒
608	tu²	n	衣袋
609	to⁵	v;n	蜡染；马蜂；（马）驮子
610	to³	v	敬供，祭祀；踢，蹬；对打
611	nu¹	v	滚，伸
612	nu⁶	n	（鸟）窝
613	nu³	n	男孩生殖器；箭；麻风病
614	no³	v	擦
615	su⁶	n;v	汤；赎
616	so³	v	喜
617	zu³	n	酉（十二地支）
618	zu²	v	撑住，抵
619	zo⁵	v	敲
620	zo²	adj	贫瘠；干；瘦，虚弱
621	zo³	v	知道，会，懂
622	zo⁶	v;n	舂；漏
623	lu²	n	柳
624	lu⁵	n	路

附录：布依语语素表

续表

编号	语素	词性	词义
625	lo^5	mood	了
626	lo^3	v	隐瞒；骗，赖
627	lo^2	n	钹
628	lo^1	mood	咯
629	to^3 ti^6	n	土地神
630	tɯ^{6}ʔuk^7	n	豆腐
631	ȵim^3	v;n;adj	染；蜡染；涂；刷；敷衍
632	ȵin^2	n	筋
633	ȵet^7	v	翘
634	ȵa:n^1	n	苍蝇
635	ȵa:ŋ^5	n	茶叶；残渣
636	ȵa:k^8	v	用
637	ȵa:k^7	adj;v;n	自信的；消化；（残）渣，垃圾；
638	ȵa:i^1	n	蓑衣
639	ȵa:i^5	v	嚼（东西），喂（婴儿）
640	ȵeu^1	n	颈椎
641	ȵe^1	n;v	江，湖；大河；听；药
642	ȵe^3	n	草；桑树
643	ȵe^5	v	跷
644	ȵe^2	n	婴儿
645	ȵe^6	n	草药
646	ȵa^1	n;pron	草；其他
647	ȵa^6	adj	生气
648	ȵa^3	v	逗；开玩笑
649	ȵam^6	n;v	壳；踩
650	ȵam^3	v	碾、压
651	ȵan^2	n	寅（十二地支）
652	ȵan^1	n	黄鼠狼
653	ȵaŋ^6	n	娘

255

续表

编号	语素	词性	词义
654	ȵaŋ⁵	adj	腻
655	ȵoŋ²	n	番茄
656	ȵuk⁷	adj	聋
657	ȵok⁷	v	怂恿；轻弹，提醒；挑
658	ȵau³	n;v	麻子；抬
659	ȵu⁶	n	尿
660	ȵu³	adj	杂乱，混乱
661	ȵo³	v	栽
662	ɕip⁷	v	吮，吸
663	ɕip⁸	num	十
664	ɕim⁶	v	包
665	ɕim²	v	尝
666	ɕim⁵	v	沾
667	ɕa:m⁶	v	烧
668	ɕit⁷	n;adj	芹菜；淡（味）
669	ɕit⁸	adj;n	糯；糯米
670	ɕin¹	adj	亲的
671	ɕin³	adv;v	已经；租
672	ɕa:t⁷	v	搓，擦
673	ɕa:t⁸	adj	辣
674	ɕiŋ³	v;adj	醒；邀请；孝
675	ɕeŋ³	adj	冷
676	ɕa:ŋ²	n;cl	床；墙；秤；两
677	ɕa:ŋ⁶	n;v	匠人；称
678	ɕa:ŋ¹	n;v	箱；节日；仓；伤
679	ɕa:ŋ³	n;cl;v	抚养，赡养；象；背篓
680	ɕa:ŋ⁵	v	放，存放；留下；解
681	ɕa:k⁸	n	绳
682	ɕa:k⁷	n;v	梯，层；切；抖动，晃动，移动

续表

编号	语素	词性	词义
683	ça:u³	v	造；兴起
684	ça:u⁵	V; n	吵；钻子
685	çi⁶	v;n	是；吊
686	çi¹	n	心；泥鳅；气
687	çi³	v;adj	买；小
688	çi²	n	粑粑
689	çe⁶	v	泡
690	çe²	n;adv;pron	黄牛；鞋；一会儿，时；这
691	çe³	v	赊
692	çe⁵	v	借；纺
693	ça⁵	v; adj	差；冲
694	ça²	n;adj	茶；嫌弃，瞧不起
695	ça³	v;n;adj	等候；散开；刀；稀少
696	ça¹	n;v	痧；差事；加（火）
697	ça⁶	conj;v; n	如果；铺垫；草丛
698	çe²pa:n⁶	n	仙人掌
699	çap⁷	v	遇；嫁接
700	çam¹	v	请，访
701	çam³	adj	凉爽
702	çom⁶	v	集中
703	çom²	n	丛，蓬
704	çat⁷	num	七
705	çan¹	n	毯子
706	çan³	v	压，掐，排挤；铲；镶；榨；修理
707	çut⁷	v	烧，点
708	çaŋ²	v	瞪眼
709	çak⁸	v	弹
710	çoŋ⁶	n	洞，孔；空隙
711	çoŋ¹	n	茴香；包；杯，茶盅

续表

编号	语素	词性	词义
712	çoŋ⁵	n	枪
713	çoŋ²	n;v	桌子；扒，掏
714	çuk⁸	v	拴，捆
715	çuk⁷	adj;n	熟；蜡
716	çok⁷	v;n	怂恿；（牲口）圈，厩
717	çok⁸	n; v	明天；蓝靛；凿；勾；扎，刺
718	çai¹	n;cl	犁；条，根
719	çai²	adv;adj; v	极，非常；齐；镶
720	çai³	n	子（十二地支）
721	çoi⁶	v	修理
722	çau⁵	n	锅
723	çau³	n;adj	槽子；早
724	çau⁶	n	辈，代
725	çu:n¹	v;n	穿插；窜；钻；砖
726	çu:n³	v	铲
727	çɯ²	n	时辰
728	çu¹	n	集市；城
729	çu³	v	装
730	çu⁵	v	缩
731	ço⁶	n;v	未生子的兽；雌性；名字；名义，名利；学
732	ço³	v	搁，装，安放
733	ja:p⁷	v	排开
734	jin²	v	赢
735	ja:ŋ²	n	羊
736	ja:ŋ⁶	n	事情，东西；样
737	ja:k⁸	v;cl	落；小吊（数量）
738	ja:i⁶	adj	软
739	ji:n⁶	v	递
740	ji⁶	n	姨

258

续表

编号	语素	词性	词义
741	je³	adj	野
742	je⁶	n	爷
743	je¹	n	叔
744	jet⁷	v	休息
745	ja⁶	n	妻，女性；液滴
746	ja¹	pron	别的
747	ja²	adj	能干的，强悍的
748	jəu⁵	adv	又；再
749	juk⁸jau⁶	v	摇动
750	jai²	n	样
751	jai⁶	v	熔化
752	jau¹	adj;n	幺；腰子（肾）
753	jau²	n	窑
754	jau⁶	v	摇
755	ju:t⁸	v	缩
756	ju²	n	油
757	jo²	v	约
758	ŋa:p⁸	v;n	摇晃，点；豆荚
759	ŋa:m²	n;v	叉口，丫口；拼
760	ka:p⁷	adj	哈喉，卡
761	ka:p⁸	n;v	蟹钳；掐；揪；夹
762	ka:m¹	n	柑子
763	ka:m³	n	岩洞
764	ka:t⁷	n;v	扣子；芥菜；断
765	ka:n²	n	把手
766	ka:n¹	cl	斤
767	ka:n³	n	杆子
768	ŋiŋ⁵	adj	偏倒，倾斜
769	ŋa:ŋ³	v	仰

259

续表

编号	语素	词性	词义
770	ka:ŋ^3	v	讲
771	ka:ŋ^1	n	陶罐；缸
772	ka:ŋ^6	n	木杠
773	kek^7	v	敲；打
774	ka:k^7	n	谷，壳
775	ka:k^8	n	苏麻
776	ŋa:i^6	adj	爽快；简单
777	ŋa:i^2	n	早饭
778	ka:i^5	cl;par;prep	个；的；代词词头
779	ka:i^1	v;adj;n	卖；巧；街道
780	ŋa:u^2	v	炼
781	keu^3	v	扎，打，抽
782	ka:u^6	n	大竹魂幡
783	ŋi^6	num	二
784	ŋe^2	n	芽（小）
785	ŋa^2	n	芽（大）
786	ŋa^5	v	仰
787	ke^5	n	工艺品
788	ka^1	n;cl;v;prep	腿；只；条；相交，汇合；前置词无实义；处，地点
789	ka^6	adj;adv;v;n;cl	单独；独自；价值；（一）对（是 ku^6 的音变）
790	ka^3	v	杀；忍
791	ka^1 ma^2	pron	什么
792	ka^{1}la^1	neg	不要
793	ŋam^6	adj	（天快黑时）黑
794	ŋom^6	n	钵
795	kum^2	n	土窝
796	kap^8	v	叼，含
797	kam^6	v;adj	压；按；扑；战斗，打架

260

附录：布依语语素表

续表

编号	语素	词性	词义
798	kam^5	v;n	蒙，盖，捂；帽，蓬；简单地遮盖
799	kam^1	v	掌握；撑
800	kam^3	v	忍受
801	kam^2	v;cl	拿，握；把
802	ŋan^2	n;adj	银；银的
803	kɯn^1	v	吃
804	kɯn^2	n	上
805	kɯn^5	v	雕刻
806	kat^7	n;v	苔；啃
807	kan^1	n	帕，毛巾；斤
808	kan^3	adj;v	勤；敢
809	kut^7	n;v	蕨类；滚
810	kun^3	v; n	沸；草名
811	ŋoŋ^3	adj	冻
812	kuɯk^7	adj	浓
813	kaŋ^5	v	炕
814	kak^7	n	根部
815	koŋ^1	adj;n	公；空；火塘
816	koŋ^6	n	圈
817	koŋ^2	cl;v	丛；拱；拱
818	kuk^7	n	老虎
819	kok^7	v;n	追；原因；根
820	kuk^{7}ku^5	n	布谷鸟
821	ŋai^5	adv	爱
822	ŋai^2	n	早饭
823	ŋui^6	n	籽；核
824	ŋui^3	n	锥子
825	ŋue^3	v	呕吐
826	ŋua^3	n	瓦

续表

编号	语素	词性	词义
827	kɯi⁵	n	锦
828	kɯi²	n	女婿，姑爷
829	kai⁵	n	鸡
830	kai³	v;n	挤，推；亥；解（除）
831	kai⁶	v	蹄
832	kui¹	n;v	（结）痂；亏
833	kui⁶	n;v	柜；跪
834	kue³	v	割，切
835	kue¹	n	丝瓜
836	kua²	n	右
837	kua⁵	v;par	过
838	kua³	onom	哼
839	kua⁶	v	错开，脱臼
840	kuə¹	n	盐
841	ŋau⁵	v	撬取，抽
842	ŋau⁶	v	伸脖看，照，观察；看守
843	ŋau²	n;adj	影子，阴凉
844	kau¹	n;v;cl	藤；角；抠；滚
845	kau³	v;n	扎；稿
846	kau⁵	adj;pron	旧；熟；自己
847	kau²	adj	弯
848	ŋuːn²	v	看；观察，望
849	kuːt⁸	v;cl	扛
850	kuːt⁷	v;adj	刮；刨；剐；搅拌
851	kuːn¹	v	通
852	kuːn⁵	n;v;adj;adv	先，前面；（树）桩；管；罐；先（辈）；灌
853	kuːn⁶	n	手镯
854	kuːn²	v	叼，啄
855	kuːn³	v	管

附录：布依语语素表

续表

编号	语素	词性	词义
856	ku:ŋ⁵	adj;v	宽；扩
857	ku:i³	n;cl	盲肠；块
858	ku:i¹	adj	聪明，乖巧
859	ŋɯ²	n	蛇
860	ŋo²	n	芦苇
861	kɯ³	v	埋伏，躲藏；遮盖，遮挡
862	kɯ⁶	v;adj;prep	做；打；肿胀；成；胀；纺；架子大，摆谱；动词词头；前置词无实义
863	kɯ²	n	器官；茄子
864	kɯ⁵	v;n	锯
865	kɯ¹	v	喂
866	ku¹	n; pron	姑；我
867	ku³	num;v; adj	九；滚；苦
868	ku⁶	cl	对
869	ko³	v	卷起来；裹
870	ko²	adv; adj	都，全；弯曲
871	ko¹	n;cl	药；棵；藤
872	ko⁶	adj;v	弯；垒，堆
873	tɕau²	n	苦楝（树）
874	kɯ⁶ lut⁷	onom	摔滚
875	ɕai²	adv	非常，十分
876	ŋo⁵ŋaŋ³	adj	倒乱，疯癫，不守规矩
877	ʔun⁵	adj	（饭）软；柔弱；嫩
878	ɓep⁷	adj	扁
879	ɓep⁸	v	消，消退
880	ɓa:p⁷	v	卷口
881	ɓit⁷	adj;v	歪曲的；扭，歪，偏向
882	ɓin³	n	席子
883	ɓen³	cl	（一）张，块，片

续表

编号	语素	词性	词义
884	ɓa:t^8	v	探，伸
885	ɓa:n^1	n	掌；盆
886	ɓa:ŋ^1	adj	薄
887	ɓa:k^7	v	消瘦
888	ɓa:u^5	n	男朋友
889	ɓi^5	v	剥，扒
890	ɓe^3	n	山豆；山豆秧
891	ɓe^5	n;cl	瓢
892	ɓa^5	n	肩膀
893	ɓa^3	v	沾上
894	ɓɯn^1	n	天
895	ɓat^7	v	停止
896	ɓan^5	adj	钝
897	ɓɯk^7	n	女儿，女孩
898	ɓak^7	v	挖；掰
899	ɓoŋ^1	adj;n	温和的；竹制容器，竹囤
900	ɓoŋ^3	n	窗子
901	ɓok^7	v;adj;n	炝；喝；浅；筒形，瓶；台阶
902	ɓai^1	cl;n	张（有延展的平面的东西）；叶子
903	ɓai^5	v	修理
904	ɓai^3	n	竹筒；膝盖
905	ɓai^1	v	披
906	ɓɯə^5	adj	闷
907	ɓau^1	adj	轻，松
908	ɓu:t^7	v	挺，凸
909	ɓo:n^5	n	床，铺
910	ɓu^3	n;v	柴；葫芦；刺
911	ɓu^5	adj;n	成熟；婴儿；香葱
912	ɓu^1	adj	松

附录：布依语语素表

续表

编号	语素	词性	词义
913	ɓo⁵	n	井；嫩竹叶筒
914	ɓo³	adj	模糊；口吃，结巴
915	ɗu¹	n	肚脐
916	ʔm⁶	onom	表示拒绝的哼声
917	ɗip⁷	adj	生的，生疏
918	ɗa:t⁷	n;adj;v	太阳，阳光；烫；热
919	ɗiŋ¹	n;adj	红色；红的
920	ɗa:ŋ¹	n	身体
921	ɗik⁷	adj	湿
922	ɗek⁷	n	舂粑槽
923	ɗa:k⁷	v;adv	跛；（睡）着
924	ɗa:i³	n	麻（一种植物）
925	ɗai⁵	n	竹筐
926	ɗe:u¹	num	一
927	ɗi:k⁷	n	滴
928	ɗi:u¹	cl	（睡一）觉
929	ɗi¹	adj;n	好；肥沃；富裕；苦胆，胆囊；利，吉祥
930	ɗi³	conj;v	和，与；理睬
931	ɗe¹	num;n	一（ɗeu¹ 音变）；里面
932	ɗe⁵	adv;v	阵；不知道
933	ɗa¹	n	背带
934	ɗum¹	adj	麻
935	ɗap⁷	v	熄
936	ɗam¹	v	种
937	ɗop⁷	v	碰
938	ɗut⁷	v	喝；饮（连读音变时为 ɗut⁷）
939	ɗun¹	v	站
940	ɗun⁶	v	撞
941	ɗun³	v	吞（连读音变时为 ɗun⁵）

续表

编号	语素	词性	词义
942	ɗat⁷	adj	紧实（即结实）（连读音变时为 ɗat⁷）
943	ɗan¹	cl;n	颗；粒；个，座，非动物名词前置词
944	ɗɯ:n¹	n	月亮
945	ɗaŋ¹	v;n	鸣；叫；响；唱；鼻子
946	ɗaŋ⁵	adj	甜
947	ɗaŋ³	v	生火
948	ɗak⁷	cl	块，团，坨；（一）颗，（一）发；（一）座（山）
949	ɗoŋ¹	n;v	亲戚，亲家；一大片林子；腌（制）
950	ɗoŋ⁶	n	竹编渔具
951	ɗoŋ³	adj;n	犟；坚硬；蛀虫；簸箕（总称）；粗竹席，粗芦席
952	ɗoŋ⁵	adj;n	亮，明亮；青；篾条
953	ɗuk⁷	adj	朽
954	ɗok⁷	cl;n	（花）朵；野菜名；骨头
955	ɗai³	par	得
956	ɗai¹	n	里，内；柿
957	ɗɯ:n¹	n	月份；月
958	ɗu:t⁷	n	野地瓜
959	ɗɯ¹	n	轴，中心
960	ɗu³	adj	头，首
961	ɗo⁵	postp;n	无实意，表程度加深；芒刺
962	ɗo⁶	par	的
963	ɗo¹	n	酒药
964	ʔja:m⁶	cl;n	步；步伐
965	ʔjet⁷	v	伸；休息
966	ʔja:k⁷	n;adj	锄头；浓烈
967	ʔja:k⁸	adj;v	饿；滴
968	so¹	adj	直

附录：布依语语素表

续表

编号	语素	词性	词义
969	ʔja:p⁷	v	抢
970	ʔje¹	v	医
971	ʔjam⁵	v	拜访，走访
972	ʔin³	n	裙子，百褶裙（连读音变时为 ʔin⁵）
973	ʔet⁷	v	抽
974	ʔen⁵	n	小米
975	ʔen¹	n	圆圈，圆周
976	hit⁷	v	抬，提，卷起
977	het⁸	v	磨损
978	hen³	adj;n	黄的；黄色；很
979	hen⁵	adj;v;n	上边；注意；抵
980	hen²	n	边沿
981	ha:n²	n	扁担
982	ha:n⁵	n	鹅
983	ha:n⁶	n	汗
984	ha:n¹	v	答应
985	ʔeŋ¹	n	水缸
986	ʔa:ŋ⁵	n;v;adj	碗；庆祝，热情，开心，举行庆典，赞，颂；欢迎
987	ʔek⁷	v	跑
988	ʔek⁸	n	牛轭
989	hiŋ¹	n	声音；姜
990	heŋ¹	n	砧板
991	heŋ⁶	n	胫骨
992	ha:ŋ²	n	腭，下巴
993	ha:ŋ¹	n;adj	旺；钢
994	ha:ŋ⁶	adj	未繁育的（禽类）
995	ha:ŋ³	n	臀部；底部（连读音变时为 ha:ŋ⁵）
996	ha:ŋ⁵	adj	闷热

续表

编号	语素	词性	词义
997	hek^7	n	客人
998	ʔai^1	n	甜酒
999	ʔai^6	onom	哎
1000	ha:i^3	n	海
1001	ha:i^2	n	鞋子
1002	ha:i^5	v	开，给付；害
1003	ʔiu^5	prep;v	在；从；住
1004	ʔeu^3	v	断，折
1005	heu^6	v	叫
1006	heu^3	v;n;adj	缠，绞，绷，绕；牙；缠，黏
1007	heu^1	adj	青的
1008	ha:u^1	adj	白
1009	ha:u^5	v;n	骂；话
1010	ʔi:n^1	n	烟子；烟（抽烟）
1011	ʔi^3	adj;par	一点儿，少许；的；小；小的（在西南官话中表示说话者的下一代）
1012	ʔi^5	n	腋窝
1013	ʔe^3	n;adj	小孩；屎；粪；弯
1014	ʔe^1	prep	阿（喊人名时的前置词）
1015	ʔa^1	n	草莓，乌鸦
1016	ʔa^6	mood	呀
1017	ʔa^3	v;n	裂开；张开；叉
1018	ʔa^5	par	快要，将要
1019	hi^1	v	挽，抽
1020	hi^6	v	解，散
1021	hi^3	v	指
1022	he^6	v	吓（借汉）
1023	ha^3	num;adv	五；将要
1024	ha^5	v	嫁

续表

编号	语素	词性	词义
1025	ha⁶	v	占领
1026	ha²	n	茅草
1027	ʔɯp⁷	v	关
1028	ʔum³	v;cl	抱；苑
1029	ʔam³	n	稀饭，米汤
1030	ʔam⁵	cl	口，嘴
1031	ʔom⁵	n	罐
1032	ʔom¹	v	焖，烹，煨
1033	hɯm²	v	痒
1034	hap⁸	v	咬
1035	ham²	adj;n;v	生气；苦味；苦；痛恨
1036	ham⁵	v	问；请教
1037	ham¹	v	埋
1038	ham⁶	n	夜晚
1039	hop⁸	n	圆圈
1040	hom¹	adj	香的
1041	ʔan¹	onom	答应的声音
1042	hɯt⁸	v;cl	捆，勒
1043	hɯt⁷	n	腰
1044	hɯn²	n	夜晚；梦
1045	hɯn³	v	上，接上
1046	hat⁷	n	早晨
1047	han¹	adj;v;adv	冲动；忙，急；勇敢；快；叫；冲（跑）；猛烈；（绷）紧
1048	han²	n	坎；岸
1049	han⁶	v	羡慕，赞扬
1050	hut⁷	v	扒；搭（连读音变时为 hut⁷）
1051	hun¹	n;v	雨；婚；掏
1052	hun²	n	人

续表

编号	语素	词性	词义
1053	ʔaŋ¹	adj	热
1054	ʔak⁷	n	胸，房子
1055	ʔoŋ³	v	抛
1056	ʔok⁷	v	出
1057	hak⁷	adj	咸
1058	hoŋ²	n;onom	滩，塘；狗吠声
1059	ʔai¹	v	咳
1060	ʔue⁵	prep;v;n	让；退；（打糍粑用的）槽，坑，洼
1061	ʔua¹	n;cl; v	篱笆；盖子，塞子，把；伸出来
1062	ʔua⁵	n	裤子
1063	ʔua³	adj;cl	反应慢，呆；模糊；傻；层层
1064	hai³	prep	给
1065	hui⁵	n	会议
1066	hua¹	n	花
1067	hua⁵	v	化；画
1068	ʔu:k⁸	v	呕吐
1069	ʔuə¹	v;n	凹；窝
1070	ʔau¹	aux;v	要；用；拿
1071	ʔau⁵	neg	未成熟
1072	hau³	n;v;adj	饭，稻，米，粮食；进；锋利
1073	hau¹	n;v;adj	嗅，闻，味道；白；白色
1074	hau⁵	n;v	话；进
1075	ʔu:t⁷	adj;v;n	（味）涩；涩味，漏；侧着；草刺
1076	ʔu:n¹	n	刺；歌；魂魄
1077	ʔu:n³	n;v	榕树；拿，提
1078	hu:n⁵	n	样子，工艺品母本；（架床）横木
1079	ʔu:ŋ⁵	n;adj	罐；仔细
1080	ʔu:ŋ²	n	王，皇帝
1081	ʔu:ŋ¹	v	缠绕；横，拦

附录：布依语语素表

续表

编号	语素	词性	词义
1082	ʔu:ŋ³	v;n	柱（自）；小米
1083	ʔu:ŋ⁶	v	翘
1084	ʔu:k⁸	v	扒
1085	ʔu:k⁷	prep	让
1086	ʔu:i³	n;v	甘蔗；崴（脚）
1087	ʔu:i²	n	男生殖器
1088	hu:i³	v;n	挂；勾
1089	ʔɯ²	adv	也
1090	ʔɯ¹	prep;neg	阿（称谓前缀）；不，没
1091	ʔɯ⁵	adj	瘟
1092	ʔu³	adj;n	臭；奶
1093	ʔu¹	v	养
1094	ʔo³	v	绕
1095	ʔo⁵	v	燃
1096	hɯ¹	n;v	集市；赶集，赶场
1097	hɯ⁵	adj	干
1098	hɯ²	n;v	磨盘；磨
1099	hu³	v;n; postp	吼，喊，转；后加成分无实义
1100	ho²	n	脖子，喉；火（借汉）
1101	ho⁶	v;cl;adj	合（借汉）；节，段；（力气）大
1102	ho³	prep;adj;cl	代词词头，起强化语气的作用；穷；群，伙
1103	ho⁵	n	膝盖；货
1104	ho¹	v	哄
1105	hoŋ²	n	水塘
1106	tɕem⁵	n	脸颊
1107	tɕa:ŋ¹	n	中间
1108	tɕe⁵	adj	粗，老
1109	tɕeu²	n	荞子
1110	tɕi⁵	v;cl	酿；串

续表

编号	语素	词性	词义
1111	tɕe¹	n	松树
1112	tɕa⁵	n;v	架子；架
1113	tɕa³	n	秧苗；稻谷
1114	tɕap⁷	n	斗笠
1115	tɕat⁷	adj	冷
1116	ma:t⁷	n	伤疤
1117	tit⁷	v	挑（除），剔除
1118	ɓen⁵	n;cl	面子；脸面；块；层；片，板
1119	ɓoŋ⁵	v	钻
1120	ɓa:t⁷	cl	次，趟
1121	ku⁵	n;num	季节
1122	ɓin¹	v	飞
1123	pɯə⁵	n	芋头
1124	tin¹	n	脚
1125	ʔim⁵	adj	饱
1126	ʔiŋ¹	v	依靠
1127	ɗau¹	v	瞄
1128	ʔjai³	adj	越，夷，依（布依族自称）
1129	mɯ¹	v	鼓
1130	tin⁵	v	摘
1131	hak⁷	n	汉人
1132	hau⁶	cl	（一）角（钱）
1133	hoŋ¹	n	农活，工；工作，事务，任务
1134	hom²	adj;n	圆的；圆
1135	ʔuk⁷	n	脑子，脑髓
1136	pak⁷	num;n;prep	百；口；嘴；前置无实义
1137	ta:t⁷	v	削
1138	ʔa:m¹	v	猜；估计
1139	ʔjak⁷	adj;v	难，丑，凶，恶；愁

附录：布依语语素表

续表

编号	语素	词性	词义
1140	ʔep⁸	v	派
1141	ʔa:m³	v	摔跤
1142	ha:m³	v	跨
1143	ʔit⁷	num	一
1144	ʔin¹	n;adj;v	病；痛；伤
1145	mai¹	n	线
1146	nin²	v	睡
1147	net⁷	adj	结实
1148	nen²	adj	嫩
1149	nen¹	v	画记号；辨认；记，记住
1150	ma:i²	v	喜欢
1151	zɯt⁷	n	筲箕
1152	tɯn³	n	墩
1153	tsau⁶	prep	着，被（借汉）
1154	tsu¹	n	租（租金，租粮）（借汉）
1155	fai²	n	竹
1156	tsui⁶	n	锤（借汉）
1157	zɯt⁸	v; n	淋，浇；肋骨
1158	lɯt⁷	n	缠线的竹筒
1159	lɯn²	n	昨天
1160	ma:n⁵	v;adj	摇；细小的
1161	lin³	adj;n	灵敏；聪明；舌头
1162	tin⁶ɕin³	adv	故意
1163	tiŋ⁵	v	订
1164	teŋ¹	n	钉子
1165	teŋ⁵	prep	被，受
1166	ta:ŋ¹	v	当作
1167	ta:ŋ⁵	cl	趟
1168	neŋ²	n	蚊子，苍蝇（总称）；顶部

续表

编号	语素	词性	词义
1169	siŋ^1	v	争；斗
1170	ti^2	v	敲，打；战斗
1171	si^3	v	踹；性交，交媾；嫖
1172	te^5	v	娶，接；骨折
1173	si:n^5	n	事物；事情
1174	ti^3	v	搭；砌，堆，码；建，筑
1175	pjaŋ^3	n;v	沟渠，渡槽；引渡
1176	pau^1	n	踝；蟹
1177	mai^3	n;cl;adj	树，木，棍，木类，竹类统称；木的
1178	sɯm^3	v;n	连接，接；省
1179	pɯə^6	n	衣服
1180	lat^7	adj	沙哑，模糊
1181	pau^5	n;prep	夫；男性，男性尊称，父亲自称；泡
1182	sam^2	v	快砍，剁
1183	mau^5	v;n	冒，帽子；猪食；猪草
1184	tɯn^1	n	地点
1185	mau^2	n	毛发
1186	mau^3	n	卯
1187	pa:n^3	v	陪伴；拉拢
1188	la:n^1	n	孙子，侄子
1189	ta:m^2	n	民歌；歌
1190	nep^7	v;adj	夹；紧
1191	tai^3	v	哭
1192	nep^8	v	追
1193	tau^2	v;adj;n;cl	舀；灰；说明；（一）斗
1194	na:p^7	v	刮，按摩；压
1195	nai^3	n	锈
1196	na:m^6	n	泥土；土；地
1197	sip^7	n	千弹蚱；牛皮虫

续表

编号	语素	词性	词义
1198	zok⁷	num	六
1199	sim²	v	补栽,补种
1200	tai²	v	放牧
1201	sa:p⁸	n	辈分
1202	sa:m¹	num;adj;n	三;尖,稍,顶
1203	sa:m³	adj	模糊
1204	su¹	n;adj	霉
1205	ɲin⁶	adj	脏
1206	so¹	adj;v	滑
1207	nɯ³	n;adv	弓箭;长期,长久
1208	no⁶	n	肉
1209	ɕan²	adj	窄
1210	ɕau²	v;adj;n	开垦;生(火);年轻,处于青春期的;晚饭
1211	ɕan²	n	话语;钱;信
1212	ɕi⁵	v	试
1213	ɕam³ɕa⁵	n	铓锣
1214	ŋam³	adj;n	哑,哑巴
1215	kun¹	v	剥
1216	ŋam⁶	n	浅洞
1217	ka:ŋ¹ka⁵	v	阻拦
1218	za:ŋ¹	n	竹子

后　　记

　　本书名为《布依语词法研究》，是在我博士毕业论文的基础上修改完善而成的。从 2009 年读硕士研究生开始，我便陆续开始了语料的搜集和语言使用情况的调查工作。期间购买了国内外多种语言学专著、论文集，查阅了学界前辈、同仁的论文几百篇，并深入布依语保存完好的第一次方言区搜集第一手语料。于 2014 年年底开始动笔，2016 年 3 月完成了初稿，并陆续进行了多次修改，到 2020 年 1 月终稿出来交给出版社。

　　在本书的撰写过程中，每一条语料的搜集、甄别、取舍，到整体结构框架的设计和安排，都是经过深思熟虑的。每一个语素意义的确定，都是反复斟酌过的。功夫不负有心人，经过十余年的积累和打磨，终于完成了书稿的撰写。

　　本书从资料的搜集到撰写完成，得到了诸多前辈、恩师、同胞、同行的帮助和指导。语料搜集初期，得到了我的高中同学王洪铁的大力支持，他放下手中的工作，带我到他的家乡——布依语保存完好的巴结镇歪染村去进行田野调查，并请他的叔叔作为发音人。在语素切分时，中国人民大学文学院副教授燕海雄、中国社会科学院语言研究所研究员韦学纯帮忙处理繁杂的语言数据，并教我使用语素切分软件，他们的热心帮助让本书使用的语料得到及时有效的处理，大大节约了语料数据处理时间。在确定语义时，得到了布依语专家周国炎教授的悉心指导，他不辞辛劳为我答疑解惑，并提供了大量的布依语参考资料。需要特别说明的是，从本书选题的确定到撰写成文，倾注了恩师

后　记

江荻教授的大量心血。江老师亲自为我处理录音数据，并在生病的时候坚持修改书稿，使书稿最终得以顺利完成。此外，本书所有引文及参考文献的作者独到的语言学视野，打开了我的写作思路，为我提供了精神食粮。在此，谨向上述各位致以衷心的感谢和崇高的敬意。

在本书的出版过程中，承蒙贵州民族大学科研处柳斌教授、贵州民族大学文学院副院长吴电雷教授、中国社会科学出版社陈肖静等同志给予的大力支持和热情帮助，谨此致意鸣谢！

本书由贵州民族大学文学院区域一流学科建设经费资助出版，特表谢意。

2020 年 3 月于息烽